예지와 관용

예지와 관용

이태수 시론집

그루

책머리에

　지난 반세기 동안 주어진 여건 속에서 시를 쓰고 시에 대한 글들도 많이 썼던 것 같다. 시집은 스물한 권을 내고 시론집도 다섯 권 냈지만 평론, 칼럼을 비롯한 산문들은 책으로 묶지 못하고 묵히고 있는 게 훨씬 더 많다. 문학과 예술에 대한 글들이 대부분으로 출판 기회가 닿지 않고, 그럴 엄두가 나지 않기도 하기 때문이다.
　그간의 시론집과 거의 마찬가지로 이번 여섯 번째 시론집도 근래에 쓴 시집과 시선집 해설들로 엮었다. 대부분이 대구와 경북지역에서 활동하는 현역 시인(박옥영은 시집 출간 직전에 작고)들의 시집 해설이다. 「자연 회귀와 달관의 여로」는 2023년 탄생 100주년을 맞아 출간된 전상렬(1923~2000) 시인의 시선집 『바람 따라 세월 따라』에 붙인 해설이며, 「형이상학적 사유와 심상 풍경」은 대구 출신으로 서울에서 활동하는 김일연 시인의 시조집 『먼 사랑』 해설이다.
　어려운 여건에도 불구하고 시론집 『여성시의 표정』, 『성찰과 동경』, 『응시와 관조』, 『현실과 초월』에 이어 기획 출판을 맡아준 도서출판 그루에 다섯 번째 빚을 지게 됐다. 감사하고 송구스럽다.

2024년 봄
이 태 수

차례

005 책머리에

1

012 자연 회귀와 달관의 여로
　—전상렬 시선집 『바람 따라 세월 따라』

037 철학적 사유, 예지와 관용의 시학
　—김주완 시집 『선천적 갈증』

058 형이상적 사유와 아름다운 환상
　—정유정 시집 『셀라비, 셀라비』

079 서사적 서정과 서정적 서사
　—안윤하 시집 『니, 누고?』

102 더 나은 삶에의 꿈과 열망
　—서교현 시집 『타클라마칸, 혹은 쥐똥나무를 위하여』

2

120 형이상학적 사유와 심상 풍경
　　　—김일연 시조집 『먼 사랑』

139 발랄한 상상력과 첨예한 감성
　　　—김인숙 시집 『익숙한 것을 새롭게 보는 방식』

159 정제된 서정, 은유의 시학
　　　—박희숙 시집 『새벽 두 시의 편의점』

180 사랑인 사람의 길 걷기
　　　—이희명 시집 『피망과 파프리카』

200 정갈한 서정, 예지와 기지
　　　—황영애 시집 『코고무신 째깍이는 소리』

3

222 학구적인 사유와 일깨움의 시학
　　―권영시 시집 『상리화』

245 자연 친화와 회귀의 시학
　　―김원호 시집 『종심의 언덕』

263 신라의 숨결과 향토적 서정
　　―유수근 시집 『고도의 꽃』

280 유연한 사유와 깨달음의 세계
　　―이승권 시집 『귀띔』

300 사랑과 연민의 투사와 확산
　　―원용수 시집 『무지개 여행』

4

320 적막과 꿈의 서정적 변주
　　　—박주영 시집 『꿈꾸는 적막』

343 분방한 서정적 은유와 내면 풍경
　　　—권순우 시집 『꽃의 변신』

367 개성적인 시를 향한 열망과 지향
　　　—백숙용 시집 『분홍의 방향』

385 아름다운 추억과 애틋한 그리움
　　　—정연희 시집 『꽃들의 신호탄』

406 정한의 정서, 서사적 서정
　　　—박옥영 시집 『빌렌도르프의 눈』

1

자연 회귀와 달관의 여로
— 전상렬 시선집 『바람 따라 세월 따라』

ⅰ) 올해로 탄신 100주년을 맞은 시인 전상렬全尙烈(1923~2000)은 평생 대구에서 활동하고, 대구 문단에서 주도적인 역할을 했으며, 자연과의 친화親和나 회귀回歸, 그 속에서의 소요逍遙를 통해 거의 일관되게 향토색 짙은 서정시를 추구했다. 향토적이고 토속적인 서정은 그의 시를 관류하고 있으며, 그 바탕에는 우리 정서의 뿌리라 할 수 있는 정情과 한恨의 정서가 자리매김해 있기도 하다.

그는 그 외길을 걸으면서 친자연적인 한국적 정서, 동양적인 정신의 깊이, 불교적 세계관을 끌어안으면서도 현학적이지 않고 한결같이 겸허하고 진솔한 언어로 완강하리만큼 자신만의 세계를 심화하고 확대했다. 자연과의 친화나 융화融和를 통해 그 자연 속에서 인간의 운명을 투시하는 자연관을 끌어안고 있는 그의 시는 존재와 시간(세월)의 융화를 꿈꾸는가 하면, 시공관념時空觀念을 뛰어넘는 동시현존성同時現存性을 포용하기도 한다.

1950, 60년대의 시에는 압축과 절제, 이미지와 리듬이 중시되고, 자

연에 투사한 내면세계를 떠올리는 관념적 존재 탐구에 무게가 실렸으며, 1970, 80년대에는 그 연장선상에서 한결 심화, 확대된 세계로 나아갔다. 이 무렵의 시는 세월에 대한 보다 본격적인 천착으로 그 흐름 위에 내면을 투사하고, 삶을 관조하는 시선에는 불교적인 세계관을 투영해 달관과 명상, 역사의식이 관류하는 변모를 보이기도 했다.

화려한 수사나 눈길을 끌기 위한 제스처보다는 진솔하고 담백한 언어로 원숙한 경지를 펼쳐 보인 1990년대에는 인생을 그윽한 눈으로 바라보며 자연으로 회귀하는 정서와 향수를 근간으로 달관達觀의 경지를 펼쳐 보였다. 이 시기에는 노경老境의 적막하고 쓸쓸한 심경을 수묵화처럼 담담하게 그려 보이면서도 유유자적悠悠自適하는 여유와 제행무상諸行無常의 질서에 순응하는 경지를 펼쳐 보였다.

1950년 첫 시집 『피리소리』를 출간하고, 1955년 조선일보 신춘문예에 시 「오월의 목장으로」가 입선되면서 등단한 그는 그 이듬해 두 번째 시집 『백의제白衣祭』를 냈다. 2000년 작고할 때까지는 『하오 한 시』(1959), 『생성의 의미』(1965), 『신록서정新綠抒情』(1969), 『불로동不老童』(1971), 『낙동강』(1971), 『생선가게』(1977), 『수묵화水墨畵 연습』(1982), 『세월의 징검다리』(1986), 『시절단장時節斷章』(1990), 『보이지 않는 힘』(1995), 『아직도 나는』(1999) 등 열세 권의 시집을 펴냈다.

시집 외에도 산문집 『시의 생명』, 『바람 부는 마을』, 『동해엽신東海葉信 기타』과 『전상렬 문학선집』, 『목인 전상렬 선생 고희기념문집』, 『시인의 고향』 등을 냈으며, 한국문인협회 대구지회장, 경산문학회 회장, 대구노인문학회 회장 등을 지냈고. 1960년 경북문화상(대구시문화상 전신)등을 수상했다.

ii) 전상렬은 초기에는 주로 전통적인 서정시를 썼다. 1950년대에 발간된 초기 시집 『피리 소리』, 『백의제白衣祭』, 『하오 한 시』에는 압축과 절제節制, 이미지와 리듬이 중시되고, 자연과의 친화나 그 회귀, 자연에 빗대어 자신의 내면을 성찰하는 존재 탐구에 무게가 실려 있다. 이 무렵의 시에는 순수와 아름다움에 대한 지향이 두드러지고, 다분히 관념적인 세계 떠올리기에 기울었다. 이 같은 추구는 그 빛깔과 방향이 달라진 후기 시에까지 이어지면서 원숙한 경지에 이르는 바탕이 되기도 했다.

첫 시집 『피리 소리』에 실려 있는 「봄빛」은 그 명제가 이미 시사하고 있듯이 생동하는 이미지들이 넘쳐난다. 단문短文과 간결한 문체, 동심童心과도 같은 맑고 깨끗한 언어들이 탄력을 빚는다.

> 눈을 부빈다
> 기지개를 켠다
> 하품을 한다
> 가물가물 움직인다
> 뾰족뾰족 돋는다
> 생긋 웃는다
> 활짝 핀다
> 아아, 봄
> 동경憧憬, 희망, 연애
> 아름다운 꿈을 싣고 오는
> 수줍고 순결한
> 처녀
> 굳세고 씩씩한
> 청년
> ―「봄빛」 전문

잠에서 막 깨어나 뾰족뾰족 돋고, 생긋 웃으며, 활짝 피어나는 봄의 생명력을 노래하는 이 시는 동경이나 희망, 연애가 거느리는 이미지들을 마지막에 이르러서는 "수줍고 순결한 / 처녀", "굳세고 씩씩한 / 청년"의 대비로 응축시켜 떠올린다. 발랄하고 순수한 새 생명력에 대한 경이감의 아름다운 떠올림이며, 그 친화력 돋우기에 다름 아닌 듯도 하다.

두 번째 시집 『백의제白衣祭』에 실린 작품들은 잦은 줄갈이로 시적 긴장감을 고조시키면서 전통적인 정한情恨의 정서를 동심에 투영시키는 맑고 투명한 언어들을 길어 올리는 한편으로는 가정과 가족에 대한 사랑과 연민이 작품의 도처에 등장한다.

> 문풍지가 울면
> 죄 없이 떨리는 밤
> 담요를 몇 번이나 다둑거리곤
> 어린 목숨 위에 손을 모으면
> 티 없는 얼굴이 하도 고와
> 정작 서러운 가슴
> 헌옷가지 꿰매는 질화로 속에
> 아내의 알뜰한 믿음이 피어나고
> ―「천륜天倫」 부분

시인은 허무의 실체에 대한 인식과 수용을 통해 허무와 허망까지도 서주하거나 거부하지 않고 '알뜰한 믿음'으로 받아들인다. 허무의 실체에 대한 탐사 못잖게 그는 백의사상白衣思想을 시의 바탕에 은은하게 깔아 놓는다.

> 출세의 면허장이 없습니다
> 그저 소박한 가족을 싣고
> 인생의 거리를 돌아가는

서투른 운전수올시다
문명의 이기가 아니올시다
초라한 초가삼간의
나는 맏아들이올시다
약속과 독촉을 강요하는
경쟁이 끝나는 날
새까만 지도地圖 그 어느 좌표에
나의 무덤은 기다리는 것입니다
―「맏아들」 부분

시인은 이같이 떨쳐 버릴 수 없는 숙명宿命에 겸허하게 순응한다. 이 시가 보여 주고 있듯이 "그저 소박한 가족을 싣고 / 인생의 거리를 돌아가는 / 서투른 운전수"라고 자신을 낮추면서 "새까만 지도地圖 그 어느 좌표에 / 나의 무덤을 기다리는" 체념에 젖기도 하지만, 그 체념은 단순한 체념이 아니다. 문학은 물론 삶에 있어서도 분수와 자제를 통해 축소 지향적이거나 비우기로서의 자기실현의 길을 찾는다. 그 자기실현은 슬픔 속에서도 위안을, 절망 속에서도 구원을, 무산無産 속에서도 자구自救와 자족自足을 저버리지 않는 미덕 때문으로 보인다.

세 번째 시집 『하오 한 시』에 실린 「오월은 나에게」는 존재 탐구에 무게를 싣고 있지만, 자연이나 사물을 자아화自我化하기보다는 묘사에 충실하려 하는 점이 특징이다. 이 때문에 이 시는 섬세한 감수성으로 자연의 이치理致나 섭리攝理를 부각시키면서도 궁극적으로는 존재 탐구로 나아가는 양상으로 읽히게 한다.

햇살이 쏟아진다
간드러지게 웃어대는 아침을 가면
장미는 장미색으로 모란은 모란색으로

감나무는 감나무대로 우쭐거리고
나생이 꽃이며 클로버가 깔린 언덕길에 서서
이리도 푸른 하늘을 우러러 내가 산다

<중략>

바람이 실어 오는 향기 푸른 향기
보리 물결, 꽃냄새
그대와 더불어 숲으로 가자
　　　　　　―「오월은 나에게」 부분

여기서 "이리도 푸른 하늘을 우러러 내가 산다"는 표현은 자연과의 친화, 자연 섭리에 대한 외경심畏敬心의 발로라 할 수 있다. 그래서 "소근대는 소리 잎사귀 소리 / 그들이 주는 고요에서 사랑하는 사람아 / 마구 떨어져 가는 꽃보라를 생각하다"라는 안타까움이 정치하게 그려지는가 하면, 강변 금모래 위의 발자국은 이내 지워지겠지만 다음과 같이 아름다운 마음의 그림을 그려 보이게 한다.

끝없이 흘러가는 물 위에 이는 구름
한없이 돌아가고 한없이 솟아나는
비밀, 목숨의 비밀을 듣자
　　　　　　―「오월은 나에게」 부분

이 같은 자연에의 친화나 그 섭리와 질서를 향한 사랑과 연민, 생명에 대한 신비감과 가까이 다가가기는 그 깊이를 들여다보려는 시인의 마음자리를 내비쳐 보인다.
전상렬의 초기 시들은 이같이 자연과의 친화, 그 섭리와 질서의 관찰,

그 속에 숨어 있는 생명의 신비神秘에 대한 외경심, 진실 추구 등에 주어져 있다. 하지만 그 바깥을 섬세한 감수성과 서정적인 언어로 감싸면서 압축과 절제의 미학, 이미지의 자연스러운 흐름과 언어에 음악성을 부여하기도 했다.

왕성한 창작으로 연륜이 더해 갈수록 그의 시는 무르익는다. 급격한 방향 전환을 자세하면서 자연에서 인간으로, 그것도 더불어 살아가는 사람들 틈바구니의 일상으로, 일상에서 그 한계를 완만하게 뛰어넘으려는 견자見者로서의 길 트기로 나아가는 모습을 함께 보여 준다. 이 무렵부터 관념적인 요소들이 다소 가라앉는 대신 자연이나 사물에 대한 구체성 찾기와 삶의 애환 돋우어내기, 그 속에서의 소요로 발걸음을 옮기는 변모가 뚜렷해진다.

삶의 안켠을 들여다보면서 자신과 가장 가깝게 더불어 있는 아내, 가족 등에 대한 관심과 연민, 은은한 사랑의 드러냄으로 옮겨가기도 한다. 네 번째 시집 『생성의 의미』)에는 그런 시편들이 두드러져 보인다.

> 분재를 어르고 마음을 달래기엔
> 아직도 새파란 나이인데
> 양지에서 새 흙 갈아 넣으면서
> 참, 거짓이 없는 그것들의 숨소리 듣는다
> 꽃씨를 뿌려도 흐리멍덩 피지 않는
> 고장에 살아와도 고향이 없어
> 메마른 가슴팍 굵은 모래밭에
> 언제나 가시 돋친 선인장을 가꾸어 왔다
> 세월아 바람을 몰고 흙을 날라다 다오
> 꽃나무를 가꿀 한 치 땅이 없구나
> 묵은 등걸에도 새 움 돋는데
> 색깔이 많은 우리 정원을 마련해 다오

또 어디론가 훌쩍 가야 할 철새 살이
나는 사보텐을 소중히 여기고
아내는 설매와 풍란과
석류나무 백일홍을 아껴 왔다
큰 아이는 진달래 세포를 만지작거리고
둘째, 셋째 놈은 열심히 분을 나르고
막내 딸년은
엄마, 나비 봐 한다.
　　　　　　　―「봄·가족」전문

　봄을 맞으면서 화분 갈이를 하는 가족을 그린 이 시에는 자연에서 터득하는 겸허함, 생명의 질서, 자연의 순리 등이 선명하게 떠올라 있다. 자연에의 경외나 경건한 삶의 자세로서의 긍정적 세계관이 드러나면서도 현실을 긍정적으로만 인식하지는 않는 점도 간과할 수 없게 한다. 오히려 현실의 비애를 "꽃나무를 가꿀 한 치의 땅이 없이", "어디론가 훌쩍 가야 할 철새 살이"와 같은 자기성찰로 방향을 바꾼다. 이는 시인의 삶에 대한 태도에 다름 아니다. 역시 일상적인 삶에 대한 관심과 사랑에서 비롯되고 있음은 두말할 나위가 없다. 이 시가 아름답고 진실한 모습으로 다가오는 것도 그 때문이다.
　다섯 번째 시집 『신록서정新綠序情』에 담겨 있는 작품들은 더 나은 세계에 대한 열망을 끌어안고 있으며, 그 열망의 언어가 '먼 데서 부르는 종소리'와 같은 양상으로 떠오른다. 더 나아가서는 생명력에 불을 지피거나 사랑이 충만한 세계에의 꿈으로 발돋움하기에 이른다. 표제작은 분재를 바라보는 미시적인 시각을 거시적으로 전이轉移시키면서 자연의 싱싱한 생명력을 향유하는 비약적 상상력을 보이기도 한다.

　　겨우 내 방안에 심어 둔

고목 분재를
양지에 날라다 놓으면
우리 집은 신록의 산장이다.
　　　―「신록서정新綠序情」 부분

　이 시집에 드러나는 시인의 구도자적求道者的 지향은 그 이전의 시편들과 동떨어져 있는 건 아니다. 시 「봄·가족」에서의 "한없이 솟아나는 목숨의 비밀"과 연결돼 있고, 한참 뒤에는 잃어버렸지만 그리움의 대상이 되고 있는 유년 시절에의 향수로 번져 나가기도 한다. 다시 말해 그의 중기 작품들은 완만한 변화와 원숙성이 눈에 띄는 시적 성취에 닿고 있음에도 일관성이라는 덕목을 유지하고 있으며, 그 성실한 발걸음에 대한 믿음까지 포괄한다고 볼 수 있다.

　iii) 1970년대로 들어서면서는 『불로동不老童』, 『낙동강』, 『생선가게』 등의 시집을 통해 초기 시들보다 한결 깊어진 세계를 보여 준다. 세월에 대한 보다 본격적인 천착穿鑿, 그 흐름 위에 포개어 놓은 내면 의식, 삶을 관조하는 시선의 깊이와 불교적인 세계관, 이들이 어우러져 빚어 내는 달관達觀과 명상, 역사에 대한 눈뜸과 그런 의식의 관류 등이 그것이다.

태양은 부지런히
창문을 여닫고
손주며느리가 아기를 낳고
은실 머리 고운 방안에는
꽃 시절 그때 그냥
불로동이 살고
구름이 머물다 간

하늘 멀리 그 세월 밖에
내가 묻힐 때까지
　　　―「불로동不老童」 부분

염불암念佛庵 가는 길에
염불암念佛庵 들렀더니
석불石佛은 눈 감고
석탑石塔도 잠들고
산山은 낙목落木에 가려 안 보이고
산山에 와 있는 줄도 모르고
　　　―「염불암念佛庵」 부분

　이 두 작품에 나타나는 시간은 일상적 시간에 비추어 보면 마치 정지된 것처럼 보인다. 「불로동不老童」의 화자는 '손주며느리'로 미루어 노인 같지만 '꽃 시절'의 '불로동不老童'으로 그려져 있다. "석불石佛도 눈 감고 / 석탑石塔도 잠든" 불교적 시간에 비추어 보면 지난날이 '산에 와 있는 줄도 모르'는, 자각하지 못한 세속적 삶이다. 여기서의 시간은 현상적인 시간이라기보다 내면적이며 근원적인 본래적 시간이다.
　시집 『불로동不老童』의 작품들은 이같이 세월이나 인생을 바라보는 시선이 너그럽고 모든 것을 끌어안으려는 관용의 빛깔을 띠고 있으며, 죽음까지도 순응하는 달관의 경지에 닿아 있다. 세속적인 삶을 초월, 차원 높은 정신세계에 들어 유유자적悠悠自適하는 불교적인 세계관과 초월적超越的 명상에 길을 트고 있기 때문일 것이다.
　일곱 번째 시집 『낙동강』에서는 빛깔이 다른 시편들을 통해 다소 격앙된 목소리로 세상을 향해 준엄한 비판의 화살을 날리는 면모가 드러난다.

민주民主의 나라 서울에 도둑놈촌村 나으리들
생각하는가 목숨의 조건을
―「나으리」부분

시인은 이처럼 과격할 정도로 탐관오리貪官汚吏들에게 준열한 비판과 비난을 쏟아부으며 각성을 촉구한다. 피폐한 현실을 바라보면서는 절망에 빠지고, 그 전망 부재의 상황에서 기적을 바란다는 역설을 퍼붓기도 한다. 그래서 그럴까. 역으로 낙동강이 품었던 역사적인 인물들을 떠올리며 회한悔恨에 젖고 기리며 칭송하기에 이른다.

산천은 의구한데 인걸人傑은 간 데 없고
산천은 의구한데 역사는 꿈이러니
두 임금 마다하고 벼슬을 버리고
두 마음 옳지 않다 채미정 숨더니
금까마귀 날개 치는 금오산金烏山 자락
낙동강 출렁대는 물결 기슭에
야은冶隱 선생 그 말씀 살아 계시네
―「산천은 의구한데」전문

야은 갈재吉再를 기리는 이 시를 비롯해 신숭겸申崇謙 장군을 우러르는 「파군破軍재」, 절개를 지키다 구족九族까지 멸절돼 후손조차 없는 단계丹溪의 기개를 노래한 「무후無後」, 귀양살이하다 고향으로 돌아와 산과 강에서 노닐며 '어부사漁父詞' 남긴 농암聾巖을 기리는 「귀머거리바위」등이 그 예들이다. 또한 안동 하회마을의 '하회탈신굿놀이'의 연원을 부각시킨 「탈춤」, 상주 함창의 민요 '연밥 따는 노래'에 착안한 「연밥 따는 처녀」도 시인의 역사의식과 연계돼 있음은 물론이다.

여덟 번째 시집 『생선가게』에는 세속에서도 맑고 아름다운 세계, 순결하고 따뜻하고 신비한 세계를 바라보고 지향하는 모습이 두드러져 있다. 시인은 생선가게에서 "먼바다의 드높은 물결 소리"를 들을 뿐 아니라 바다를 유영하던 물고기의 "싱싱한 살냄새"를 맡기도 하고 그 생선들을 통해 먼 신의 나라의 새벽 종소리를 불러들이기까지 한다.

먼바다의 드높은 물결 소리
아직도 싱싱한 살냄새 풍기는
생선가게에서

<중략>

저쪽 어디메 신의 나라
비슷한 영혼을 물색하는
새벽 종소리
  —「생선가게」부분

그의 감수성은 수수하면서도 섬세한 결을 지니고 있다. 자연과 사물을 들여다보는 섬세한 감각과 촘촘한 감수성도 아름답다. 언어 감각 역시 그렇다. 바닷가에서 고조되는 그의 서정적 자아는 바다 속과 그 위의 우주 공간의 광대무변廣大無邊한 넓이와 높이에도 불구하고 작고 나직한 신경의 올과 목소리에 의해 선택되고 집중된다. 그 세계는 마치 한 폭의 물기 촉촉한 수묵화를 연상케도 한다.

전상렬은 1980년대에 들어서도 꾸준한 활동을 펼치면서 시집 『수묵화水墨畵 연습』)과 『세월의 징검다리』(1986)를 잇달아 발간했다. 이 시집들에는 다시 격앙된 목소리나 비판적인 시각에서 물러서는 대신 마치 동양화의 여백餘白처럼 비움과 '말 없는 말'의 미덕과 관조적인 시선으로 원숙한 서정을 담담하게 노래한 시편들이 주류를 이루고 있다.

그 이전과 다르게 산문시를 보여 주기도 하는 아홉 번째 시집 『수묵화 연습』에는 그 명제가 이미 암시하고 있듯이, "인생의 여백에 / 시화詩畵로 가꾸"(「수묵화 연습」)는 모습을 드러내며, 자연과 사물을 너그럽게 바라보며 끌어안는 관조의 경지가 수묵화처럼 담백하게 스며 있다.

산을 뚫고 쏟아지는
폭포를 그릴 때는
물줄기 소리도 들린다

<중략>

장강長江의 하류에는
노을 속에 물든 마을
인정도 그린다
            —「수묵화 연습」 부분

그의 이 같은 모습은 시류나 유행과는 상관없이 부단히 자신만의 오솔길을 걸어가는 서정시인의 한 본보기가 아닐 수 없다.

한편 열 번째 시집 『세월의 징검다리』는 동양적 지혜의 산물인 절후 시편들을 집중적으로 담고 있어 독특한 정서를 떠올린다. '입춘立春'에서 '대한大寒'까지의 절후를 빠뜨림 없이 망라해 그 느낌의 무늬들을 아로새긴 시편들은 그만의 특유의 공든 탑이며, 잔잔하고 은은한 정서적 울림들은 이 시인의 남다른 계절 감각을 맛보게도 한다.

바람은 소소리바람
매화가 눈을 비비고
산수유가 기지개를 켠다

<중략>

　　가물거리는 몸짓이
　　새근거리는 숨결이

　　일제히 일어서는
　　얼굴, 이름들
　　초롱초롱 빛나는 목숨들이여
　　　　―「경칩驚蟄」부분

　이 시집의 시는 경칩을 묘사하는 이 시와 같이 일상적인 사물과 풍정들을 끌어들이면서 동심과도 같은 해맑은 정서를 길어 올려 보인다.

　iv) 전상렬은 만년에 이르도록 지칠 줄 모르는 시적 열정을 부드러움과 너그러움으로 감싸 안으며 그 성취를 열망하면서도 허명虛名과는 담을 쌓기도 했다. 화려한 수사나 눈길을 끌기 위한 제스처를 보이는 경우도 없이 자신의 세계를 묵묵히 심화하고 확대하는 길만 걸었다. 그래서 그는 1990년대 이후 절정에 이르렀는지도 모른다.
　노년의 심경을 수묵화처럼 담담하게 그려 보인 열한 번째 시집 『시절단장時節斷章』은 원숙한 시정신과 인생을 그윽한 눈으로 바라보는 달관의 경지를 격조 높게 떠올린다. 그의 작품들은 대부분 까다로운 문맥이나 그런 기법을 넘어서서 쉽고 순탄한 울림을 진솔하게 드러내지만, 쉽고 은은하게 다가오면서도 높은 경지에 다다르고 있어 '무기교의 기교'를 감지하게 한다. 이 때문에 빙산처럼 가라앉아 있는 부분이 보이는 부분보다 훨씬 큰 비중을 차지하고 있다는 느낌도 들게 한다.

가없이 너른 공간의 질서 속에
하나의 목숨으로 왔다가
시작도 끝도 없는 시간 속으로
절로 사라져 가는 것인데

여기 송림리 앞산
동동남 양지바른 언덕에
내 신후身後의 땅 마련해 두고
영영 다시는 하산할 수 없는
어느 날의 나를 생각해 본다

발이 빠른 겨울 햇살은
들머리에 산그늘이 내려서고
돌아서는 마실 앞 거랑 둑 고목에
어디서 까치 한 마리 날아와
노를 젓는다
　　　　　―「신후지지身後之地」전문

　사후死後에 돌아갈 땅을 마련하고 난 뒤 '어느 날' 그곳에 묻힐 자신을 처연하게 떠올려보는 이 시에서처럼 이 시집에는 인생무상人生無常과 허무의 그림자들이 어른거리고, 자연의 질서(순리)와 자신의 삶을 겸허하게 바라보는 관조의 세계가 번져 흐른다. 무위자연無爲自然과 자연에의 회귀 의식, 인생을 청빈하게 살아가는 현대판 선비의 면모와 넉넉한 여유가 주요 덕목들이 아닐 수 없다.
　형이상학形而上學을 지향하는 정신주의, 귀소본능歸巢本能이 돋우어내는 고향과 뿌리에로의 되돌아감, 향수와 추억의 아름다운 반추와 순진무구한 세계에의 동경, 토속적인 정서와 향토적인 시정 등이 돋보이는 것도 그 때문이다. 이 시집의 자서自序에서 그가 토로하고 있는 말들은 설득력을 가지며, 그의 시를 이해하는 요체가 되어 주기도 한다.

이 길에 들어선 지 40년, 나는 자연을 사랑하고 생명을 소중히 여기는 정신을 바탕으로 향토적인 소재에 눈을 돌려 사물의 본질을 직시하고 밀도 있는 언어에 힘써 왔다. 남은 햇살이 짧을수록 그리움은 과거의 시간 속으로 배회하고 인간 본연의 귀소성은 아늑한 고향에로 돌아가게 한다.

「늘그막에」라는 작품에서는 "일상日常의 밥상머리에 / 아직도 내 수저가 놓여 있음"을 다행스럽게 생각한다. 이어서 "낮에는 고금古今을 뒤적이다가 / 수묵水墨 번지는 연습을 하다가 / 개울물 산조散調 따라 혼자 거닐고" 있는, 가진 것이 없어도 이마가 푸른, 현대판 선비의 모습을 떠올리고 있다.

그러나 소멸에의 덧없음을 노래하기도 한다. 「저무는 풍경風景」에서는 "어둠살이 끼듯 그렇게 / 한 시대의 노인도 가는 것을" 스스로 들여다보고 있으며, 「귀로歸路」에서는 "서산머리 꽃구름도 사라지고 / 수묵水墨 번지는 모롱이를 돌면서 아쉬운 손을 흔"드는가 하면, "아주 멀어져 버린 원경遠景 속에 / 가면 다시 못 올 날을 생각해 본다"는 허무와도 만난다.

내 작은 소망은
집 한 채 장만하는 일이다
뒤에는 산山 앞에는 시내,
흙으로 벽돌 디디고
지붕은 새茅로 이이고,
울은 나지막하게 치고
삽짝은 그냥 열어 두고

> 인도보석人道步石 그밖에는
> 꽃나무와 텃밭 가꾸고
> 세간은 이대로 족하다
> ─「소망所望」부분

고 낮은 목소리로 읊조리고 있다. 하지만 그 소망도 다시 무위로 돌려 버리고 만다. "명命대로 살다가 / 빈손으로 가는 건데, / 집인들 다 두고 가는 건 / 한 번 해 본 소리지"라는 것이다. 다만 시에 대해서만은 그 사정이 다를 뿐이다.

> 살아생전生前에
> 가슴에서 가슴으로 전하는
> 시 한 편 쓰고 싶다
> 가슴에서 가슴으로 전하는
> 그런 최상의 것 말고라도
> 활자의 언어들이 가슴에 들끓는
> 그런 시 한 편을 쓰고 싶다
> 그도 저도 아니면
> 여일餘日이여,
> 차가운 돌 속에 피나 스며
> 먼 날의 목숨으로 살아남을
> 그런 시 한 편 쓰고 싶다
> ─「생전生前에」전문

이 작품이 말해 주듯이, 그는 모든 미련을 다 떨구거나 뛰어넘지만, 시에 대해서만은 경우가 다르다. 점진법漸進法의 반대쪽으로 열망을 풀어 내리고 있기는 하지만 그는 "가슴에서 가슴으로 전하는 / 시 한 편 쓰고 싶다"는 열망을 부둥켜안는다.

그에게는 그 세상에서의 부귀영화도, 세속적인 명리도 귀하지 않지만 '가슴에서 가슴으로 전하는 시'는 지상과제가 아닐 수 없었다. 하지만 그는 그러면서도 한결같이 과욕은 삼갔다. 그런 시를 빚지 못한다면 "활자의 언어들이 가슴에 들끓는 그런 시"를, 그렇지도 못할 때는 "차가운 돌 속에 피나 스며 / 먼 날의 목숨으로 살아남을 그런 시"라도 쓰게 되기를 갈망했다.

그의 시세계는 이처럼 언젠가 자연으로 돌아갈 날을 담담하게 관조觀照하면서 자연과의 친화나 융화(일치)하려는 정서 공간들을 아름답게 떠올려 보인다. "가슴에서 가슴으로 전하는 시 한 편"을 쓰는 것이 지상과제이며, "집 한 채 장만하는" 작은 소망마저 무위로 돌리고 마는 달관의 경지가 아닐 수 없다. 자연회귀의 동양사상을 뿌리로, 불심을 그 가지로 거느리면서 노자老子와 장자莊子풍의 유유자적한 정신의 풍속도를 수묵의 은은한 농담濃淡으로 그려 보인다고 할 수 있다.

그의 시세계는 다른 한편으로 향수, 또는 귀소본능 쪽으로 열리면서 잃어버린 날들을 아름답게 되살려 놓기도 한다. 토속적인 정서와 향토적인 서정이 두드러지는 그의 일련의 시들은 단순한 추억의 미학에서 빚어진 것이 아니라 그 차원을 훨씬 넘어서 있는 인간의 본향本鄕을 제시하는 것으로도 읽히게 한다.

순진무구하고 인간 냄새가 물씬한 삶의 원형을 보여 주기도 한다. 「엿장수 가위 소리」에서는 헌 고무신, 몽당숟가락, 삼베 헝겊으로 엿을 사먹던 조무래기들을, 「소년少年」에서는 "새 떼도 쫓고 메뚜기도 잡고 / 갈 피리 호박잎에 싸서 구워 먹고 / 밤에는 물꼬에 통발도 놓"던 시절을 되살려 놓고 있다. 또한 그의 추억의 공간에도 이런 삽화도 끼어든다. 그런가 하면, 전원田園의 사계를 꿈결처럼 퍼덕이는 심상 풍경들로 펼쳐낸다.

> 봄이 오면
> 뒷동산 된비알에 참꽃 피고
> 앞 냇가 버들 숲에 호드기 소리
> 여름철에는
> 원두막에서 낮잠 자고
> 여울목에서 버들치 후리고,
> 가을에는
> 콩서리 모닥불에 구워 먹고
> 소죽솥에 군불 지피고,
> 겨울밤에는
> 초당 방에서 고담古談 읽고
> 참새 잡아 볶고 지지고,
> ―「초당草堂」 부분

그의 기억의 공간에는 '할매의 약손'이 들어앉아 있고, 할머니의 '목소리'가 끼니때마다 "함지박에 무럭무럭 강냉이 삶아 놓고 / 놋양푼 가득히 범벅 쑤어 놓고" 부르던 소리로 남아 있다. 할머니의 "풀 먹인 삼베 고장바지 스치는 소리"가 그리움으로 자리 잡고 있기도 하다.

전상렬의 시는 수묵의 농담으로 감정의 움직임이나 느낌까지도 섬세하게 형상화하는 수묵화를 연상케 한다. 간헐적으로 끼어드는 담채淡彩는 고졸古拙하고 단아端雅한 분위기에 탄력을 부여한다. 쉽고 순탄한 구문 속에 자연과 자신의 삶을 겸허하게 바라보는 '관조의 눈'과 '너그러움'이 시 속에 흐르고 있다.

고희를 넘기고 냈던 열두 번째 시집 『보이지 않는 힘』은 그 이전까지 추구해 오던 세계를 더욱 심화시키면서 깨달음과 바라봄, 그 느낌의 오솔길들을 열어 보인다. 『시절단장』보다 심화되고, 새로운 경지에 이르려는 길 트기의 모습도 두드러진다.

시인은 이 시집의 앞부분에서 '보이지 않는 힘'의 위대함을 집중적으로 노래했다. 나머지 시편들에서는 '산다는 것'과 '늙는다는 것'의 의미를 담담하고 서늘하게 반추反芻한다. 인간의 영원한 품안으로서의 자연과 그 속의 현실을 바라보는 눈과 마음이 적막하고 쓸쓸하면서도 은은한 격조의 울림들을 빚는다.

> 햇살 가득한 뜰에
> 꽃을 가꾸던 손이
> 가지 끝에 남은 잎새를
> 하나둘 떨구고 있다
> 목숨으로 있게 하는 그
> 뒤에 숨은 힘이 있듯이
> 거두어 가는 손길 그
> 뒤에 돋게 하는 뜻이 있다
> 어린 눈으로 보면
> 허무하지만
> 새봄에 새 움 돋게 하는 건
> 거룩한 다스림이 아닌가
> ―「보이지 않는 힘」 전문

자연은 목숨을 있게 하고, 거두어 가기도 한다. 시인은 눈에 가깝게 보이지는 않지만, 사물을 있게 하고 소멸하게 하는 힘이 자연에 있고, 나아가 신神의 의지 속에 계획되어 있다고 믿는다. 생성과 소멸은 별개의 것이 아니라 연결고리에 꿰어 있다고 본다. 우주 질서나 자연의 순환 원리循環原理(또는 불교의 윤회輪廻)와 그 뜻을 '거룩한 다스림'으로 받아들이기도 한다. 그래서 '꽃을 가꾸던 손'이 역시 '잎새를 떨구고 있다'고 서술하며, 다시 '거두는 손길 그 / 뒤에 돋게 하는 뜻이 있다'고도 묘사한다.

 그렇다면 시인은 오로지 이 같은 '자연에의 순응'이나 '우주 질서에의 회귀', 또는 '윤회에의 실림'에 몸과 마음을 맡기고, 그런 '허무'에 탐닉하기만 할까. 그렇지는 않다. 「시력」에서 그는 "민들레 꽃씨가 날아가는 / 하얀 숨결"도 보고 있으며,

> 개울가에 앉았노라면
> 흘러가는 세월도 보이고
> 칠십 고개를 넘으면서
> 안으로 시력이 열린다
> ―「시력視力」 부분

고도 한다. 시인은 드디어 높고 깊은 '마음의 눈'을 뜨고, 우리를 그 경지로 적이 끌어당긴다. 현상 뒤에 숨어 있는 '실재'를 '마음의 눈'으로 느끼고 보게 된다. 자연 앞에서는 겸허하면서도, 궁극적으로는 자연과 하나가 되고, 그와 같은 차원에 이르려는 정신의 움직임들을 드러낸다. 하지만, 때로는 담담하게 '일상인으로서의 인간'의 자리에 앉아 자신을 들여다보며 적막한 심상 풍경을 떠올린다.

> 간밤에도 깊이 잠들었고
> 오늘도 시를 생각하는 마음 있으니
> 내 복이 이만하면 넉넉하지 않은가
> ―「행복론」 부분

 일상인으로서의 애환을 꾸밈없이 드러내면서도 유유자적하는 여유를 잃지 않는 점은 그의 남다른 미덕이다. 작은 일에도 고마움과 행복을 느낀다든지, 세속적인 욕망의 굴레를 벗어나 마음을 비운 채 인생을

서늘하게 바라보려 하는 긍정적 시각은 어느 작품에도 물길처럼 흐르고 있기 때문이다.

인생의 황혼黃昏에 이르면 누구나 남은 시간이 아쉽기 마련이다. "때가 되면 가야 한다"는 담담한 심경心境에 젖어드는 것도 당연지사다. 하지만 시인은 늙는다는 사실에 대한 아쉬움을 진솔하게 드러낼 때도 있지만, 그런 상념想念은 어리석음 탓이라고 돌려 버린다. 하지만 노경에 이른 시인은 회한 없는 삶을

>새벽을 열고 숲 속을 거닐다가
>돌아와 읽고 싶은 책 읽고
>찾아오는 이 있으면 술잔 기울이고
>남들이 보면 먹고 노는 것 같지만
>생각은 언제나 본질을 살피고
>가슴속 뜨거운 곳에서 시를 찾는다
>　　　　　　　　—「자족自足」 부분

고 자족한다. 빈 듯 그윽하게, 그러면서도 '끝없는 꿈꾸기'에 다름 아닌 시에의 열정을 시사하기도 한다. 또한 일련의 작품에서 때로는 역설逆說이, 때로는 해학諧謔이 전면으로 튀어 오르기도 하지만, 현상보다는 본질을 더욱 중시하는 '시인의 심성'이 반영되고 있기 때문일 것이다.

그가 마지막으로 발간했던 열세 번째 시집 『아직도 나는』에는, 다가오는 죽음을 예감이라도 하듯이, 죽음과 관련된 작품들이 적지 않다. 이 시집의 표제작이기도 한 「아직도 나는」 연작과 부인을 먼저 떠나보낸 아픔을 그리고 있는 「추념사追念詞」 연작이 그것이다.

>날이 가고 달이 가더니
>한 해가 저무네요

이제 당신 생각을 잊으렵니다

　　열반한 당신과
　　지옥에 갈지도 모르는 내가
　　다시 만날 수도 기약도 없고

　　생각인들 오래 머물겠습니까
　　마음인들 변하지 않겠습니까
　　달라지지 않은 게 있겠습니까

　　구태여 잊으려 하지 않아도
　　시간이 흐르면 절로 잊겠지요
　　이젠 마음 너그럽게 가지렵니다
　　　　―「추념사 15―제행무상諸行無常」 전문

　부인이 먼저 떠난 아픔을 처연하게 노래하고 있는 이 시는 부제가 말하고 있는 바로 그 제행무상의 진리에 마음을 싣고 있다. 모든 건 끊임없이 바뀌므로, 그 진리에 따르면서 달관의 경지에 들고 있다고나 할까. 아무튼 그런 처연하지만 너그러운 마음에의 지향이 두드러지는 시다. 그러나 그도 어쩔 수 없이 인간이므로 "창가에 앉아 / 운잉雲仍의 꽃밭 생각"(「꽃 이야기」)하게 되기도 하지 않을까.

　　내 생일에서 이만큼 흘러온
　　세월의 강변에 흩어진 추억은
　　저녁노을에 곱게 물들고
　　여기가 어디쯤인지
　　어렴풋이 짐작이 가지만
　　포구에서 갈아탈 배가

어디로 가는지
아직도 나는 그걸 모른다.
—「아직도 나는」 부분

   그럴 것이다. 그럼에도 불구하고, 시인은 여전히 "포구에서 갈아탈 배가 / 어디로 가는지 / 아직도 나는 그걸 모른다"고 할 수밖에 없지 않겠는가.
   전상렬은 시를 온몸으로 썼기 때문에 향토에 대한 애착, 성실한 삶의 자세, 생의 찬미를 흐트러짐 없이 일관성 있게 견지해 온 것 같다. 일상적인 삶 속에서 끊임없이 시를 빚고, 그 안에서 삶을 가꾸는 게 그의 문학적 생애였으며, 그런 생애가 바로 문학으로 이어졌다는 점에서 그의 시세계가 더욱 돋보인다.

강 따라 물이 흐르고
물 따라 강이 흐른다
물 흐르듯 흐르는 세월 기슭에
저만치 고목古木이 서 있고
바람 따라 세월이 가고
세월 따라 바람이 흐른다
넘어 치는 강바람에
잎은 물나부리로 출렁거렸고
세월에 발돋움했지마는
애 말라 속이 썩은 둥치
원으로 겹겹 파문波紋져 가는 나이에
안으로 겹겹 인고忍苦가 그대로 긴 사연이고
하늘은 온갖 모양으로 바뀌어도
바다로 가는 마음 그대로 그것 아닌가
안개와 구름과 하늘빛 물색

강江물은 저렇게 흐르는 것이고
고목古木은 저만치 서서만 있고
바람 따라 세월이 가고
세월 따라 바람이 흐른다
　　　―「고목과 강물」 전문

　전상렬의 대표작 중 하나로, 2004년 겨울에 세워진 대구 월광수변공원의 시비에 새겨져 있는 이 시를 읽으면서 그의 시에 대한 여운을 남겨 두고자 한다.　　　　　　　　　　　　　　　　(2023)

철학적 사유, 예지와 관용의 시학
— 김주완 시집 『선천적 갈증』

ⅰ) 김주완의 시는 이성적인 철학적 사유思惟를 감성적인 시적 언어로 녹이고 변용해서 다채롭게 떠올린다. 동양 고전에서 따온 구절을 명제로 인유引喩하는 일부 시들은 현학적이며 이성적인 논리에 무게가 실리지만, 대부분의 시는 해박한 지식을 이면裏面에 깔거나 쟁이면서도 자신만의 언어로 부드럽게 풀어 보이려는 데 무게중심이 주어져 있다.

이 같은 시도와 그 흐름은 철학을 전공하는 시인으로서 '시 속의 철학'과 '철학 속의 시'를 함께 받들더라도 이성의 통로로 나아가는 철학적 관념(서사)들을 감성의 통로로 끌어가면서 승화하고 아우르려는 유연한 시적 지향과 추구에 무게가 옮겨지기 때문으로 보인다.

이 시집에 실린 일련의 시에는 존재의 부름에 응답하듯 '언어=존재'라는 등식을 떠올리게 하는 '존재의 집' 짓기로 새길을 트고 다지려는 모습이 두드러진다. 특히 미세한 움직임과 아주 작은 소리에서 생명력을 천착해 내고, 곡선과 둥긂의 미덕과 정적靜寂과 침묵의 세계를 그윽하게 길어 올리는 견자見者로서의 예지는 각별하게 돋보인다.

우주의 질서에 겸허하게 순응하면서 자신을 낮추고 비우며, 사람을 향한 외경심과 따뜻한 신뢰도 남다른 그는 겸양지덕과 가톨릭적 사유가 어우러져 받쳐주는 사랑과 감사와 용서와 화해로 나아가는 현대판 선비이자 이성을 감성으로 너그럽게 감싸 안는 관용의 시인이라 할 수 있다.

　ii) 조선조의 학자 한강寒江 정구鄭逑의 '주역周易은 본의本義보다 정전程傳을 먼저 읽어야 한다'는 묘지명(허목 찬)과 철학자 니콜라이 하르트만의 '방법은 앞서가고 방법론은 뒤따라 간다'는 말에 공감(간접적 인유)하면서 자신의 철학적 사유를 포개놓은 시 「역易」은 해박한 지식에서 우러나는 논리를 시적 언어로 풀어서 보여준다.

　　해와 달이 돌고 돌면서 몸 섞이는 법칙을 도道라 하고
　　낳고 낳는 것을 역易이라 하니
　　역易은 곧 도道이니라

　　길이 먼저 태어나고 길 위에서 만물이 나타나느니
　　흐르고 바뀌는 것이 길이다
　　뒤의 물이 앞의 물로 바뀌는 것이 흐름이라
　　바뀌는 것은 이전의 지금이 다음의 지금이 되는 것이다
　　길은 굽이굽이 길게 구부러지면서
　　바뀌어 흐르기에 길이다
　　새 길도 옛길도 모두 길 위에서의 길이다

　　날마다 새 얼굴이 되면 살아있는 얼굴이어서
　　조처는
　　흐름의 방향을 새로 다잡는 일이니라
　　　　　　　　　　　　　—「역易」 부분

'해와 달이 돌고 돌면서 몸 섞이고', '낳고 낳으며', '흐르고 바뀌는', '굽이굽이 길게 구부러지고', '길 위에서의 길'이나 '날마다 새 얼굴이 되면 살아있는 얼굴'이라는 표현들은 딱딱한 논리를 부드럽게 느끼게 해주는 시적 의장意匠들이다. 이 같은 이성적 논리의 시적 변용은 구체적인 체험과 그 느낌들을 담고 있는 「불학시 무이언不學詩 無以言—시, 말, 시인」이 그 시발점과 도정道程에 대해 일정하게 드러내 보인다.

마당을 가로질러 갈 때 아버지는 내게 시를 배우라고 했다 말을 얻으라고, 남의 말이 아닌 나의 말을 찾으라고 했다 자기만의 말다운 말을 할 때 자기만의 세상이 열린다고, 처음 이름 지어 부르는 것이 시라고 했다

  내 뜻대로 이름 지어 부르면 사물들은 성큼성큼 이름 안으로 걸어 들어와 새것이 되었다 사람들의 말을 쓰되 사람들과는 다른 의미로 쓰기 시작하자 새로운 세상이 열렸다 넓은 세상 한가운데 말답게 말할 것이 있는 나는 내가 되고 반신半神이 되었다
     —「불학시 무이언不學詩 無以言—시, 말, 시인」 부분

시를 쓰게 한 계기와 동기는 아버지의 일깨움에 연유한다. 아버지가 『논어』의 '시를 배우지 않으면 말답게 말할 것이 없다'(불학시 무이언不學詩 無以言)고 한 말을 새겨듣고, 그 말대로 시를 배우고, 자신의 말다운 말을 따라 시의 길을 걷고 있기 때문이다.

그 도정에서는 자신의 뜻대로 이름 지어 부른 사물들이 그 이름 안으로 들어와 새것이 되고 새로운 세상이 열리며, "넓은 세상 한가운데 말답게 말할 수 있는 나는 내가 되고 반신半神이 되"는 경지에 다다르는 데는 철학자 하이데거의 영향도 적잖았을 것 같다.

하이데거에 따르면 '반신이 되었다'는 건 '시인이 되었다'는 뜻이다. 그는 '말로서 새롭고 완전한 세계를 건설해 내는 시인들의 언어는 예언하는 언어이며, 그런 의미에서 시인들은 신들과 인간들 사이의 그 중간에 내던져져 있는 반신'이라고 한다.

하지만 시인은 아버지의 일깨움과 하이데거의 견해(영향)에 그대로 따르기만 하기보다는 동서양의 철학과 사상을 섭렵하다시피 하면서 무르익은 철학적 사유를 바탕으로 자신만의 말을 찾고 빚으며 '존재의 집'을 지으려는 길을 걷는 것으로 읽힌다.

 ―시인은 말을 기다리지 않는다 그가 곧 말이기 때문이다 시인은 자존을 내세우지 않는다 스스로 자존이기 때문이다 참시인은 자유와 해방을 갈구하지 않는다 그와 그의 말이 곧 자유이고 해방이기 때문이다
     ―불학시 무이언不學詩 無以言―시, 말, 시인」 부분

이 대목에 이르면, 시인은 스스로 '자존'이고, 곧 '말'이기 때문에 말을 기다리지 않는다고 밝히고 있으며, 자유와 해방을 갈구하지 않는 건 시인과 그의 말이 곧 자유이고 해방이기 때문이라는 참시인으로서의 자긍심도 내비쳐 보인다.

음악에 대해서는 「위지악 이선기인울爲之樂 以宣其湮鬱―음악」에서 그리는 바와 같이, 최고의 말은 무엇이며 "오롯한 최상의 말은 수사가 없이 흐르는 음 형상, 자유로이 유동하는 음악, 맨 처음의 순한 소리"이고 "이 소리가 즐겁게 한다"고 서술하고 있듯이, 말이 무화無化된 소리의 경지에 다다른다.

노년에 접어든 시인은 맑고 높은음에 눈물이 나는 건 "청력을 잃은 음악가는 눈물의 높이에 음자리를 그렸을까"라는 데도 생각이 미치지만, 마음을 뚫어 새로운 통로를 열어줄 최상과 최고의 음악을 동경하고

꿈꾼다.

  빈 소리는 노래가 되어 바람을 타고 날아간다 의미는 없고 소리만 있는 처음의 노래는 우우우 갑갑하고 답답한 마음을 뚫어 통로를 낸다

    가장 가늘고 가장 맑고 가장 높은 그는
    처음부터 부드러운 눈물이었고 서늘한 바람이었다
                       —「위지악 이선기인울 爲之樂 以宣其湮鬱—음악」 부분

  한유의 『원도原道』에 나오는 '음악은 갑갑하고 답답한 가슴을 뚫어 준다'는 말을 인유하고 제목으로 끌어오기도 한 이 시는 그 인유에 "의미는 없고 소리만 있는 처음의 노래는 우우우 갑갑하고 답답한 마음을 뚫어 통로를 낸다"는 자신의 말로 변용한다. 게다가 그런 가장 가늘고 맑고 높은 음악은 처음부터 부드러운 눈물이고 서늘한 바람이라고 그 본질에 대해서도 부연하고 있다.
  장재의 『정몽』에 들어 있는 '속이 충만하여 밖으로 드러나는 것을 아름다움이라고 한다'라는 말을 인유한 제목을 단 「충내형외지위미充內形外之謂美—아름다움」도 유사한 뉘앙스로 아름다움에 대한 자신의 말을 그 말 위에 포개어 놓는다. 뉘앙스는 다소 다르지만 「곡선에 대한 회상」에서는

  아침이 오자 둥근 산마루로 둥근 해가 솟았다 익은 밀 이삭의 누런 수염에 둥근 이슬이 맺혔다 둥근 배에서 나온 둥근 얼굴의 아이가 걸어가고 있었다 여름의 걸음걸이는 원형이다 둥근 부채에서 나온 둥근 바람이 대청마루를 건너갔다 직선이 곡선의 품에 안겨 있었다
                                  —「곡선에 대한 회상」 부분

고 곡선의 완성 형태이며 정점이라고 할 수 있는 '둥긂'에 대해 거시적이면서도 미시적인 시각으로 그려 보인다. 아침의 산마루, 솟아오르는 해, 밀 이삭에 맺힌 이슬, 배(모태)와 아이 얼굴은 모두 둥근 형상으로 둥글게 어우러져 있으며, 역시 둥긂이 생동하는 이들을 품고 있다.

그래서 시인은 여름의 걸음걸이도 원형이며, 둥근 부채에서 나오는 둥근 바람이 대청마루를 지나가는 것으로 자신과 거리를 가까이 좁혀서도 들여다보며, 그 둥긂을 직선이 곡선의 품에 안긴 모습으로 묘사하고 있다.

다른 여러 편의 시도 '적수세滴水勢', '적수간滴水間', '집자集字', '공심병空心病', '명관明觀', '스킬', '마음', '마디론' 등이 제목으로 쓰이고 있어 어리둥절하게 하는 면이 없지는 않다. 보통 사람들에게는 현학적이고 낯선 학술 용어로 비치거나 논문 제목 같아 보이고 느껴지는 어휘들이기 때문이다.

실제 '적수세'는 긴 창을 쓰는 자세의 한 가지로 물방울을 떨어뜨리는 듯이 45도 각도로 눕혀 드는 자세이며, '적수간'은 떨어지는 물방울의 사이를 뜻한다. '공심병'도 중국의 쉬카이인 교수가 제기한 신조어로 명문대학에 진학한 모범적인 대학생이 삶의 의미를 잃어버리는 증상을 일컫는다. 하지만 이 같은 제목을 붙인 시들도 그 내용은 시적으로 부드럽게 승화돼 있다.

「적수세滴水勢」는 미끄러지면서 기어오르는 꿈을 꾼 뒤 컴퓨터에서 이력서를 출력하면서 발상한 시로 보인다. "외로움이 초기화되는 순간에 서로를 못 들일 반감도 없으면서 // 미끄러지면서 기어오르기를 강요하는 경사면의 요구는 집요했다"고, 적수세 현상을 컴퓨터의 속성과 세상사와도 연계시켜 평등하지 않은 DNA를 가진 것으로 그려진다.

다가오지 마라

눕혀 든 창은 들리고 마침내 간구는 파열될 것이다

경사가 있어서 세상의 주소는 생기고
이쪽과 저쪽을 붙드는 응력凝力이 미끄럼판을 세운다
불평등의 DNA를 가진
―「적수세滴水勢」 부분

'떨어지는 물방울의 사이'를 화두로 "떨어지는 물방울과 물방울 사이에 당신이 있다, 비와 비, 눈물과 눈물 사이에"로 시작되는 「적수간滴水間」은 물방울 무늬가 우주를 닮았으며, "꼬리가 있어 아름다운 허공의 궤적"이나 "목젖을 흔드는 웃음소리"로 보는가 하면, "떨어지지 못하게 누가 붙든 것이 고드름"이며, 물방울 사이가 실종된 이 관계는 "결국은 부러지는 단절"이다.

적수간에 소가 끄는 수레가 지나가고, 새벽과 밤이 지나가며 "사람이 오고 사람이 가고 긴 전쟁과 짧은 평화, 혁명의 함성이 때마다 지나갔다"는 등의 비약적 상상력을 펼쳐내는 연작 형식의 이 시는 마지막 '6'에 이르러 물방울은 잠시 지나는 눈물 같은 생명이지만 하나여서 여럿인 물방울들이 떨어지는 사이에 오늘이 있다는 시인의 세계관과 아포리즘을 서정적인 언어로 떠올려 놓는다.

하나여서 여럿인 물방울과 물방울, 떨어지는 사이
방울방울 오늘이 있다
잠시 지나는 눈물 같은 생명이 있다
―「적수간滴水間」 부분

iii) 한편, 김주완의 일련의 시는 스스로 밝히고 있듯이 '반신半神'의 경지에서 존재의 부름에 응답하듯 '언어=존재'와 '시=존재의 집'이라는 등식을 떠올리게 하는 세계를 지향하고, 그 세계에 이르고 있다는 느낌도 안겨준다. 「마음」에서는 겸허하게 "마음을 열고 들어가 남의 화선지에 마음을 세운다, 묵으로 나중에 지우기 위하여 지금은 쓴다"고 자세를 낮추면서도 "깨어야 열리고 깨어야 닿는다"는 깨달음을 받들고 있는가 하면, 더 이상 벗을 껍질이 없어 흐르는 대로 흐르는 종심從心을 따라 끝내 혼자 가는 길을 나선다고 말하고 있다.

이 같은 마음은 「마디론」에서는 "우주, 장단 원근이 그 속에 있"는 마디로 재면서 "잘 자라 마디 없는 / 당신을 지나서 그 너머 갈 곳이 없는 / 나는 // 나를 당신에게 들여보내기 위하여 필요한 / 말 / 한 마디를 // 아직 찾고 있다"는 대목과 같이 변주되고 있다.

물론 이 마음자리에는 명경지수明鏡止水, 명관지심明觀止心이라는 덕목과 '자기 자신을 본다'는 노자老子 철학의 중요 개념인 '명관'이 동시에 자리잡고 있다. 시인은 「명관明觀」에서 있는 그대로의 '나'를 보며 자기를 깨트리고 나오는 것이 깨달음이고, 봄이 봄을 깨고 나올 때 꽃이 피듯이 꽃은 봄의 명관이고 각覺이라는 인식을 떠올려 놓는다.

앞의 시편들과는 대조적으로 보이는 이 같은 인식과 지향은 극도의 미시적인 시각으로 아주 작은 기미에 천착하는 지혜가 받쳐주고 있으며, 작고 낮은 것들을 높고 깊은 곳으로 끌어올리는 견자見者의 예지가 자리매김해 있기도 하다. 「아주 작은 소리」와 「가온다 원근법」은 그런 점에서 각별하게 주목된다.

    어린 꽃나무가 앓고 있습니다 속에서 생긴 병인지 밖에서 온 병인지는 알 수가 없습니다 들판의 서쪽에서는 여전히 싹이 틉니다 동쪽에서는 쉼 없이 고요하던 나뭇잎이 자꾸 무거워집니다 여기저기 기척이 있는데 알아들을 수가 없습니다 아침이 되자 어린 꽃이 피어납니다 완연하던 병색이 많이 사라졌습니다 아주 작은 기도가 부풀어올라 저리 터져 나온 것입니다 앓는 속도 꽉 차서 부풀면 팝콘처럼 터지는 것이지요 처음에 꽃은 모두 여자의 몸에서 태어났습니다 북쪽이었습니다 어디선가 새어 나오는데 아무도 듣지 못하는 아주 작은 소리가 있습니다 가장 먼 곳에서 출발하여 우주의 가장 낮은 곳을 떠받치는 아주 작은 소리는 구체적입니다 여자의 집 안팎에서 구석구석 꽃이 피고 꽃이 지며 생명이 살아가는 소리는 몸을 가졌습니다 붉은 마음을 가진 새가 작은 소리를 품은 채 남쪽에서 높이 날아오릅니다

-「아주 작은 소리」 전문

나는 콘트라베이스가 되어 배경 소리를 내었지요
멀리서 보는 가온다의 자리는 눈부셨지요

<중략>

나도 어느 자리에 앉아 구석의 음표가 되었지요
너무 높이 있거나 너무 낮게 있는 친구는
스스로 거리를 두면서 자꾸 멀어지고
우리는 같은 음계끼리만 만나곤 했어요
한 번 눈 먼 새는 영원히 날지 못해요
까마득 높은 소리와 아득히 낮은 소리가 만나
몸부림치면 심포니가 되지요
멀고 가까운 건 세계가 아니라 자리였어요
눈이 내리는 으뜸음 자리는 금세 녹아 버려서
누구도 머물지 못하는 영역이었지요
새벽이면 강으로 나가
날마다 물결치는 소리를 들었어요

-「가온다 원근법」 부분

「아주 작은 소리」는 들판의 서쪽에서 싹이 트고 동쪽에서는 나뭇잎이 자꾸 무거워지는 상황에서 앓고 있는 어린 꽃나무를 들여다보면서 착상한 듯한 시다. 아침이 되자 알아들을 수도 없는 기척으로 어린 꽃나무의 연원을 알 수 없는 병색病色이 사라지고 꽃을 피우는 모습으로 바뀌어진다. 이 상황 변화는 아주 작은 기도와 어린 꽃나무의 속이 꽉 차서 부풀어올라 터져 나오는 것으로 묘사된다.

게다가 처음에 꽃은 모두 북쪽 여자의 몸에서 태어났으며, 아무도 듣지 못하는 아주 작은 소리가 가장 먼 곳에서 출발해 우주의 가장 낮은 곳을 떠받치기 때문으로 그려진다. 이어서 여자의 집 안팎에서 꽃이 피고 지며, 생명이 살아가는 소리는 몸을 가졌다고 할 뿐 아니라 붉은 마음을 가진 새가 작은 소리를 품은 채 남쪽에서 높이 날아오르는 것으로 그려지고 있다.

서쪽에서 싹이 트고 동쪽에서는 나뭇잎이 무거워지며 북쪽에선 여자의 몸에서 꽃이 태어나고 남쪽에서 마음이 붉은 새가 몸을 가진 작은 소리를 품은 채 높이 날아오르는 상황이 암시하는 의미는 무엇일까. 더구나 생명력이 어린 꽃나무에서 여자와 새에게로 전이되고 비약하는 까닭은 '왜'일까.

동서남북을 두루 포용하고 있는 이 공간은 거시적인 시각과 미시적인 시각이 어우러져 빚는 생명의 근원과 그 불가시적인 생명력을 가시화하는 세계의 떠올림으로, 시인이 재구성해 보이는 세계라 할 수 있다. 아침을 계기로 어린 꽃나무가 작은 기도와 기도에 힘입기도 한 충만감으로 생명력을 회복(발산)하고, 아주 작은 소리로 상징되는 우주의 보이지 않는 질서와 그 힘이 생명을 잉태하는 모성母性으로서의 여자와 비상하는 새를 통해 가시화하는 것으로도 볼 수 있을 것 같다.

한편 「가온다 원근법」은 높은음자리와 낮은음자리를 멀리 밀어서 보고 가까이 당겨서 보면서, 자신을 높은음자리 보표譜表의 아래 첫째 줄에 해당하는 음音 자리에 놓고, 그 자리가 멀리서 보면 눈부시지만 "멀고 가까운 건 세계가 아니라 자리"라는 관점으로 자연과 세상을 바라보는 경우다.

 시인은 자신이 구석의 음표처럼 높은 소리와 낮은 소리가 어우러지는 교향악의 가장 낮은 소리를 내는 콘트라베이스가 되어 배경 소리를 낸다면서, 눈이 그렇듯이 "으뜸음 자리는 금세 녹아 버려서 / 누구도 머물지 못하는 영역"이라고 일깨운다. 세상살이에서도 "너무 높이 있거나 너무 낮게 있는 친구는 / 스스로 거리를 두면서 자꾸 멀어지"므로 같은 음계끼리만 만나곤 한다는 것이다.

 시인은 이같이 세상을 살아가는 자세도 배음背音처럼 다른 소리를 받쳐주는 가온다로 자리를 잡듯이 겸허하게 낮추고 있다는 사실을 "새벽이면 강으로 나가 / 날마다 물결치는 소리를 들었어요"라는 대목에서도 시사하고 있다. 「관觀」과 「기다리지 마라」 등 몇 편의 시는 세상살이에서의 실천 덕목들을 보여주며, 「조용한 의자」는 가톨릭 신앙이 그윽한 사유의 근저에 자리매김하고 있음을 읽게 한다.

 저기 한 개인이 죽지 못해 아프다 절망은 영원으로 가는 문일 뿐 한 개인은 죽어도 절망은 살아서 남는다 영혼은 죽을 수도 없어서 다른 개별자에게로 옮겨붙는 어둡고 숨겨진 육체의 가시

 말씀이 믿음이고 믿음은 관계이니

 33세의 그분은 안식일 전날에 책형을 당하고 안식일 다음날에 부활하셨다 아버지도 나도 이미 그 나이 너머를 걷고 있었다

 고통과 불안의 먼 밤을 건너와

속죄의 저편에서 절망으로 앉아 있는 의자는 빛 속에 여전히 조용한 의
　자로 육중하다 절망은 죽음에 이르지만 절망은 죽음에 이르지 않고 용서
　와 구원의 빛깔은 정적이고 침묵이니

―「조용한 의자」 부분

　이 시는 실존주의 창시자로 알려진 키에르케고르의 『죽음에 이르는
병』 서문의 첫 문장(성서의 요한복음 11장 4절)인 "병은 죽음에 이르지
않는다"는 인유를 통해 "의자는 절망에 이르지 않는다"고 패러디하면
서 예수의 부활復活을 우러르며 속죄贖罪 의식을 반추한다.
　시인은 죽지 못해 아프며, 죽어도 살아남는 절망은 영원으로 가는 문
이고, 죽을 수도 없는 영혼은 어둡고 숨겨진 육체의 가시라는 믿음을 암
시하면서 "말씀이 믿음이고 믿음은 관계"라는 경구警句를 빚어 보인다.
나아가 서른세 살에 죽어 부활한 예수의 나이를 넘기고 살면서 속죄의
저편에서 절망으로 빛 속에 조용히 앉아 있는 의자를 통해 그 정적과 침
묵에서 용서와 구원의 빛깔을 바라보며 새기고 있다.
　시인의 이 같은 마음자리는 "한가운데가 허전하여 당신은 중심을 비
워 두고 / 주변이 너무 가벼워 나는 중심으로 다가갑니다 / 상승하는
물의 길을 거슬러 / 아래로 내려갑니다 / 나는 당신이 든든합니다"(「여
백을 앉히다」)라는 고백도 낳게 하는 것 같다.

　ⅳ) 일상 속의 시인은 아침마다 가보지 않은 길을 간다. 처음 보는 풍
경에 설렌다. 그 길은 시종일관 씻고 씻어 정갈해진다. 비 오고 바람 불
면 그리움이 피어나지만 "내 속의 너는 네 속의 나"였으며, "가장 작은
도토리로 떨어지기 위하여 나뭇잎은 돋아"난다는 깨달음에 이른다. 시
「비와 바람의 행장」은 그런 일상을 오롯이 떠올려 보인다. 비 그치고 바
람 부는 날은 '내 속의 너'(네 속의 나)의 영혼 같은 깃털 한 잎 날아올

라 "허공의 / 높은 길을 증거"해 주기도 한다.

> 저기 어디쯤
> 나를 낳은 어머니가 있다
> 자정 넘은 눈길이 있다
> 첫사랑이 있다
> 꼭 거기가 아니라도
> 저기 어디쯤이라고 뒷날의 기억은 복원하고 있다
> ―「저기 어디쯤」부분

그래서 시인을 이 같은 생각도 하게 된 것일까. "나비는 낮게 난다 // 땅바닥 가까이에 꽃이 있어서 // 물결처럼 가볍게 나풀나풀 난다 // 가장 낮은 곳에서 우주를 지고 있는 // 저 홀가분함"(「나비」)이라고 날고 있는 나비를 부럽게 바라보는가 하면, 가벼워지지 않는 일상적 현실을 들여다보면서 나뭇가지를 잘라내는 장면을 불러들여 가지들을 치고 난 뒤 나뭇잎들이 다시 새롭게 무성하고 큰길도 열리기를 바라게 되는지도 모른다.

> 하나씩 가지를 자른다 아우성처럼 벋어 세상으로 난 길을 하나씩 닫는다 <중략> 가볍고 작아야 건너갈 수 있으므로 절로 줄어드는 몸집을 더 줄이기 위하여 팔도 자르고 다리도 자른다 한때의 우정을 붙들고 있는 전화번호를 차단하고 수첩을 찢었다 문을 닫는 일은 내일을 여는 일, 상처 난 자리를 뚫고 너로 나설 나의 길을 낸다 계절을 가리지 않고 나는 가고 시간을 서슴치 않고 너는 나로 온다 뒤가 있어 앞이 된다 무성하고 큰 길이 열린다
> ―「전지剪枝」부분

그러나 길을 걸으며 길을 잃어버릴 때도 없지 않게 마련이다. "잃어

버린 길을 찾아 길에서 길로 떠돌다가 / 밤 깊어 지친 세상 끝에서 돌아"(「눈 내리는 겨울밤에 월오교를 걸었다」)온다. 하지만 "다시 월오교를 걷는 / 훗날의 무채색의 풍경화에는 / 속절없이 내리면서 끝까지 녹지 않는 눈이 / 거기 그렇게 여전히 하얗게 쌓이고 있었다"(같은 시)고 큰 눈이 내리던 어느 날 길을 잃었던 '달마을'을 떠올리며 회상만 하는 게 아니라 미래를 과거화해서 바라보기도 했을 것이다.

> 얼음 얼면 얼음 아래로 흘러오는 물살에
> 한사코 몸을 줄여 생존했다
> 마음은 대낮처럼 맑아 자꾸 높은 곳을 향했다
> 떠나온 수평선으로 돌아가지 못한 채
> 빙하기의 새벽에 실종된 꽃씨 하나
> 개화의 자취는 어디서도 찾을 수가 없었다
> —「빙어」 부분

그러나 사람은 살아있는 한 끊임없이 잃어버렸던 길도 찾아 나서고, 가보지 않은 길도 가 봐야 한다. 빙어의 생존 방식을 그린 이 시가 시사하는 바는 어떤 상황에서도 길을 가야 하는 숙명을 "마음은 대낮처럼 맑아 자꾸 높은 곳"을 지향하는 것에 비유하면서 설령 실종된 꽃씨 하나가 피운 꽃을 어디에서도 찾을 수 없을지라도 갈 수밖에 없다고 그리고 있는 게 아닐까.

어느 실존철학자는 인간은 '내던져진 존재'라고 했지만, 시인은 「만남」에서 "너를 만나러 이 세상에 왔"지만 "우리는 사다리의 양 끝에 있"다고도 한다. 그러면서도 이 세상에 오기 전부터 '끈'으로 연결되어 있었고, 살아서 반짝이는 '눈부처'(눈동자에 비치어 나타난 사람의 형상)가 되고 싶어지며, '너'의 허공을 맴도는 배회俳徊도 '향기로운 음악'이라고 그리는 것으로 읽힌다.

이 세상에 오기 전부터
거기 가면 있다는 것을 안 그때로부터
우리는 이미 앞질러 만난 것이네
그러나 가끔은 우리도
서로의 길을 먼 바다처럼 바라보며
꽃무늬가 앉은 카페라떼를 마실 수 있다면
가슴 저리게 좋을 것이네
목화꽃 속에 묻혀 목화가 되고 싶었네
옹달샘 속으로 들어가
살아서 반짝이는 눈부처가 되고 싶었네
허공을 맴도는 너의 부드러운 배회는
향기로운 음악이었네
                  －「만남」부분

한편, 「잉아」에서는 베틀의 날실을 엇바꾸어 끌어올리도록 맨 굵은 실에 마음눈을 가져가면서 '나'와 '너' 사이를 "나는 덜컥덜컥 숨 막히며 / 긴 그리움을 들어올리고 / 하루가 매끄러운 너는 천리 밖에서 / 반짝이는 실오리를 찾아 넘나든다"고 그리면서도 그 관계가 먼 거리를 잇는 햇볕 가리게 장막이 되어도(불가능할지라도) 서로를 향해 "근원으로 회귀하는 자기 사랑"(성긴 사랑)이라고 노래한다.

우리가 직조한 성긴 사랑이
바다를 건너 대륙을 잇는 차일遮日이 되어도
나는 나를 향하여
너는 너를 향하여
아, 근원으로 회귀하는 자기 사랑이여
                  －「잉아」부분

시인의 이 같은 '자기 사랑'은 「나무뱀」에서의 "그가 본 희망이 그로 하여금 날게 한다 양력은 희망의 다른 이름이다 맨 처음 땅을 떠나 나무에 오를 때부터 그가 본 것은 미래이다 비행이다"라는 구절들과 연계해 읽어도 좋을 듯하다. 하지만 개별자個別者로서의 인간은 결국 홀로일 따름이다. 시인은 "외로운 것들의 태생과 종말은 / 끝내 남남"이고 "물이 되어도 외로운 / 각각의 나와 나"(「물」)라고 냉철하게 성찰하고 있으며, 그 무상감과 허무를 절규하듯 다음과 같이 쏟아놓는 게 아닐는지.

    삶이 삶을 지우고, 죽음이 죽음을 지운다
    열심히 거두고 채우면서 살아도
    산다는 것은 짐짓 지우는 일
    하루하루
    나는 나를 지우고
    당신은 당신을 지운다
    가시는 가시를 지우면서 가시가 된다
                      —「지우기」 부분

v) 시인은 "산다는 것은 짐짓 지우는 길"일지라도 사람들과 더불어 살아가는 세상을 어둡게만 보지는 않는다. 비록 "오는 줄도 모르고 왔다가 / 가는 줄도 모르고 가는"(「고맙습니다」) '오늘'(날들)이지만, 우러르고 사랑하고 가까이 교유交遊하는 사람들도 있기 때문이 아닐까. 더구나 그들은 "춤추는 하늘이었고 / 손닿을 듯 멀리 나는 바다" 같고 "천사였고 바보"(「이제부터 자유다」) 같은 경우도 있고, 그런 사람들과는 여전히 더불어 "내가, 내가 아니어도 되는 자유"(같은 시)를 누릴 수도 있어서인지도 모른다.

시인은 철학도 시절의 은사인 철학자 허유 하기락(1912~1997) 교수의 동지인 아나키스트 김성국을 노래하며 "사람을 사랑하여 시름하는 사람이 있었다 / 바닷가에서 바다를 보며 바다가 되고 싶었던 사람 / 해적처럼 붉고 더운 피를 가진 자유의 수행자"(「아나키스트 김종국 교수」)라고 기리고 있다.

하기락 교수의 아나키스트 자유주의에 깊은 관심을 가지며, 저서 『잡종 사회와 그 친구들—아나키스트 자유주의 문명 전환론』으로도 저명한 이론사회학자 김성국 교수에 대해서는

> 잡종을 사랑하는 사람이 있었다
> 저쪽과 이쪽을 모두 친구로 삼고 싶어
> 너도 자유, 나도 자유였던 처음
> 떠나온 곳을 돌아보는 사람이 있었다
>
> <중략>
>
> 마침내 소리가 되어 먼 들판을 가로질러
> 눈물겹게 다가오는 것은 모두가 잡종이었다
> 세계의 빛이 모이는 남쪽 바닷가
> 잡종을 사랑하며 살아가는 사람이 있었다
> ―「아나키스트 김성국 교수」 부분

고 그린다. 남쪽 바닷가인 부산에서 활동하는 그가 한국 사회의 사상적, 이론적, 이념적 획일성과 협애성狹隘性을 극복하고 다원화하는 데 아비지한 독창적 연구로 우리 사회의 상충되는 입장들 사이의 의사소통과 중재자로서 절충의 방법을 탁월하게 제시한 데 대해 깊이 공감하고 존경심도 우러나기 때문이기도 할 것이다.

사금파리같이 재주가 능한 사람들은 떼를 지어 먼 곳으로 흘러가서 돌

아오지 않았다 몸을 맑게 하면서 근곡이 끝까지 남았다 바쁘지 않게 게으르지 않게 시를 모셨다 천천히 삼가며 달 띄운 강의 문장을 가꾸었다 망우초 같은 시의 꽃이 지천으로 피었다 <중략> 날이 갈수록 시에서 광채가 났다 이름이 눈부셨다

―「산수몽山水蒙」 부분

하늘 아래 하늘이 되는데
하늘수박 익는 천봉산
후한 자락의 근곡 선생이
다함 없이 높은 고을
상주尙州를 꺼내 닦는 새벽
은척동학교당의 교인들은 줄지어 길 나서고
북천에는 감꽃 떨어진다

―「근곡 선생의 달빛 조상彫像」 부분

대의大義에는 거침이 없으니
쓰는 대로 시가 되고
생각하는 대로 설산의 정상이 되는
눈빛 형형한 시인이 역사役事를 했다

<중략>

숨 찰 줄 모르는 시선詩仙은 줄기차게
붉은 남방으로 먼 길을 내고 있었다
길을 내는 일은 우주를 여는 일
그가 옳았다

―「박찬선 선생」 부분

이 세 편의 시는 평소 가깝게 교유하는 선배 시인 박찬선(호 근곡)을 주제로 한 시편들이다.「산수몽山水蒙」은 박찬선 시인을 주역周易의 64괘 중 네 번째인 몽괘의 괘상인 '산수몽'을 염두에 두고 쓴 시로, 재주가 능한 사람들은 모두 고향을 떠나도 몸을 맑게 하며 끝까지 남은 그는 유유자적 삼가며 "달 띄운 강의 문장"을 가꾸어 "망우초 같은 시의 꽃이 지천으로 피게 해 갈수록 시와 이름이 광채 나고 눈부시다고 칭송한다.
　「근곡 선생의 달빛 조상彫像」은 천봉산 후한 자락에서 한결같이 상주를 빛내며 이 고장을 주제로 시를 쓰는 그를 그리고 있으며,「박찬선 선생」은 낙동강문학관을 건립하고 꾸려 나가는 그의 대의와 역사, 형형한 눈빛으로 줄기차게 시를 빚는 걸 "붉은 남방으로 먼 길"을 내고 옳게 "우주가 여는 일"을 한다고까지 예찬하고 있다.
　철학자 장윤수 박사를 물가에서도 목마른 나무라며 "강심의 저 많은 눈물 / 다른 곳을 바라보며 흐른다"고 노래한「물가의 나무」, 칠곡문화원 이형수 원장 취임에 부쳐 쓴「물가에 마을이 있습니다」도 신뢰와 기대감을 보태고 있는 유사한 무늬의 빛깔의 시다.
　시인은 조상이나 가족에 대한 이야기도 친근감 있게 떠올린다.「치명致命」은 칠대 조부의 휘자諱字를 제목으로 그의 생애를 그린 시로 "해마다 조팝꽃은 필 때마다 치명적이다 / 해마다 조팝꽃은 질 때마다 치명적이다"라고 희화화戲畵化하는가 하면, 같은 마을 출신인 할머니와 어머니의 택호가 홈실댁, 명곡榆谷댁으로 다르지만 한글과 한자어로 부를 뿐

　　같은 마을에서 먼저 태어나고 뒤에 태어난
　　할머니와 어머니가 앞서거니 뒤서거니
　　우리 집으로 시집을 와서
　　4대 독자 아버지를 붙들고 가문을 일으켰는데

<중략>

태어나고 자란 집을 떠나
같은 집으로 옮겨 와서 얻은
서로 다른 이름이다
　　　　　　　－「택호宅號」 부분

라면서 "다 살고 나면 가는 / 저쪽 집에서의 이름도 같으면서 다를 것" 이라고 가문家門을 일으킨 두 분 생각을 다소 회화적으로 그려 보인다. 어린 시절 내방가사를 필사하던 어머니가 자신에게 '목자스럽다'고 하던 말이 못난 얼굴을 놀리는 말인지 대견해하는 말인지 헷갈려도 기분은 나쁘지 않았다며 칠십에 겨우 그 뜻을 알게 됐다는「목자스럽다」도 현학적인 시인의 성향도 비치기도 해, 읽는 재미를 한결 돋궈 준다.

　코가 낮고 얼굴이 검고 납작한 돌 같아서 그랬는지 모르지만, 성직자(목자) 모습으로 보아서 그럴 리가 없고, 장차 이씨(이李자를 파자하면 목자木子) 성을 가진 이가 임금이 된다는 뜻이 담긴 고려 말 동요 '목자득국木子得國'은 전하지도 않아 그런 대의를 보았을 리 만무기 때문에 '못난 사람'의 사투리거나 '모과'의 다른 말일 수도 있어 기분 나쁘지 않은 느낌의 처음이 옳았다는 것이다.

　이 시집의 맨 마지막에 실린 시가「고맙습니다」이다. 요즘 심경을 진솔하게 보여주는 듯한 이 시는 사랑을 바탕으로 감사와 용서와 화해로 나아가는 관용의 메시지들을 아름답게 빚어 보여 그윽한 여운餘韻을 안겨 준다. 감사의 마음은 와서 가는 인생에 대해, 부모와 가족들에게, 마지막까지 고운 마음을 베푸는 사람들에게, 낮게 마음 비움으로써 복을 받았다는 데로 스미고 번지며, 자신 때문에 아프고 슬프거나 손해 본 사람들에게도 용서를 비는 마음이 곡진하게 쟁여져 있다.

오는 줄도 모르고 왔다가
가는 줄도 모르고 가는
오늘 나는 고맙습니다
나를 세상으로 보내주신 어머니, 아버지
고맙습니다
내 손을 잡고 일으켜 주신 할머니, 누님 고맙습니다

모든 것을 두고 갈 수 있어서
나는 복을 받았습니다
임종을 하듯 나의 저녁을 살펴준 마음씨
고운 사람에게 감사합니다

미안합니다
나로 인해 아프고 슬펐던 사람들
나 때문에 손해를 본 사람들에게 미안합니다
     −「고맙습니다」 전문

(2023)

형이상적 사유와 아름다운 환상
— 정유정 시집 『셀라비, 셀라비』

ⅰ) 정유정 시인은 형이상적形而上的인 사유思惟를 젖은 감성과 서정적인 언어에 녹여 부드럽고 아름답게 착색한다. 그 정서의 결과 무늬들은 환상幻想을 떠받들고 있으며, 안팎으로 번지고 스미는 '꿈의 세계'를 가까이 끌어당기거나 그 이상향理想鄕으로 비상하려는 마음에 날개를 단다.

시인은 산중山中의 집 투명한 유리벽 안에서 바깥을 내다보거나 내부로 시선을 돌리면서 현실 너머의 신비神祕와 비의祕義의 세계를 찾아 나서며 끊임없이 꿈을 꾼다. 그 꿈은 지난날과 지금, 앞날에까지 분방하게 길항拮抗하지만, 어둠과 밝음을 넘나들면서 궁극적으로는 초월을 향한 길트기, 무상無常과 포용의 길 걷기로 귀결되는 심상 풍경心象風景에 주어진다.

이 서정적 환상은 푸른빛을 띠거나 무채색을 동반하기도 하고, 끝내 비어버리고 말지라도 바라는 바의 이데아를 향해 열리고 있으며, 상실喪失과 박탈감을 넘어서는 따뜻한 사랑의 회복과 그리운 사람들과 함께하고 싶은 소망을 깊숙이 끌어안는 양상으로 비치기도 한다.

ⅱ) 시인의 일상은 거의 산중에서의 삶에 무게가 실리며, 낮보다는

밤이 안겨주는 정서들로 채워진다. 이 때문에 그의 시편들은 일상적인 삶의 현장에 천착하는 경우가 드물고, 낮이든 밤이든 주로 집에 머무는 동안으로 제한되는 세계와 그 공간에 초점이 맞춰져 있다. 사람들 사이에서 부대끼며 살아가는 현실보다는 자연과의 친화親和나 그 속에서의 꿈꾸기와 자기 성찰自己省察에 무게중심이 주어져 있기 때문이다.

시인은 자신이 살고 있는 산중을 심지어 "길모퉁이의 조그마한 집"(「시월의 집」)이라고 여기는가 하면, 산중의 자연을 내면으로 끌어들여 온갖 느낌과 생각들을 투영하고 투사投射한다. 이 같은 시선과 시각은 거대한 자연(산)도 그만큼 친밀하게 시인과 밀착돼 있다는 뉘앙스로 읽히게 하며, 그 자연은 있는 그대로의 자연이 아니라 시인의 서정적 자아自我가 내면화(세계의 자아화)하고 주관화한 공간이라 할 수 있다.

시인이 사는 산중은 "그 집에 울긋불긋 그 산이 산다 / 시월 그 집에 내가 산다"(같은 시)는 구절이 말해 주듯, 산이 산의 집이 되고 산이 '나'의 집이 되어 주는 '자연'과 '나'의 일치一致의 세계로 자리매김하고 있다. 게다가 시월의 집(산)에 사는 산은 울긋불긋 단풍들고 '나'도 같은 처지이므로 하나로 어우러지는 일체감을 보여 주기도 한다.

「창 1」에서와 같이 시인은 그 산중 집의 창 안에서 바깥으로 눈길을 주면서 "저 사각의 창밖으로 / 얼마나 많은 구름이 지나갔을까요? / 얼마나 많은 바람이 / 창을 흔들며 지나가고 눈은 또 / 얼마나 포근히 창가에 머물렀을까요?"라고, 지나가는 세월의 무상無常과 허무虛無를 담담하게 떠올린다. 그 흐르는 세월은 일정한 거리를 둔 채 지나가는 구름과 화자 가까이 창을 흔들며 지나가는 바람, 포근히 창가에 머물던 눈이 암시하듯이 다채로운 빛깔과 무늬들로 미만해 있다.

또한 창 안으로는 "푸르스름한 새벽"이 오고, 햇살 가득한 한낮엔 "노란 졸음"이 밀려오며, 창에 달이 뜨고 별이 뜨는 밤이 오면 "두꺼운 커튼"을 드리우고 내면의 길로 깊숙이 들게도 된다. 이같이 시인은 바깥

세상의 흐름을 다각적으로 바라보면서도 내면 성찰內面省察로 눈길을 돌려 시간의 흐름이 아름답든 그렇지 않든 창을 비우고 마음도 비게 하는 허무나 무상과 마주한다. 하지만 이 비움은 좌절과 좌초가 아니라 다시 채우고 일어서기 위한 예비동작이 아닐 수 없다.

「창 2 –바다로 가는 길」에 묘사되는 바와 같이, 때로는 바깥세상을 "벚나무를 거느린 아름다운 길"로 바라보고, "모든 길 끝에는 바다가 있다고요"라는 '누군가'의 말처럼 그 길을 "열흘쯤 가다 보면 바다에 닿을"(같은 시) 수 있으리라는 희망의 끈을 놓지 않고 있다. 말하자면, 산중 집의 방에서 창을 통해 바깥세상을 끌어들이고, 이상향理想鄉과도 같은 꿈의 세계로 나아가려는 의지에 불을 지핀다고 할 수 있다.

그러나 '창 안'(현실)에서 동경하는 '바다'(이상 세계)는 '몽환夢幻의 뜰'을 벗어나고 "또 무엇이 구름처럼 흘러와 / 창 안의 나를 불러 줄" 때라야 이루어질 수 있다는 전제를 하고 있어 그 동경과 현실의 괴리감을 시사示唆한다. 게다가 현실보다 비현실(환상)의 세계, 꿈의 세계에서는 동경의 대상이 여전히 멀고 소멸의 숙명에 놓여 있다고 하더라도 한결 아름답게 그려진다는 점을 흘러 보지 말아야 한다.

"한밤중 꿈결에 창밖을 본다 / 알 듯 알 듯 희미한 웃음 남기고 / 가을 달님이 간다"로 시작되는 「잠과 꿈」에서 시인은 창문 앞에 머뭇거리며 서 있는 늙은 솔(소나무)을 자신(화자)의 처지에 비춰 보기도 하고 "하늘은 여전히 멀다"고 토로하면서

금빛 달님 아직도
서쪽으로 간다
서로 어여쁘다고 말하던 꽃들도
깊은 잠에 들었다
처연한 달빛만 방안에 소복한데

환히 열린 꿈속 얼굴
고쳐 벤 베갯머리에 선명하다
　　　　―「잠과 꿈」 부분

고, 기울고 있는 달의 모습을 신비와 비의의 대상으로 미화한다. '달'에 '금빛'이라는 관을 씌우고 '님'이라는 존대어를 쓰고 있을 뿐 아니라, 달이 소멸을 향해 흘러가는 모습을 '아직도'라고도 수식한다. 게다가 서로가 어여쁘다고 예찬禮讚하던 꽃(생명의 절정)들이 잠들었는데도 처연한 빛을 비추며 하염없이 하늘(허공)에 떠가는 달을 "환히 열린 꿈속 얼굴"로 신비화하고 "고쳐 벤 베갯머리에 선명하다"고 치키고 있다.

'반달' 모습 역시 '금빛'으로 바라본다. 또한 반달을 '고르게 뛰는 심장'으로 인격人格을 부여해 격상시키는가 하면, 반달이 떠오른 그 "덧없이 아름다운 시간"(「붉은 양귀비」)이 잠 못 이루게 하고, 시인(화자)의 심경心境을 한낮에 본 붉은 양귀비가 눈가에 어른거리게 한다고도 그린다. 더구나 반달이 촉발하는 시인의 간절한 심경이 양귀비꽃의 모습으로 전이轉移되고 비약된다.

이제라도 사람 껍질 벗고
꽃이 되어 볼까

발갛게 달아오른 달빛으로
양귀비꽃 덮어주고
그 빛깔처럼
무명천에 자리한 어여쁜 나의 꽃,
곱게 감싸
아주 먼 시간으로 보낸다
　　　　―「붉은 양귀비」 부분

시인은 심지어 사람 껍질을 벗고 양귀비꽃으로 변신하고 싶어지며, 달아오른 달빛으로 양귀비꽃을 덮어주고 곱게 감싸안아 아주 먼 시간으로 보내게도 된다. 고르게 뛰는 심장인 반달은 이윽고 시인이 '나의 꽃'으로 명명하는 양귀비꽃과 짝이 되고 하나가 된다.

　하지만 이 시를 또 다른 시각으로 들여다보면, 붉은 양귀비가 여성성의 상징象徵으로 읽을 수 있다. 여성이 치르는 생리현상과 그 피의 빛깔을 '발갛게 달아오른 달빛'과 '양귀비 꽃빛'에 비유하는 것으로 보이기 때문이다. 그래서 시인은 "무명천에 자리한 어여쁜 나의 꽃"이라고 시들지 않은 여성성을 기꺼워하면서도 그 생리현상의 끝에 이르러 "곱게 감싸 / 아주 먼 시간으로 보낸다"고 아쉬워한다. 그의 시는 이같이 보는 시각에 따라 달리 볼 수 있는 복합성과 애매성을 거느리는 경우도 적지 않다.

　그의 시에는 '천사天使'가 이따금 등장하는 점도 주목된다. 「내 안의 천사」에서 그려지듯이, 시인을 찾아온 천사는 커다란 자루를 내려놓고 곁에 앉기도 하고, 남루한 옷을 입고 털복숭이 같은 머리카락을 풀어놓으며 자신에게 기대어 쉬는 모습으로도 묘사된다. 게다가 "그가 옷을 털고 내게서 떠날 때까지 나는 산 속에 머물러야겠다 산중 어둠과 슬픔 가득 찬 그의 자루를 보듬고 여기서 나도 쉬어야겠다"고도 한다. 시인에게 천사는 이같이 범상凡常한 의미를 벗어나 있으며, 가여운 모습으로도 그려져 있다.

　그렇다면 시인에게 자루 속에서 해묵은 봄을 가져다주는 그 '누더기 천사'는 어떤 존재일까. "눈보라 속에 붉게 떠오르는 태양"(「눈보라 속 태양」)으로 환치換置된 '진정한 자아'이고, 일상적 자아로서는 '가여움의 대상'이기도 한 것으로 그려진다.

　　어떻게 날아갈 것인가
　　가여운 천사!

찬바람이 두께를 더하는
바깥세상 말해 주고 싶은데
봄꽃 푸른 숲 붉은 낙엽 지나
또 눈 쌓인 겨울,
"이제 가세요!"라고 말하고 싶은데
그는 나를 홀로 두는 걸
온 세상 아픔으로 아는지
먼 하늘에 비치는 사각의 창 안에 갇혀
움직이지 않는다
―「사각의 창-산중 일기 9」부분

이 시에서도 느끼게 되듯이, 시인에게 천사는 '천상적인 영적 존재'라기보다 '진정한 자아', 세속적 자아를 보다 높은 차원으로 끌어올린 '참된 자아'라고 할 수 있다. 아무튼 시인은 천사가 자신을 가엽게 보기보다 자신이 천사를 가엽게 바라보는 점은 눈여겨보게 한다. 이 같은 시각은 진정한 자아에 이르지 못하는 비애의 다른 표현일 수 있고, 보다 적극적으로는 그런 지향의 역설逆說的 의미일 수도 있을 것이다.

시인이 봄, 여름, 가을을 지나 한겨울이 왔는데도 날아가지 않는 천사를 자신과 함께 사각의 창 안에 갇힌 채 움직이지 않는 것으로 그리는 건 "나를 홀로 두는 걸 / 온 세상 아픔으로 아는지"라는 대목이 암시하듯이 진정한 자아에의 열망을 역설적으로 말하고 있는 것 같다. 그래서 시인은 그 비애悲哀를 "먼 하늘에 비치는 / 사각의 창 안"이라고 표현하며, 그 지향을 멈추지 않겠다는 결의決意까지 완곡하게 내비치고 있다.

iii) 시인은 사계四季 중에서 봄과 가을을 각별히 선호하며, 봄보다도 가을을 더욱 친근하게 여긴다. 바닷가에서 성장한 탓인지 봄철 "해변의 풀밭은 / 다른 곳보다 더 새파"(「고도孤島」)랗다고 느끼며, "선하고 상냥

한 연둣빛 / 재스민 라일락 오렌지 / 천 가지 새 꽃 품은"(「빛, 그 오후의 흔적」) 봄에는 "아침이면 활짝 피어날 꽃, 이슬, / 치맛자락 가득 싱싱한 봄날 오후의 / 내 빛이, 내 소리가 들려"서일까. 내리는 비도 그 봄이 품고 있는 꽃의 빛깔과 그 향기 등을 다치게 할까 보아 우려해 마지않는다.

간밤 서늘한 비에

내 꽃들 다치지 않았으면 좋겠다

얼룩지고 쳐진 몸이

한밤을 지나

다시 꽃처럼 활짝 피었으면 좋겠다

밤사이 내린 비처럼 아픔도

잠깐만 왔다 갔으면 좋겠다
　　　　　—「비의 정원」 전문

　이 시에는 피어 있는 꽃들을 "내 꽃들"이라 여길 정도로 꽃들이 훼손될까 우려하며, 비(=아픔)도 잠깐만 왔다 가고, 자신도 꽃처럼 활짝 피어나기를 소망하며, "잎과 꽃이 피고 수많은 벌레들이 기거하고 / 향기로운 바람이 가득 차 있던 정원"(「고요한 정원」)을 기억 속에 소중하게 갈무리한다. 나아가, 오래 기다려 잠시 필 꽃을 보게 되더라도 꽃을 심으려 하며, 한때 피었던 꽃 같던 자신이 누군가가 다시 피어나도록 해

주고 그 누군가가 꽃이 된 자기에게 깃들려 하기를 바라고 있다. 이처럼 꽃은 시인에게 생명력의 절정絶頂과 사랑의 상징이다.

> 지는 꽃 보기 싫다 하고
> 어찌 꽃을 심지 않겠나
> 열흘 피는 꽃 보려
> 일 년을 기다리지 않겠나
> 한때 나도
> 어여쁜 꽃으로 핀 적 있었으니
> 누군가 나를 다시 심어
> 꽃으로 피워 주려나
> 그리하여 '네가 내게 깃들기를'
> 하고 말해 주려나
> ―「다시 꽃에 깃들다」 전문

한편 시인은 서늘한 비바람이 부는 '비의 정원'이 아니라 "아직도 나의 정원에는 / 낙엽이 쌓이고 봄바람이 불고 / <중략> / 저 고요한 정원의 눈 위에 / 또 무언가를 심으려 한다"(「고요한 정원」)면서, 모든 사물들이 온전하게 제 빛깔과 향기, 소리들을 그대로 거느리는 고요한 정원이기를 바란다. 「스무 살에」에서도 "머릿속 말갛게 비우고 / 스무 살로 돌아가"고 싶어 하듯, 가장 순수하고 순결하며 젊음(생명의 절정)을 구가謳歌하던 때로 회귀하고 싶어 한다. 이 같은 목마름은 "테라스 건너 푸른 보리밭이 보이는 집 / 둥근 기둥에 기대어 / 그 밭 사이 길로 달려가는 꿈"(「깨끗하고 하얗고 예쁜 밭」)과도 무관하지 않을 것이다.

하지만 세월 탓일까. 시인은 유독 조락凋落과 적막의 계절인 가을을 선호한다. "눈부신 가을이 옷자락을 적"시면 "팔을 걷고 두꺼비처럼 엎디어 / 빈 유리병 속의 세상을" 보고, "투명하게 반사돼 찰랑이는 / 황홀한 바다"(「유리병 속 오후」)와 조우하는 환상을 소환(召喚)한다. 또한 그 "가을 바다의 / 꿈같은 정적에 빠"지면서 "가을 안으로 녹아드는 / 유리병 속 오후"에 마음을 부려 놓기도 한다. 역설이겠지만 시인은 또한 시월이 오면 곧바로 십일월을 기다린다. 그 십일월은

    단풍이

    바람을 부르지 않고

    조용히

    사뿐히

    참 아름답게

    떨어진다
                 -「십일월 2」 전문

는 아름다움 속이기도 하고, 거기로 취해 비틀거리며 가게 되는 건 "낙엽 쌓이면 문이 열리는 집, / 가을이라는 집"(「만취, 만추」)이 맞이해 주기 때문이며, 「십일월 1」에서 말하는 바와 같이 제라늄 빨간 꽃들이 해를 먹고, 창가에 앉아 조용히 쉬게 되기 때문이기도 한 것 같다. 더욱이 슈베르트의 '겨울 나그네' 중 스물두 번째 곡인 '노악사'와 마지막 곡 '백조의 노래'를 각별히 좋아하기 때문으로도 보인다.

    단풍이 금방 낙엽 되는 산중
    골짜기 풍경을 스치는 바람이

노악사의 고단하고 슬픈
선율과 닮았을까
그 바람을 타고 오는
십일월 차가운 향기에 온몸 흔들면
그리운 무언가가
가까이 와 있다는 느낌,

<중략>

그의 몸에 든 병을 아파하고
마음의 암흑을 견디어주고
해마다 십일월,
먼 여행 떠나는 그를
내 따뜻한 품에서 배웅하고……

조그마한 의자에 홀로 앉아
오래오래
백조의 노래를 듣는다
—「십일월, 슈베르트」 부분

 천사를 꿈꾸고 자신의 진정한(참된) 자아를 천사에 비유하는 바와 같이, 아름다운 음악을 낳고 병고로 세상을 떠난 슈베르트의 고단하고 슬픈 생애에 흠모欽慕와 연민憐憫을 보낸다. 그것도 그가 떠난 십일월에 그의 슬프게 아름다운 음악이 가장 가까이 느껴지고, 애달픈 생애를 떠올려 마치 진정한 자아를 회복한 천사처럼 따뜻한 품에서 배웅해 주고도 싶어한다.

 iv) 세상을 떠난 사람들에 대한 시인의 정한情恨의 정서는 그리움과 젖은 연민을 거느린다. 그 정한의 정서는 가족에 대해서는 물론 가까웠 거나 소외된 사람들에게로 확산된다. 「아버지는」에서 시인은 아버지를 "금빛 노을의 새벽 바다가 천계의 빛깔이라고 하는, / 바다를 통째 건져 올릴 수 있는" 유일한 존재로 우러러 그린다. "나를 내려주고 떠난 기차처럼 / 이제 다시 돌아오지 않으세요"라고 다시 만날 수 없는 아버지에 대한 안타까움을 떠나버린 기차에 비유하면서 이 세상에 내려진 자신의 돌아보며 그리움에 젖는다. 이 같은 그리움은

    대문 활짝 열고 반기던 아버지 어머니 안 계신다
    개울물처럼 예전에, 예전에
    먼 곳으로 흘러가 버리셨다
                —「그리운 것들」 부분

는 상실의 아픔과 절절한 연민을 대동하며, 어머니를 향한 환상은 "하얗고 작은 나비가 기웃거리는 책상 위에서 / 사랑하는 사람들에게 쓴 편지는 접어 / 집 앞에 선 빨간 우체통에 넣"(「나비, 어느 날의 혼돈」)는 안타까움으로 묘사된다. 어머니가 책상 위에 날고 있는 "하얗고 작은 나비"로 바라보는 데 그치지 않고 다른 사람들에게까지 확산되는 사랑을 소환한다. 이 같은 환상은 가장 가까웠던 사람과의 헤어짐에 대해 "이 기막힌 끈은 잘라 버리면 더 튼튼한 새 줄이 / 하늘에서 내려온다고 / 법원 문 앞까지 갔다가 또 되돌아왔다"(「끈끈한 끈」)면서도

    결국 남의 편이 죽고 난 뒤 여자는
    대문도 걸어 잠그고 방문도 잠그고
    내리 사흘 동안 푹
    잘 자고 나왔다
                —「끈끈한 끈」 부분

고 역설한다. 애증愛憎과 정한으로 얽힌 '끈끈한 끈'은 영영 헤어진 뒤 사흘간 대문과 방문도 걸어 잠그게 했다고 하면서도, 그 심경을 다른 한편으로는 다 비워 낸 듯 푹 잘 잤다고 역설적으로 표현한다. 이 복합적인 심경에는 분명 "푸른 물 든 사람의 사랑 / 그 아름다운 상처"(「상처」)가 각인돼 있고, "상처가 그어놓은 길 더듬어 / 새로 핀 푸른 제비꽃, / 그 위에 포개진 / 아직도 아물지 않은 사랑 / 아직도 끝나지 않은 사랑"(같은 시)이라는 여운餘韻을 끌어안고 있다. 이 '끈끈한 끈'은 다음과 같은 양상으로도 내비쳐진다.

> 등이 차갑고 쓸쓸하다
> 어딘가 아픈 것 같기도 하고,
> 뒤꼭지를, 장난기 많은 까만 유령이
> 가만히 지켜보고 있는 건 아닐까
> 아무도 없다는 걸 알면서 획
> 뒤돌아보는 참 하릴없는 몸짓
>
> 한겨울 찬바람 문밖에서 덜컹거린다
> 뭔가 분명 그릴 게 있는데
> 백지보다 마음 더 하얗다
> 밤사이 내린 눈, 사각사각 발자국 남기며
> 누군가 다녀간 것 같고
> ─「뭔가 분명히」 부분

사흘간 푹 잤다고 말하지만, 등이 차갑고 쓸쓸하며 아무도 없다는 걸 알면서도 획 뒤돌아보게 되는 건 '왜'일까. 찬바람 소리와 함께 밤사이 내린 눈에 누군가가 발자국 남기며 다녀간 것 같이 느끼고, 마음이 다른 그 무엇으로도 채워(그려)지지 않은 채 백지白紙보다 더 하얗다고 토로한다. 어쩌면 이 애증은 "가자고 하면 멈추고 잠시 쉬노라면 / 혼자 저만치 가버리"거나 "겨울에 부채질해 주고 / 여름엔 군불 때 주는"(「이율배반」) 사람과의 관계였다고 하더라도 그럴 수밖에 없지 않겠는가. 그래서 시인은 다시 그 지난날을 거꾸로 뒤집어 보고 싶어지게 되는지도 모른다.

> 길 위에 쏟아 둔 기억을 밟고
> 별이 진다
> 그에게로 가고 싶다
>
> 지난 시간이 그리운 게 아니라
> 다가올 시간이 그립다 하고
> 낯익은 마을 끝집에서
> 날 기다리는 그가 있을 거라 착각하고
>
> 꽃이 되었다가 바람이 되었다가
> 그에게서
> 덤으로 받은 위태롭던 시간을
> 사랑이었다고 착각하고
>
> 별이 지는 솔길 따라
> 그에게로 가고 싶다
> ―「착각하기」 전문

시인은 이 시에서 "그에게로 가고 싶다"고 되풀이해 말한다. 그러나 이 같은 마음(그리움)은 지난날 "그 길 위에 쏟아 둔 기억"들 때문이기보다는 헤어져서도 자신을 기다릴 것이라는 일말―抹의 기대감(미련) 때문으로 보인다. '낯익은 마을의 끝집'은 그와 함께 살던 집으로 지난날과 같은 공간이라 하더라도 다가올 시간에는 새로이 함께할 공간이며 '위태롭던 시간'도 넘어서는 사랑의 공간이기를 바라는 마음도 실려 있다고 할 수 있다.

시인은 그런 '바람'(소망)을 '착각錯覺'이라며, 별이 지는 캄캄한 솔길을 따라 그에게로 가고 싶다고 말하고 있으나 기실은 그 '착각'이 미련과 그리움이 빚고 있는 '바람'이다. 이 착각하기는 그대로 착각이라기보다 착각하기가 착각이기를 바라는 심경이 은밀하게 자리해 있으며, 그런 바람을 완곡하게 내비친다고도 볼 수 있다.

「미안하세요」에서의 "창 아래 꽃을 피워 놓고 보라 하니 / 고개를 돌리더군요"라든가 "유리벽 속에 / 혼자 갇혀 있나요", "꽃에게, 내게 할 말이 없나요 // 뭔가 중얼거린다 해도 / 미안하다는 말은 / 할 줄 모르겠군요"라는 대목과 「얼음사람」에서의 "얼음옷을 벗고 / 내 발소리를 가져가요 / 그렇게 오늘은 / 따뜻한 사람으로 있어요"라는 구절句節 역시 그런 바람과 맥脈을 같이한다.

연작시 「나의 천국에 그대가 없다」도 '그대 부재不在'의 아픔을 절절하게 노래한 시편들이다. 자신이 꿈꾸는 세계를 '천국天國'으로 보고, 그 속에서 참된 자아로 살아가려는 자신을 '천사'로 보는 듯한 이 연작시는 시인의 내면의식을 승화시켜 보인다. 「죽은 남자를 위한 파반—나의 천국에 그대가 없다 3」에서 "가슴을 두드리면 울던 그는 / 이제 천국에서 / 하고 싶은 것만 하고 있을까"라며 "이제 나의 천국에는 그대가 없다"고 토로한다. 여기서는 '그대'도 연옥煉獄이나 지옥地獄이 아니라 최상의 저승인 천국(천당 또는 극락)에 있는 것으로 묘사돼 있다. 그 정황은 이 연작시에서 다음과 같이 묘사되고 있다.

발아래 지천 꽃대 떨구며 그는 다른 세상,
먼 곳으로 떠나가는데

'잘 가세요'라는 말 대신
검은 치맛자락을 깔고 손 흔들었다

<중략>

정지된 시간을 벗어나
캄캄한 밤을 건너 그는
어디로 가는 걸까
　　　　　―「정지된 밤을 건너다―나의 천국에 그대가 없다 1」부분

별이 된 이를 찾아 떠났으나
내가 따 온 별에는
나 외엔 아무도 없습니다
나는 유령처럼 또 침묵하고
더 깊은 생각에 골똘하다
자정을 넘겼습니다
　　　　　―「별이 된 이를 찾아―나의 천국에 그대가 없다 2」부분

"'잘 가세요'라는 말 대신 / '잘 다녀오세요'라고 말하고 싶었다"고 운을 떼는 「정지된 밤을 건너다」에서 시인은 그대가 발아래 지천 꽃대 떨구며 먼 곳으로 떠났다고 한다. 그가 간 곳이 어디인지 모르지만 정지된 시간을 벗어나고 캄캄한 밤을 건너갔지만, 이와는 사뭇 대조적인 발아래 지천 꽃대를 떨구며 갔다는 것이다.

이 시의 화자 입장에서 보면, 그의 떠남이 어둠을 벗어나고 건넜으면서도 한편으로는 밝음을 떨구고 떠났다는 뉘앙스도 거느린다. 하지만 어쨌든 자신과 더불어 살던 세계와는 다른 곳으로 떠났으며, 자신이 꿈꾸는 세계에는 그가 부재한다는 안타까움이 녹아들어 있다. 설령 그가 천국에 갔더라도 자신의 천국은 떠나갔다는 의미로 받아들여지게도 한다.

한편, 「별이 된 이를 찾아」에서는 그가 별이 됐다고 보고 떠난 그를 찾아나서는(되돌아오기를 바라는) 심경을 그리고 있다. 그를 찾아 나서 따온 별에 자신만 있다는 건 그가 별이 되었을지라도 그 별을 결코 만날 수 없고 찾아 나섰던 자신만 되돌아온 천국(꿈꾸는 세계)에서 홀로 그리워할 뿐이라는 비애의 완곡한 표현이다. 이 같은 비애는 자신이 꿈꾸는 세계에서 유령幽靈처럼 침묵을 거듭하고 밤 이슥토록 더 깊은 그리움과 안타까움에 빠져 있을 수밖에 없는 정황情況을 말해 주고 있다.

v) 시인이 길을 나서며 마주치는 현실은 꿈꾸는 세계(이상 세계)와는 거리가 멀다. 어린 시절의 기억과 연계시켜 봐도, 어떤 사물을 들여다보아도 별반 다르지 않으며, 숨 막힐 지경으로 돌아가는 세상은 연옥에 다름없다. 성장하던 기억을 더듬어 "아무도 없는 / 캄캄한 해변을 거닐면 / <중략> / 내 안에 깊이 가라앉아 / 숨 막히는 기억들 / 그 무수한 뒤척임"(「해변 2」)의 시간이 적막 속의 썰물에 밀려오는 파도 위에 떠도는가 하면, 그런 정황은 시인에게

> 여러 갈래로 흩어진 옛길과
> 어둡고 더딘 밤을 지나온
> 이 해변에서의 시간은
> 어떻게 문을 닫으면 될까 또
> 어떻게 기억하면 될까
> ─「해변 2」 부분

라는 회의懷疑를 안겨준다. 이 같은 비감悲感은 산에서 나무들 사이의 고사목枯死木을 바라보며 마음을 끼었은 「하얀 나무」에서는 "숲이 묻어주지 않는 나무송장이 / 내 따뜻한 이마를 짚고 있다면 / 푸드득, 새가 날던 곳조차 / 사라지지 않는 흔적이 될까"라는 우려와 안타까움으로 드

러낸다. 더구나 그 말라 죽은 나무(나무송장)는 자라다 멈추어 서게 됐지만 "수액을 길어 올리던 길 하나쯤 / 누군가 기억할 수 있지 않을까"라는 기대감 속에 붙들어 놓기도 하고, "저것이, 죽은 것이 / 아직도 아플 게 남아 있는지"라는 연민을 불러일으키기도 한다.

지난해(2020년) 늦겨울부터 이 지구촌을 휩쓸고 있는 코로나 팬데믹 속의 세상은 가히 연옥에 다름없다. 시인은 "눈에 보이지 않는 바이러스를 피하기란 / 우리 어머니들의 / 슬픈 노래를 외면하는 것보다 더 / 어려운 일인 것 같"(「편지 1-코로나 19」)다고 비유하면서도 반성적 성찰과 그 극복을 기구祈求하는 마음을 펴 보인다.

    신이 태양의 불꽃으로 지구를
    정화하려 하는 걸까요?
    긴 후회로 반성해 봅니다
    산을 넘었는데 또 다른 산이
    가로막고 있지 않기를 바라도 봅니다
    멀지 않은 미래에 모든 이들의 얼굴이
    봄꽃처럼 활짝 피어나라고 기도합니다

    바깥출입이 자유롭지 않은 시간들을
    명랑하고 슬기롭게 보내시기 바랍니다
                             —「편지 1-코로나 19」 부분

시인은 이 미증유의 환란患亂을 신이 태양의 불꽃으로 지구를 정화淨化하려는 거냐고 겸허하게 물으면서 반성적 자기 성찰을 앞세운다. 세상을 어지럽힌 인간들이 자초한 환란으로 여기는 이 겸허한 자성은 '내 탓'이라는 덕목을 받드는 시인의 마음자리를 그대로 보여준다. 이어 '나' 생각을 먼저 하기보다 모든 사람들의 안녕安寧을 기원하는 따뜻한 마음 역시 마찬가지로 돋보인다.

  이 시와 같이 불특정 다수를 향한 「편지 2」는 캄캄한 산 아래 좁은 길을 쓸쓸히 걸어가는 듯한 누군가에게 따뜻한 마음을 포개고 있으며, 방 안에 들면 "조용한 노래처럼 방안 공기는 부드럽고 / 어린애 같은 마음은 따뜻해"진다고 자기위무自己慰撫도 한다. 그러나 "슬프거나 아프지 않은 이들의 표정도 / 태양을 검은빛으로 바꾸어 놓은 것같이 / 불안하고 음울"하다고 장기적인 코로나 블루의 이면도 환기한다. 그러나 이 시의 마지막 대목에서는 안정과 여유를 회복한다.

    고요하고 아름다운 봄 풍경 안에서
    밀어 두었던 책 속에 빠져 있으니
    코로나바이러스로 인한 제 걱정은 마시고
    꼭 평안하고 안전한 곳에 계시기 바랍니다
                   —「편지 2」 부분

  이 대목에 이르러 시인은 고요하고 아름다운 봄 풍경과 독서에 빠져들고, 불특정 다수를 향해 자신의 안부를 전하며 평안을 바란다는 인사도 잊지 않는다. 여기서도 시와 사람이 일치를 이루고 있다는 생각도 해 보게 한다.

  시인은 아득한 지난날로 거슬러 올라 희랍 신화神話 '오디세이' 속으로, 프랑스 파리의 센강에 투신한 루마니아 태생의 시인 파울 첼란 생각으로, 헝가리의 작곡가이자 피아니스인 프란츠 리스트의 광시곡狂詩曲 속으로, 이집트와 싱가포르 (여행 또는 상상여행)로 환상의 날개를 펴면서 개성적인 서정적 자아로 내면을 투영하거나 투사해 그 대상들이 주관화된 장면들로 빚어 보인다.

  「술병 속 편지」를 통해서는 "파울 첼란을 사랑하면 가끔은 / 죽음이

영그는 감옥에 갇히고 만다"며, "그의 영혼이 센강 물결을 타지 않았다면 / 나는 아직도 세상의 불안을 몰랐을 텐데"라거나 "유리병 속 파울 첼란의 시詩들만 / 차디찬 소리로 출렁거린다"라고 한다. 또 「불소리 2」에서는 첼란이 "불소리가 싫었을까요? 몸속에서 타오르는 불을 끄려 했을까요?"라는 궁금증에 빠진다. 이 시들은 자신에 투영된 첼란의 비극적인 생애와 문학, 첼란에 투사한 시인의 내면 떠올리기로서의 추모追慕 헌사獻詞로도 읽힌다.

그러나 세상에는 추억에조차 낙원이 가까이 있지 않다. 「이집트의 추억」에서와 같이, 옛 왕궁과 신전 안에서 왕비 네페르타리처럼 그윽하게 앉아 봐도, '그대'가 떠나버린 세상이 그렇듯이, 람세스가 없는 이집트는 쓸쓸할 따름이다. 돌아와서 그 추억들을 되살려 봐도 "만지면 영혼조차 부스러질 것 같은 / 모래도시에서 본 푸른 배경 / 먼 세월 거쳐" 오기도 하지만 역시 사진 속에 멈춰 있을 뿐이다.

싱가포르도 외롭고 쓸쓸하게 하기는 마찬가지다. "해와 비와 비나무와 / 거리의 사람들과 일렬로 서서 / 온종일 그를 기다렸"으나 "그를 부를 수 없었다 그에게는 / 내가 부를 수 있는 이름이 없었"(「비나무Raindrop tree」)을 뿐이고 '그의 부재'는 어디로 가나 돌이킬 수 없었기 때문일 것이다.

한편 「셀라비」에서는 수직으로 내리는 비를 가지런히 늘어뜨린 비단실로 묘사하면서 자신도 "마냥 고요히 내리는 / 비이고 싶다"고, 비도 비단실같이 고요하고 아름답게 내리는 때(그런 세상)에 머물고 싶어한다. 하지만 현실은 그렇지 않다.

자신의 처지는 저문 길 위의 세찬 빗줄기 속이며 "늙은 사람은 더 늙은 / 나무에 기대 비를 피하려" 한다고 인생人生을 그런 시선으로 바라보기도 한다. "사는 일, 곳곳에 구겨 넣어진 / 아픈 시간이라는 걸"(「아프지 않은 살」) 알고 있기 때문일 것이다. 집시풍의 무곡舞曲을 소재로

한 프란츠 리스트의 피아노곡 '헝가리안 랩소디'를 들으면서는

> 베어진 풀잎처럼
> 모로 누워 일어나지 못하는
> 허수아비의 오후 시간
> 마르고 음울한 시인의 노래와
> 피 흘리는 허수아비의 랩소디를
> 견디지 못하고 나는 도망쳤다
> —「어떤 랩소디」 부분

고 고백한다. 슬펐다가 기뻤다가, 정념情念에 사로잡혔다가 이내 다 내려놓은 것처럼 초월의 경지에 드는 듯한 이 곡 중에서 원시적이고 격렬하게 빠른 리듬 부분에서는 견디지 못하고 달아나게 되는 건 무엇 때문일까. 아마도 시인은 고요하고 아름다우며 부드럽고 따뜻한 곳에 머물기를 좋아하기 때문이지 않을까.「Lost Paradise」는 바로 이 사실을 방증해 주는 것으로 읽힌다.

> 지는 해를 배웅하고
> 다시 올 아침 해를
> 행복하게 기다릴 것이다
> 투명한 목소리로 노래하며
> 서로 머리카락을 땋아 주거나
> 꽃그늘에 앉아 사진을 찍거나
> 샘물에 발 담그고 가슴을 포개어
> 심장이 뛰는 걸 느낄 것이다
>
> 새로운 이타카를 찾아 떠났지만
> 앞선 사람들은 난폭한 고함소리를 남기고

신기루처럼 사라졌다
이상을 앞세워 그들을 따라 나서지 않았다면
아직도 나는 그곳에 있을 것이다
달빛도 그곳에만 머물러 밤은
사뭇 꿈같을 것이다
―「Lost Paradise」부분

  이 시는 어떤 것이 낙원이며, 낙원을 잃어버린 비애가 어떤 것인지도 말해 준다. 인간이 추구하는 낙원은 이상향(이타카)이지만, 시인에게 그 이상향은 신기루 같아서 지금. 여기서는 '아득한 옛꿈 같은 밤'이 곧 낙원과 같을 수도 있다. 하지만 그런 밤보다 다시 오는 아침과 투명한 노래, 서로 머리카락을 땋아 주거나 함께 꽃그늘에 앉으며, 샘물에 발 담그고 서로 가슴 포개어 심장 뛰는 걸 느끼는 때가 '낙원의 시간'이다.
  시인은 잃어버린 낙원을 향해 산중의 집 사각의 창 안에서 그 너머의 세계를 부단히 꿈꾸고 있으며, 그 꿈은 멈추지 않을 것 같다. 어쩌면 현실이 외롭고 삭막하고 비루鄙陋할수록 더욱 그럴는지도 모른다. 겸허하게 꿈꾸는 그 세계는 고요하고 아름답고 부드럽고 따뜻한 사랑의 공간이며, 그리운 사람들과 더불어 가슴 포개며 살고 싶은 세상인 것 같다.

(2021)

서사적 서정과 서정적 서사
―안윤하 시집 『니, 누고?』

ⅰ) 복합적인 '마음의 그림'을 그려 보이는 안윤하 시인은 삶의 파토스pathos들을 다양한 빛깔과 무늬로 변주한다. 서정적抒情的 자아가 내면으로 향할 때는 자기 성찰로 귀결되는 서사적敍事的 서정에 무게가 실리지만, 그 시선이 외부로 열릴 때는 대조적으로 시인의 감정이 이입되고 투사되는 메시지들이 다채롭게 떠오르는 서정적 서사로 무게중심이 옮겨진다.

신선한 발상과 상상력, 첨예한 사유思惟의 결들이 두드러지는 자기 성찰의 시편들에는 소외감과 고독, 이루어질 수 없는 꿈들이 맞물리는 비애의 정서가 곡진하게 번져 흐른다. 하지만 비가시적인 이미지의 가시화와 은유隱喩의 복합성 때문에 이 같은 분위기와 반대로 길항拮抗하는 정서들이 갈등하거나 어우러지는 경우도 없지 않다.

반면 시인의 관심이 외부로 확산되거나 전이轉移된 일련의 시편은 서정적인 정조나 섬세한 묘사보다는 해학諧謔과 걸쭉한 입담이 끼어들기도 하는 서사적인 진술로 기우는 양상을 띤다. 서정적 자아가 작동하면서도 직정적이거나 직설적인 표현이 빈발하는 이들 시편에는 그늘지고 소외된 사람들을 따뜻하게 감싸안는 연민憐憫과 질박한 휴머니티humanity가 끼얹어지고 포개지기도 한다.

　ii) 이 시집 맨 앞자리에 실린 시「눈길」은 눈 내릴 때의 길道과 눈雪과 눈目의 유기적 함수관계를 떠올려 보인다. 내리는 눈이 야기惹起하는 정신적(심리적) 혼돈과 시인이 지향하는 길의 막막함이 서정적인 언어들로 묘사되고 있다. 특히 백색이 덮고 지우고 뿌옇게 보이게 하며, 길을 흐려지게 하고 까마득하게 보이게 하는 비가시적인 현상들까지도 신선한 발상과 감각으로 가시화하는 것 같아 돋보이기도 한다.

　　눈이 길을
　　하얗게 덮는다

　　익숙했던 길에도
　　소리 없이 백내장이 내려
　　뿌옇게 길이 지워진다

　　낯선 길로 바라보는
　　눈길이
　　부옇게 흐려진다

　　외기러기의 눈길이
　　까마득하다
　　　　　　-「눈길」전문

　이 시의 첫 연과 둘째 연에서는 소리 없이 내리는 눈[雪]이 길을 하얗게 덮으면서 익숙했던 길도 지워지는 것을 몰래 깃든 눈[目]의 장애(백내장) 때문으로 돌리기도 한다. 이어 셋째 연에서는 부옇게 흐려진 눈길(시계視界) 때문에 익숙한 길마저 낯설어지게 하고, 마지막 연에서는 화자를 외기러기에 비유해 시야가 까마득해지는 외부 정황들을 내면 상황으로 끌어들여 들여다보는 것으로 그려진다.

　시인의 이 같은 감각과 감성은 지향하는 바의 동경憧憬과 그 좌절감, 아픔과 비애에 다다르면 각별히 민감해진다. 그의 적지 않은 시편들이 삶의 갖가지 파토스 떠올리기에 주어지지만, 길어 올리는 결과 무늬들은 다채롭게 변주되고 있다. "두고두고 / 햇빛 비춰주고 싶어서 / 속상한 말 쓰다듬고 싶어서 / 몰래 기대어 울 수 있는 / 등이 되어주고 싶어서"(「석양」)라는 대목은 시인이 '해'를 얼마나 동경하는지 말해주기도 한다.

　하지만 시인이 지향하는 길은 외부 정황 때문에 덮이고 지워지며, 흐려지고 까마득해질 따름이다. 맨발로 산을 넘는 해가 기울고 길은 멀어져 "가만두어도 산 능선은 / 저절로 눈시울 붉"(같은 시)어진다는 구절이 암시하듯, 석양夕陽 무렵의 노을이 환기喚起하는 비애가 증폭된다. 이 비애는 자신의 처지가 햇빛을 비추거나 속상한 맘을 쓰다듬을 수 없고 몰래 기대어 울 수 있는 등도 없다는 자괴감 때문이기도 한 것 같다.

　「서쪽으로 가는 노을」에서도 묘사되듯이, 오월에 저녁 비행기 타고 시베리아 상공을 횡단하면서 서쪽으로 가는 해를 따라간다고 여기게 하고, 해가 어김없이 서쪽으로 가면서 기울듯이 자신도 저무는 서쪽으로 비행한다는 생각을 하게 된다.

　목적지를 향해 가는 비행기 안에서 이광수의 소설 『유정』의 주인공(유정)과 영화를 통해 보았던 보리스 파스테르나크의 소설 『닥터 지바고』의 여주인공 '라라'가 눈 덮인 시베리아를 힘겹게 걸어가는 모습을 자신의 상황으로 끌어당기고, 봄철에도 얼어붙은 시베리아 동토凍土가

"지지 않는 노을이 얼어 있던 가슴과 등 사이 뜨거운 길을 내고 있다"
고도 한다. 이런 느낌과 상상은 '지는 해'와 같은 자신의 처지에 대한 성
찰과도 무관하지 않은 것으로 보인다.

그렇다면 시인에게 '노을'은 과연 어떤 의미이며, 자신의 내면을 노
을에 투영하거나 투사하게 되는 까닭도 '왜'인지 궁금해지지 않을 수
없다.

> 여미진 구름 속을
> 볼 수도 없고
> 볼 사람도 없다
> 보지 않았는데 보이는 가슴은
> 아마…
>
> 내가 아픈가 보다
> 좀 많이
> 　　　　　－「노을」 부분

시인은 "내가 아픈가 보다 / 좀 많이"라고, '좀 많이'라는 토를 단다.
많이 아프더라도 아주 많이 아프지는 않지만 적게 아프지도 않다는 표
현을 하기 위한 어법일 것이다. 아무튼 시인은 자신이 보지 않았는데도
보이는 속가슴에 대해 토로한다. 더구나 자신의 가슴을 '여며진 구름'
에 비유하고 "볼 사람도 없다"고, 겉으로는 잘 보이지 않는 아픔과 박탈
감(소외감)을 완곡하게 내비쳐 보인다.

앞서 들여다본 시들과는 그 빛깔과 무늬들이 다른 경우지만, 추운 계
절의 바다를 불러들여 자신의 심상心象 풍경을 투사하는 「겨울 바다」도
아픔과 박탈감의 연원이 "수평선 건너(너머)에 있"는 '너'의 부재 의식
에서 비롯된다는 사실을 은밀하게 시사示唆한다.

너는 수평선 건너에 있고
나는 여기에서 파도의 고독을 씹는다

너에게 가려고
목이 쉬어도 잠시도 멈출 수 없이
높이 튀어 오른다
뾰족한 바위섬에 부딪혀서라도
얼지 않고 증발한다

<중략>

떠다니다가, 떠다니다가
두꺼운 옷소매 밖으로
네가 흰 손짓을 하는 그날에
첫 봄비가 되리라

뼛속 깊이 너에게 젖어
스며들리라
　　　　　-「겨울 바다」 부분

　이 시에서는 수평선 너머에 있으면서도 '바다'이기도 한 '너'와 '여기'에 있으면서 '파도'인 '나'는 물리적으로는 가까운 관계일지라도 '너'는 끝내 가까워지지 않는 목마름의 대상으로 그려지고 있다. '너'에게 가려고 목이 쉬어도 끊임없이 튀어 오르며, 바위섬에 부딪혀서라도 얼지 않고 증발해 보지만 '나'는 떠다닐 따름이기 때문이다. '너'가 부르기만 하면 포말이 기화해 다시 내리는 '첫 봄비'가 되어 '너'의 뼛속 깊이 젖은 채 스며들겠다는 결기決起는 이루어지지 않는 소망을 향한 절규絶叫라 할 수 있다.

'너'에 대한 이 같은 목마름은 「눈물」에서와 같이 "소리 없이 너의 창가에서 / 초저녁 성에꽃으로 핀다"는 변주를 낳기도 한다. 그러나 성에꽃으로 그런 밤을 지새워도 "새벽 새소리에 / 속절없다고 // 스르르륵 녹아내린다"는 구절이 말해 주듯, '너'와의 만남은 이루어질 수 없는 꿈으로 남게 되고 만다.

'너의 부재'와 그 이루어질 수 없는 꿈은 나아가 자신의 안식처라 할 수 있는 '집'마저도 쓸쓸하고 깜깜한 공간으로 여겨지게 만든다. 귀가歸家하는 행위를 "붉디, 붉다가 목이 쉬어가는 단풍잎이 / 가지를 붙잡았던 손가락을 하나씩 편다"는 데 비유하거나 "마지막 비명은 짧을수록 좋다"(「집으로 가는 길 1」)는 좌절감과 절규도 '너의 부재' 때문일 것이다.

    갈수록 낮이 짧아진다

    집으로 돌아가는 길 위에서
    자꾸 뒤돌아본다

    <중략>

    오고 감이 다 쓸쓸하다
                 -「집으로 가는 길 2」 부분

    봄 여름 가을
    계주의 마지막 주자처럼
    겨울로 달려간다

    골목을 돌아
    깜깜한 집으로 돌아간다
                 -「집으로 가는 길 3」 부분

이 두 편의 시에서도 귀갓길에서 갈수록 짧아지는 낮(지나온 시간들)을 뒤돌아보게 하고, 집으로 돌아오고 나섬도 모두 쓸쓸하게 할 뿐 아니라, 귀가가 마치 계주의 마지막 주자처럼 겨울로 달려서 깜깜한 곳에 이른다는 비감悲感에 빠져들게 한다. 이 같은 극도의 비감과 고독은 '너의 부재'와 살아온 날들보다 살아갈 날들이 짧아지는 아쉬움과 박탈감, 이루어질 수 없는 꿈과 맞물려 있는 것으로도 보이게 한다.

iii) 외부 상황과 마주치더라도 궁극적으로는 고독과 짙은 소외감을 반추하게 하는 자기 성찰로 귀결되는 앞의 시들과는 달리 길 위에서 마주치는 사물이나 풍경, 사람들에 대해 관심을 기울이는 일련의 시에는 시인의 생각과 느낌(감정)들이 이입된 메시지들에 무게가 실리고 있다. 이 때문에 이 일련의 시는 서정적인 정조情調나 섬세한 묘사보다는 서사적인 진술로 기울고, 세상을 향한 다소 비판적인 시각의 해학과 특유의 거침없는 입담이 두드러지는 양상도 보인다.

> 깍깍 우짖던 직박구리와 눈 마주쳤다
> 짝을 불러들여, 둘이 합심해서
> 나를 향해 꺅꺅꺅꺅 고함을 지른다
>
> \<중략\>
>
> 보증금을 내라거나 월세를 내라거나 집을 뜯으라는 것도 아니고, 이사하라는 것도 아닌데 웬 난리냐 적반하장도 유분수지, 눈에 띄기만 하면 쫓아내지 못해 안달하는 모습에 나 커튼도 못 열고, 햇빛도 못 보고, 창문도 못 열고, 청소도 못 하는 이게 뭐냐
>
> ―「항복」 부분

집 앞의 나무에 둥지를 틀고 사는 직박구리들을 마치 이웃 사람들을 대하듯 공동체 삶의 불편한 점과 그 시비를 부각시키는 듯한 이 시는 눈앞에 얼씬도 못하게 할 정도로 경계심이 강한 직박구리의 속성을 희화적戲畫的으로 그린다.

실제로는 소통疏通될 리도 없겠지만 "금 그어 놓고 같이 살면 안 되겠니? 꺅 / 그러면 소송하자. 꺅꺅 / 그래! 알았다! 꺅 / 네가 산모니까 내가 참을게 / 네 눈에 안 뜨이게 숨어 살게 // 반말도 안할 게… / 요 / 까……ㄲ"이라고 대화체 문장으로 풀어낸 표현들이 재미있으며, 짐승과 사람을 같은 반열班列에 놓고 결국 화자가 지는 쪽으로 그리고 있는 점도 시인의 마음자리를 유추類推해 보게 한다.

그런가 하면, 대상과 일정한 거리를 두는 경우에는 대치와 다툼도 화해와 생기 회복으로 바꾸어 바라보는 여유를 보여주기도 한다. 이때의 다툼은 이전투구泥田鬪狗(자기의 이익을 위한 비열한 다툼)가 아니라 건전한 다툼과 게임의 개념임은 물론이다.

    눈 쌓인 금호강에서
    가마우지와 대치하는 왜가리가 있다

    오른발 뒤꿈치를 살짝 들고
    눈 깜빡하지 않고 째려보다가
    왜가리는 긴 부리로 눈을 찍어 던진다

    눈가루가 반짝이는 강바람 너머로
    허겁지겁, 가마우지는 도망친다

    추위 속 싸움은 눈싸움으로 할 일이다

냉랭한 비수기에 접어든 시장 사람들
　　한 먹이를 두고 다투며 대치하다가
　　차고 묵은 마음들을 단단하게 뭉쳐 던진다

　　<중략>

　　추운 줄도 모르고
　　던진 사람이나 맞은 사람이나
　　기어이 웃음소리가 터진다

　　눈싸움으로 생기를 찾은 가마우지
　　어디로 어떻게 솟구칠지 알 수 없는
　　머리를 강물에 담그자
　　멀리서 응시하던 왜가리도
　　삼각주 돌무더기에 언 발을 담근다
　　　　　　　　　　　－「눈싸움으로」 부분

　'추위 속 싸움은 눈싸움으로 할 일'이라는 화두話頭로 강가의 풍경을 그려 보이는. 이 시는 금호강에서 먹이를 찾아 대치하고 다투던 가마우지와 왜가리, 겨울 비수기의 인근 시장에서 같은 상품을 팔기 위해 다투고 대치하던 상인들이 눈싸움을 하면서 화해의 실마리를 찾고 스트레스를 푸는 모습을 신선한 발상으로 형상화한다.
　왜가리가 먹이를 찾는 습성(방법) 비슷하게 먼저 눈싸움을 걸자 가마우지는 도망치지만 눈싸움으로 되레 생기를 찾아 먹이 찾기 습성대로 머리를 강물에 담그고, 거리를 둔 왜가리 역시 물속의 돌무더기에 언 발을 담근다. 시장 사람들도 같은 먹이를 두고 다투며 대치하다가 눈싸움으로 '차고 묵은 마음들'을 단단하게 뭉쳐 날린 것으로 그려진다. 이 시에는 시인의 "같이 잘사는 것 / 그게 최선의 방법이라 믿는다"(「종족 보존 방법」)는 생각도 작용하고 있는 것으로 읽힌다.

'사람'이 '만물의 영장'이라 일컬어지는 건. 만물 가운데 가장 영묘靈妙한 능력을 지닌 존재(우두머리)이며, 이성적인 동물이라고 인간 스스로가 규정하고 있기 때문이다. 이솝의 우화寓話들이 동물이나 식물에 인격을 부여해 인간을 풍자하면서 교훈을 안겨 주듯이, 시인도 동물과 식물에도 인격을 부여하는 의인화擬人化 기법을 적잖이 구사한다.

「커피로 본 인간학 개론」이라는 거창한 제목을 달고 있는 시도 그 한 예로 들 수 있다. 다람쥐가 먹고 배설한 커피 열매를 가공해 만든 '루왁 커피'가 인기를 누리자 그 커피의 짝퉁을 사이에 두고도 서로 먹겠다고 야단법석인 사람들에게 지켜보던 짐승이 "내 이럴 줄 알았다"고 야유하는 짓으로 사람들을 풍자한다.

    일명 루왁 커피가 그것인데
    포장 봉투에 다람쥐가 그려졌다
    다람쥐가 더욱 크게 그려진
    똥 냄새만 입힌 짝퉁 커피가 나타나고
    인간들은
    똥 냄새나는 이걸 서로 먹겠다고
    밀고 당기고 쥐어뜯고 싸울지도 모를

    '내 이럴 줄 알았다'고
    들짐승 한 마리
    충혈된 눈알을 굴리고 있다
        –「커피로 본 인간학 개론」 부분

"밀고 당기고 쥐어뜯고 싸울지도 모를" 등과 같은 과장된 어법이 보이기는 하지만, 시인 특유의 걸쭉한 입담과 해학으로 감정이입을 해 '좋다면 막무가내로 좇아가는' 사람들의 세태를 들짐승의 표정을 빌어 풍자한다. 게다가 가짜가 판을 치는 세상이라 짝퉁일수록 겉으로는 그럴듯하게 과대 포장되는 세태를 덧붙여 꼬집는다.

그러나 역시 적잖은 시에서는 긍정적인 시각으로 그늘지고 소외된 계층 사람들에게 연민과 휴머니티를 발산하고, 넉넉한 베풂과 나눔의 미덕을 드러내 보인다. 요양병원 환자의 딱한 사정을 그린 「주름 깊은 손」, 문경 석탄박물관에 전시된 사진을 보고 발상한 「검은 손」과 「깜깜한 손」 등만 보더라도 그렇다.

   환자복 소매에 깡마른 손이 달려 있다
   틀니를 빼고 요양병원 창에 붙어 있는
   남자의 걱정이 깊다

   치매 앓는 아내를 돌봐야 하는데······
   연금으로는 병원비 모자라지 않을까?
   영양제는 의료보험이 되지 않는데······

   떨리는 처방전을 든 검버섯 돋아난 손이
   차가운 전화기를 오래 만지작거린다
   기어들어가는 목소리가 끼어들어
   손등 주름 또한 바짝 마른 강물처럼 쪼글하다
            –「주름 깊은 손」 부분

   석탄을 캐느라 검어진 게 아니라
   속이 타서 시커멓다

   <중략>

갱도가 무너져 죽은 손이 되더라도
당장 입에 풀칠해야 하는 삶이
밀린 학사금에 어깨 쳐진 삶이
보리밥 한 숟가락이라도 더 먹여야 하는
애비의 삶이

오도 갈 데 없어 속이 시커멓게 타는
막장의 손이다
　　　　　　　　　　　-「검은 손」 부분

막장의 어둠에 집어넣었으나
끝내 빼내지 못한 손이 석탄박물관에 걸려 있다.

<중략>

또다시 깜깜한 손!
호미로 나물죽 캐는 닳은 손, 밀린 학자금에 발 동동 구르는 텅 빈 손, 또 다시 나락의 밑바닥을 긁어야 하는
　막장의 저 손
　　　　　　　　　　　-「깜깜한 손」 부분

　iv) 한편 시인은 연작시「여자의 삶은 소설책 열두 권이다」등을 통해 일제강점기의 중국 만주 이주 시절과 그 이후에도 힘겹게 살았던 가족사의 일단―端들을 질박한 연민과 향토적 정서로 감싸 떠올린다. 전해 듣거나 잊히지 않는 기억들을 진솔한 서술체 문장으로 보여주는 이 서사敍事들에는 애틋한 정한이 서려 있으며, 가족의 갖가지 애환들을 그리면서도 우리 민족사의 그늘진 단면들도 떠올린다.

만주 벌판을 개간하며 이주 생활을 하던 당시의 황무지 개척 노래를 생생하게 되살려 보이기도 하는 「해방되면—여자의 삶은 소설책 열두 권이다 13」에는 돈을 벌고 모아 부모 형제, 일가친척들이 함께 고향으로 돌아가자는 간절한 바람이 저며 있다. 그때가 오면 함께 귀향하자고 "훤칠한 조선 청년이 / 이주민 처녀를 꼬득인다"라는 대목도 흘려 보이지 않는다.

역시 나라 잃고 만주에서 떠돌던 시절을 소환해 보이는 「다시 해방되면—여자의 삶은 소설책 열두 권이다 18」도 그 연장선상에 놓이는 시다. "해방되면 고향 가서 이 한 저 한 모두 풀고 좋은 집 짓고, 비옥한 땅 사고 쌀농사 지어 자식 낳아 배불리 먹이고, 공부 많이 시켜 내 나라 내 땅에서 배 두드리며 살게 하리라."는 간절한 소망과 그 희망 사항들이 구체적으로 서술돼 있다.

한편 「승냥이와 검은 고양이의 시간 통과하기—여자의 삶은 소설책 열두 권이다 14」는 해방된다는 소문이 돌던 1945년 5월, 만주 이민자들의 귀향(귀국)에 대한 기대감이 "만주 쪽 승냥이들의 칼과 조선을 정복한 검은 고양이들의 매운 눈"이라고 비유하면서 중국인의 '칼'과 일본인들의 매운 눈을 벗어나 사람답게 살고 싶은 열망으로 진전된다.

> 남자는 쌍봉낙타처럼 살림을 지고
> 여자는 소중한 재산인 아들을 업고
> 고양이의 눈초리를 피해 두 딸은 숨기고
>
> 검은 손톱에 졸아든 심장의 북소리와 송곳니 드러낸 고양이의 검색, 휘청이는 다리에 거친 손톱자국, 그녀는 업힌 아들 다리를 꼬집는다 비명 같은 울음이 국경의 시계추를 진동시키고 긴 행렬이 초침 위에 뱅그르르 돌며 웅성인다

    <중략>

    코부터 부딪혀 언 땅바닥이 울린다
    고개는 뻑! 얼굴 반쪽이 피범벅이지만
    전 재산을 빼앗기지 않고
    통과하였다
      –「승냥이와 검은 고양이의 시간 통과하기–여자의 삶은 소설책 열
        두 권이다 14」 부분

  이 시에 등장하는 두 딸은 큰언니와 작은언니다. 역사적인 변전變轉과 그 질곡桎梏 속에서 성장한 두 언니와는 달리 고향(대구)에서 나고 자랐으면서도 당시의 처참한 삶을 '소설책 열두 권'에 빗대 들여다보는 시인의 마음자리가 아름다워 보인다.

  「작은언니의 잠꼬대–여자의 삶은 소설책 열두 권이다 6」은 어린 시절 한쪽 눈을 실명했던 일흔다섯 살 언니의 한恨 많은 삶을 처연하게 그리고 있다. 시집에서 쫓겨나지 않으려고 '긴 어둠의 터널에서 부은 다리로 재봉틀을 돌리며 살아온 그 언니가 뒤늦게야 중학교에 들어가 '한쪽 눈에만 필요한 돋보기안경'을 끼고도 컴퓨터를 치며 공부하는 모습을 '연못의 개구리'로도 묘사해 보인다. 그것도 연못 한복판에서 떠듬떠듬 헤엄치고, 잠꼬대하면서도 영어 알파벳을 '개골개골' 고함지르듯 반복해서 외우는 '개구리'다.

  양장洋裝 기술자인 큰언니에 대해서도 연민의 정을 보내기는 마찬가지나 그 빛깔과 무늬는 다소 다르다. 시인은 큰언니의 재봉틀 소리를 들으며 자라고 학교도 다닐 수 있었으니 그 언니가 어머니에 진배없는 가족의 버팀목이었다, 그런데도 화자의 편잔을 들어가며 과외 지도를 받고, 일흔에야 중등학교 공부를 시작해 사회복지학을 전공, 팔순에 이르러 졸업장을 받게 됐으니 그 감회가 오죽하겠는가. 더구나

일흔의 도전, 땅거미 기어드는 산마루 앞에 서 있다.

선 채로 어둠을 맞지 않고
산등성이를 넘어가리라.
나 또한 언니처럼
　　　　　－「졸업－여자의 삶은 소설책 열두 권이다 19」 부분

이라고 늘그막 큰언니의 삶을 끌어당겨 바라보고, 그런 언니를 따르고 싶은 자기 다짐까지도 하게 한다. 하지만 세월은 흐르고 젊은 시절에는 가족의 버팀목이었던 그 큰언니도 팔십대 중반에 이르러 몸도 정신력도 쇠퇴하고 있으니 "양지바른 창가에 앉아, 아카시아나무 가지를 붙들고 세월에 흔들리고 있"(「매달려 있는 낙엽－여자의 삶은 소설책 열두 권이다 20」)고 안타까워하지 않을 수 있으랴.

　　큰언니는 여든네 살이다. 작은 키에 등이 굽어 점점 더 작아지고 있다. 그녀의 목소리는 여전히 카랑카랑하지만 볼 때마다 쇠잔해진다. 어느 날 "내 나이가 일흔아홉 살 맞제?" 언니가 뜬금없이 물었다. "아니야, 여든네 살이야." 나는 구태여 수정한다. '어느새 여든네 살이라고!' 한다. 오후 내내 '일흔아홉 살 맞제,' '아니야 여든네 살, 어느새 여든네 살!' 열 손가락 접었다, 폈다를 되풀이한다.
　　　　　－「매달려 있는 낙엽－여자의 삶은 소설책 열두 권이다 20」 부분

　　그런가 하면, 「불붙은 재봉틀－여자의 삶은 소설책 열두 권이다 15」를 통해서는 열한 살의 어린 시절 가족의 목숨줄과 같았던 대구 남문시장의 언니 양장점 재봉틀을 화재火災 현장에서 구해내던 기억을 선연하게 되새긴다. 남문시장에 불났을 때 작은언니는 양장점에 남아 잠자고

있었으므로 미친 듯이 어머니, 큰언니와 함께 뛰어간 뒤의 정황과 그 속사정을 이같이 묘사하고 있다.

> 작은언니를 깨워 높이 걸려 있는 옷감들을 당겨 둘둘 말아 안기며 '소전가에 맡겨두고 빨리 돌아온나!' 언니는 고함질렀어요. 그리고 나의 손목을 꽉 잡고, 불 속으로 뛰어들어갔어요. 불구덩이보다 더 처절한 아우성으로 불의 아귀를 틀어막으려 했지만 역부족이었지요. 불붙은 재봉틀을 언니와 둘이 손을 맞잡고 구해 왔지요. 재봉틀의 발에 밟혀 발등이 짓이겨진 것도 몰랐고 내복만 입고도 추운 줄 몰랐으며 불구덩이의 뜨거움도 몰랐어요. 다만 어머니의 뜨거운 눈물에 우리는 가슴이 데었지요.
> —「불붙은 재봉틀 —여자의 삶은 소설책 열두 권이다 15」 부분

아버지 여읜 후의 각박한 세태世態도 삽입해 보이는 이 시에는 "아버지 돌아가시고, 연탄 두 장을 외상 달라던 어머니에게 아버지의 친구인 연탄집 아저씨가 큰소리로 면박 주어, 냉골에서 자던 날 일어난 불이었지요. 몹시 추워서 더 뜨거운 날이었어요."라는 대목은 당시의 처절한 생활을 생생하게 되살려 보인다.

이 연작시 중 「순이 랭면—여자의 삶은 소설책 열두 권이다 17」은 오래지 않아 용정에 갔을 때 해방 후 소식이 끊긴 '순이 이모'를 그리워하며 "살아남은 자가 독립운동가이다 / 우리말을 잇는 사람들이 역사다 / '순이 랭면' 간판을 / 70년 동안 걸어둔 식당 주인이야말로 애국자다 // <중략> / 온 세계 낯선 땅에 정착해서 / 한국말을 대대손손 이어가는 사람들 / 우리 국민이요, 이모이고 조카들이다"라고 격앙된 심경 토로도 일제 암흑기에 대한 회한의 소산으로 읽힌다.

노환老患으로 혼수상태에 빠진 어머니에게 아무리 권해도 거부하며 "이틀 동안 물 한 방울도 넘기지 않더니 / 마지막 숨을 몰아쉬었다"고 자살인지 자연사인지 생각해 보게 한다는 「자살 혹은 자연사」도 연작시

「여자의 삶은 소설책 열두 권이다」와 같은 맥락脈絡의 시라 할 수 있다.

어린 시절의 가족 이야기를 담고 있는 「국수와 꼼치가 있는 저녁 풍경」 두 편은 어둡고 무거운 흐름의 「여자의 삶은 소설책 열두 권이다」와는 대조적으로 가난해도 따스했던 기억들을 그리움으로 승화해 반추하는 작품들이다..

냄비에 하얀 물거품이 끓어오르고 찬물에 풍덩 국수들이 뛰어들면 튕겨 나가던 물방울이 작은 무지개를 만들기도 했다. 연탄불 위에서는 멸치 물이 끓는다. 손으로 일인 분씩 휘감아 채반에 동글동글하게 얹혀 물이 빠질 때 동생의 시선은 국수에 꽂힌 채 걸레질 시늉만 한다.
-「국수와 꼼치가 있는 저녁 풍경 1」 부분

"꼼치!" 오빠가 긴장을 뚫고 입총을 쏘았다.

여섯의 입들이 쩍쩍 노란 입을 벌리며 국수를 몰아 삼켰다. 국물이 노란 부리 속으로 꿀떡꿀떡 넘어갔다. 꼼빼이가 되지 않으려고 열심히 국수를 삼키고 마셨다. 꼴찌는 언제나 엄마였다. 그래서 둥근 자리 치우는 설거지 담당도 늘 엄마였다.

국수라도 있어서 배불렀던 저녁의 은어 '꼼치'가 그리운 건지, 국수를 먹고 싶다. 매일 저녁 국수를 먹고 형제들은 모두 대궁이 실한 밀처럼 쑥쑥 키가 자랐다.
-「국수와 꼼치가 있는 저녁 풍경 2」 부분

'꼴찌'의 토속어(사투리)인 '꼼빼이'와 '치우기'의 두성 약자인 '꼼치', 저녁 끼니로 자주 먹던 '국수'를 화두로 헐벗어도 화목和睦했던 가족 이야기를 다소 해학적인 어조로 재미있게 풀어내고 있다. 끼니를 밥으로만 해결하기 어려웠던 그 시절엔 국수나 죽이 자주 저녁상에 오르곤 했지만, 이들 시에는 국수를 먹던 추억이 그리움으로 따스하고 정겹게 떠올라 있다.

「국수와 꼼치가 있는 저녁 풍경 1」에는, 다른 장면은 다 차치且置하더라도, "동생의 시선은 국수에 꽂힌 채 걸레질 시늉만 한다"는 구절과 「국수와 꼼치가 있는 저녁 풍경 2」에서의 "국수라도 있어서"라든가 "매일 저녁 국수를 먹고 형제들(남매들)은 모두 대궁이 실한 밀처럼 쑥쑥 키가 자랐다"는 구절만 보아도 그렇다.

v) 시 쓰기는 더 나은 삶을 향한 꿈꾸기이며, 그 꿈꾸기는 시의 뼈대와 살을 만들어 주게 마련이다. 꿈은 삭막한 현실적 삶 너머의 더욱 고양된 삶을 올려다보게 하며, 좌절감이나 절망감을 넘어 거기에 오르게 하는 추동력推動力이 되어주기도 한다. 하지만 더 나은 삶을 지향하는 초월에의 꿈꾸기는 철저한 자기 성찰이 선행되고 담보돼야 한다. 겸허하게 자신을 낮추고 비워야만 새롭게 채워질 수도 있다.

시인은 또 다른 일련의 시에서 반성적인 성찰로 지나온 길과는 다른 새길을 지향하려는 결의를 완강하게 내비친다. 이 자세 낮추기로서의 자성은 "오래전 누워서 뱉은 침이 / 지금 내 얼굴에 떨어진다 // 나름 정의로워 외친 직설일지라도 / 메아리로 돌아와 / 귓가에 왕왕거린다"(「꽃길일 줄 알았다」)는 고해성사告解聖事와도 같은 고백을 대동하고 있다.

자신으로서는 최선을 다했겠지만, 지난날의 시 쓰기에 대해서도 "부케처럼 던졌던 시들도 / 땡볕 지렁이처럼 길가에 / 널브러져 있다"(같은 시)는 자괴감에서도 자유롭지 않을 뿐 아니라, 심지어는 새길 찾아 나서기가 "벌을 받으며 가는 길"이고, "쓸며 가야 할 길목마다 / 수숫대 빗자루를 놓아"(같은 시) 두어야 할 길이라고도 보고 있다. 하지만 이

같은 시인의 결의決意는

> 장기 기증하려고 해도
> 사용 연한이 지났다고 받아주지 않던데
> 내 몸이 고장나고 기가 빠져나가면
> 부속품을 새로 살 수도 없으니
> 우두둑거리더라도 억지로 써야겠지요
>
> 죽으면 썩어질 몸
> 살아 있을 때 부지런히 몸을 써서
> 나를 둘러싼 그대들 덥지 않게
> 시원한 바람 쌩쌩 불어내야겠어요
> ─「한여름의 건강검진」 부분

라는 일말의 비감과 한계를 동반한다. 그러나 "부속품을 새로 살 수도 없으니 / 우두두거리더라도 억지로"인들 끝까지 최선을 다해 "시원한 바람 쌩쌩 불어내"려 하며, 고난 속에서도 끊임없이 창작혼創作魂에 불을 지폈던 화가 고흐의 그림과 생애를 소환해 자신의 거울로 삼으려는 의지를 보여주기도 한다.

> 고흐, 그는
> 어둠을 헤쳐 오는 별들과
> 시퍼런 눈물을 쏟는 인생과
> 검붉은 유혹에 헤매는 젊음들이
> 제자리를 맴맴맴 맴돌고 있을 때도
> 북극성 네거리에서
> 어깨 웅크린 채 서성이고 있었다

나도
해 뜨지 않는 창가일지라도
머리를 들어 하늘을 쳐다본다
캄캄할수록 또렷한 염소의 눈으로
별을 보고 있다
―「별이 빛나는 밤」 부분

고흐의 '별이 빛나는 밤'(뉴욕 메트로폴리탄 미술관 소장)은 실제 대상을 보며 그린 게 아니라 그가 정신병원에 입원해 있을 때 지난날 '마음눈'으로 보았던 밤하늘을 떠올리며 그린 작품이다. 그의 대표작 중의 하나인 이 그림은 내면적인 소란騷亂과 고통으로 가득 찬 내면까지 묘사했다는 점에서 시인이 자신의 거울로 삼으려 한 것일까.

어두운 주변 환경과 유난히 밝은 별들이 불러일으키는 분위기가 호소력을 증폭시키는 이 그림은 당시 고흐가 겪었던 정신적 어려움과 고통, 고독과 절망의 한가운데서도 앞날의 삶에 대한 아름다운 희망을 시사하고 있다는 점에서 시인도 북극성北極星 네거리로 따라나서고 싶었을 것이라는 유추도 해보게 한다. 시인이 느끼고 있는 현실도 "해 뜨지 않는 창가"일지라도 그 창가에서 "캄캄할수록 또렷한 염소의 눈"으로 밤하늘의 별(어쩌면 고흐의 희망)을 쳐다보고 있기 때문이기도 하다.

또한 한편으로 시인은 여전히 서정적인 아날로그 시를 선호하는 자신의 시를 첨단과학이 급진적으로 발달하는 이 시대에 어떻게 비칠까 하는 심경을 감추지 않는다. "5나노의 AI는 / 남은 평생 설계하지도 못하고 / 죽을 것 같은, 나의 시를 두고 / '당신의 시는 쉽게 이해할 수 있으니 / 이름 없는 시의 탑 기저부는 / 될 것 같다고 말해주면 좋겠다"(「반도체와 시」)고 극도로 자세를 낮추기도 한다. 그러나 시인은 다시 내일에의 희망을 번데기의 부화孵化에 빗대어 조심스럽게 드러내 보인다.

> 백일기도로 껍질을 찢고
> 푸르른 여명이 솔잎 사이로 부서져
> 움츠린 더듬이를 비출 때
> 오월, 봄을 건너 내일의 나는
> 황금빛 햇살에 날갯짓하는
> 노랑나비가 될까
>
> 새벽 명상에서 뽑아낸
> 끈적한 말들과
> 겨드랑이에 감춘 겹겹의 파도에서
> 뼈까지 푸르러진 날개를 펼치고
> 날아오를 수 있을까
> 　　　　－「2020 오월, 번데기 일기」 부분

 이 시에서의 "황금빛 햇살에 날갯짓하는 / 노랑나비"는 새벽 명상에서 뽑아낸 말들(시)이고, "겨드랑이에 감춘 겹겹의 파도"는 각고의 노력과 그 인고忍苦의 시간이며, "뼈까지 푸르러진 날개"와 '비상飛翔'은 내일(새로운 봄)의 삶 꿈꾸기와 그런 삶으로서의 '시의 개화'라는 은유로 읽어 봐도 좋을 듯하다.
 정도의 차이는 있겠지만 인간은 누구나 '나르시스'적인 요소를 어느 정도씩은 가지고 있다면 틀린 말일까. 시인이 요양원 생활을 하는 한 할머니의 나르시시즘을 학화적戱畵的으로 그리면서 "지워진 거울"이라고 표현하기도 한 시 「지워진 거울」을 거듭 들여다보다가 이번 시집의 시 가운데 가장 눈여겨 보이기도 해서 그 전문을 이 글의 말미에 옮겨 본다.

거울에 비친 얼굴을 보고
'니, 누고?' 하던
요양원의 할머니

가끔은
자신을 알아볼 수 없고
거울이란 것도 몰랐으면 좋겠다던
그 할머니

개울에 비친 얼굴에
마음을 빼앗긴다

지독한 나르시스다

몇 마리 버들치가
주름살도, 흰머리도
지우고 달아났기 때문이다

소녀적 얼굴만
어리연꽃으로 남아
물살에 흔들리고 있다
　　　　　　－「지워진 거울」 전문

　'거울'과 '개울'은 발음이 비슷하고 얼굴 모습을 비춰볼 수 있게 하는 점도 그렇지만, '나르시스'에 대한 신화가 개울과 관계가 깊다는 점에서도 흥미롭다. 나르시스는 그리스 신화神話에 등장하는 미소년으로 '에코'의 사랑을 받아들이지 않은 벌로 물에 비친 자기 모습을 사랑하다가 물에 빠져 죽어서 수선화水仙花가 됐다고 전해진다.

시인은 이 시에서 할머니가 거울과 개울물에 비친 얼굴을 보다가 개울물에 비친 얼굴에 마음 빼앗기는 까닭을 재미있게 풀어낸다. 우선 거울 속의 자기 얼굴을 보며 "니, 누고?"라고 하는 사실도 그렇지만 그 말을 사투리로 표현해 재미있고 감칠맛도 더해준다.

게다가 치매 때문인지 늙은 모습이 싫어서인지 초점을 조금 흐려 놓는 듯하다가도 할머니가 자기 얼굴이 비치는 거울을 몰랐으면 좋겠다고 하거나 개울물에 비친 얼굴에 마음 빼앗기고 있어 제정신인 게 분명해 보이는 데다 "지독한 나르시스다"라는 점진법漸進法까지 구사하고 있다.

이 시의 묘미는 가히 점입가경漸入佳境이다. 개울의 버들치들이 물살을 흔들어 얼굴이 선명하게 보이지 않는 걸 "버들치가 / 주름살도, 흰머리도 / 지우고 달아"나고 "소녀 적 얼굴만 / 어리연꽃으로 남아 / 물살에 흔들리고 있다"는 묘사가 예사롭지 않다.

더구나 이 시는 신화 속의 '소년'을 '할머니'로, '수선화'를 '어리연꽃'으로 환치해 토속적인 분위기로 변용하는가 하면, '징벌'을 '무상감'으로 바꿔 놓고 '애달픈 사연'을 '희화적인 이야기'로 대체하고 있는 점도 시인의 발상과 상상력, 섬세하고 예민한 감성과 감각을 엿보게 한다. 안윤하 시인의 다음 시집도 벌써부터 기대하게 되는 건 이 시의 각별한 여운餘韻 때문이기도 하다.

(2023)

더 나은 삶에의 꿈과 열망
— 서교현 시집 『타클라마칸, 혹은 쥐똥나무를 위하여』

ⅰ) 서교현 시인은 더 나은 삶을 끊임없이 지향하며, 시 쓰기는 그런 삶을 향한 열망에 불을 지피는 꿈꾸기다. 마주치는 현실은 어둡고 무거우며 무상감無常感이나 낭패감에 빠뜨리는 경우마저 없지 않지만 한결같이 그 무게에 눌리거나 함몰되지 않는 의지를 끌어안는다.

이 같은 삶의 자세는 현실을 뛰어넘으려는 의지가 완강하고 공고하며, 자연과 고향은 언제나 가서 안기고 싶게 하고 그 속에서 질박하게 살아가는 사람들이 변함없는 그리움의 대상이듯이, 이지러지고 왜곡되기 이전의 본향本鄕으로 회귀하려는 꿈과 그 마음자리가 은밀하게 받쳐 주기 때문으로도 보인다.

미시적인 데서 거시적으로 확대되고 확산되는 그의 시적 상상력은 상투성을 벗어나 대상을 내면內面으로 끌어들여 주관화된 정서(서정抒情)를 빚어내면서도 거의 예외 없이 보편성과 연계되고, 근본적으로는 삶을 들여다보는 시선과 가슴이 너그럽고 깊다는 점도 두드러지는 미덕이다.

ⅱ) 시인은 자서自序인 '시인의 말'을 대신해 시 「늦잠」을 올려놓고 있

다. 시를 향한 자신의 심경心境을 진솔하게 밝히고 있다. 이 시에서 시인은 "그대 다녀가는 길은 / 발 헛디디면 떠밀릴 / 가시밭길 // 그 허기의 뒤가 / 또 울컥울컥이다"라고 토로한다. 시(그대)가 찾아와서 헛디뎌 떠밀리지 않기를 바라며, 헛디디고 마는 가시밭길이 아니기를 소망한다.

주체와 객체를 뒤바꿔 자신이 찾아드는 시를 놓치지 않고 싶은 마음을 역설적으로 그리고 있다고 봐야 한다. 하지만 놓치고 마는 허기를 벗어나기 어렵고, 그런 허기를 느끼게 되면 '울컥울컥'하지 않을 수 없다. '늦은 시의 길 가기'를 '늦잠'이라고 표현하는 점도 같은 맥락脈絡으로 읽힌다.

너, 나 사랑해?

응

그럼, 그렇지, 말이라고

얼마만큼?

엄지척
두 팔로 안는 척
가슴 속살 보여주는 척
두 손으로 하늘 떠받드는 척 척

그거 말고! 는
아무것도 보여줄 수 없는
나는

등신!

―「시詩에게」 전문

무늬는 화자와 시가 주고받는 대화지만 그 결이 독백獨白으로 보이는 이 시는 「늦잠」의 한 이면裏面을 구체화하고 있는 경우다. 시가 자신(화자)을 더 이상 형용할 수 없을 정도로 사랑한다고 표현하다가 뒤의 두 연에서 자신이 그렇다고 반전시키며, 자신은 시를 지극히 사랑하지만 그것 밖에는 아무것도 보여줄 수 없는 '등신'이라고 자조自嘲하기도 한다.

이 역설의 반전反轉은 시가 자신을 사랑하는 무게만큼 자신이 시를 사랑한다는 의미를 넘어서서 자신을 '등신'으로 여길 정도로 시를 향한 열망이 뜨겁다는 뉘앙스로 읽힌다. 시를 사랑하는 것만큼 그것에 상응相應할 정도의 시를 쓰고 싶다는 간절함을 역설적으로 표현하고 있는 셈이다.

나는 백지에 또 어떻게 섬을 그려 넣어야 할까

지우고도 지워지지 않는
너와 나의 경계에도
깜빡깜빡 불 켜지는 등대
스위치를 달아 두기로 한다
 -「흑백의 방」 부분

더 나은 삶에의 열망을 노래하는 듯한 이 시 역시 앞의 시와 같은 맥락에 놓고 읽어도 좋을 것 같다. 불이 켜지는 등대에 스위치를 달아 두기로 한다는 의지를 보이며 "지우고도 지워지지 않는" 시를 향한 강한 의지를 드러내고 있다. 백지에 그려 넣는 '섬'은 창작의 결정체이며, 등대의 불 켜기는 이를 유도하는 유인력(견인력)뿐 아니라 추동력推動力도 만들어 주는 행위라고 볼 수 있다. 「하늘 청소」는 또 다르게 정신이 허기진 어느 시인과 거미처럼 외줄을 타고 난간 유리창 청소를 하는 아주머니를 끌어들여 자신의 시적 소망을 포개어 보이는 시다.

> 정신이 허기진 어느 시인은
> 촘촘한 별을
> 맛있는 밥알이라 노래했다
>
> 천막 위에 내리는 별을
> 눈물과 함께 주어 모아
> 캔버스에 꾹꾹 눌러 담을 수만 있다면
> 나는 유민流民이 되는 걸 마다않으리
>
> <중략>
>
> 아파트 난간 거미 아주머니
> 외줄 의자에 앉아서
> 어두워진 내 마음의 거품을 마른걸레로 닦고 있다
> ─「하늘 청소」부분

 이 시에서는 개성적인 시를 쓰는 '어느 시인'처럼 자신도 '눈물과 함께 주워 모은 별'들로 '정신의 허기'를 메워 '맛있는 밥알'(시적 변용變容)로 만들고 싶다는 열망을 떠올리고 있다. 그럴 수만 있다면 이곳저곳으로 떠도는 사람으로 유랑流浪을 마다하지 않겠다고도 한다. 이는 시에 대한 강렬한 열망의 방증이며, 떠돌면서 천막살이를 하더라도 시를 찾아 나서겠다는 굳은 결의決意라 할 수 있다.
 장면을 바꿔, 아파트 난간의 외줄 의자에 거미처럼 매달려 창유리를 닦는 아주머니가 "어두워진 내 마음의 거품을 마른걸레로 닦고 있다"며, 이 행위를 '하늘 청소'로 보는 시각도 눈길을 끈다. 맑은 유리창은

안과 밖을 구획 짓는 벽이지만 투명해야 먼 바깥(하늘)까지 내면으로 끌어들일 수 있게 한다.

이 때문에 창유리 닦기는 '하늘 청소'가 되기도 하고, 이 청소는 유리창처럼 '어두워진 마음'이 맑게 닦여져야 제대로 될 수 있다는 사실도 환기喚起한다. 그러나 양질의 개성적인 시를 쓰기 위한 '하늘 청소'가 결코 쉬운 일은 아니다. 그래서 시인은

여러 번 뛴다고 하늘 구멍날 일도
땅 꺼질 일도 아닌
맞잡은 손이 따스해지도록
뛰고, 뛰고 또 뛴다
　　　-「부력을 찾아서」 부분

고 토로하는 게 아닐까, "갈무릴 새도 없이 흘려보낸 온갖 것들이 더 궁금해. 카시오페이아자리에서 북극성을 찾아본 적이 있어. 타래타래 얽힌 생을 풀 실마리라도 찾을까 하는 마음으로, 파고다 주변을 합장하고 돌고 돌아도 마냥 그 자리가 그 자리. 하지만, 하지만은 그러나와 함께 그다음 말을 찾고 싶어"(「요요」)하는 행보를 거듭하게 되기도 할 것이다.

'시인의 말'을 대신한 시 「늦잠」과 표제시 「타클라마칸, 혹은 쥐똥나무를 위하여」는 이 시집의 키워드 역할과 그 성격을 암시한다고 봐도 좋을 듯하다. 「늦잠」이 시를 향한 시인의 심경을 떠올리고 있다면, 표제시는 그 심경을 보다 복합적이고 구체적으로 떠올리는 '얼굴'로 보이기 때문이다.

죽은 쥐똥나무 분재盆栽가 아니라, 분재焚災다

죄스런 마음에 나는 마른 북어를 새끼줄로 묶어 걸어두고 몇 날 몇 해
물을 주었다

　　순간, 죽은 가지 옆에 줄기 하나 올라와 싹을 틔우는 게 아닌가

　　나무는 제 속에 생명의 하늘을 담고 있었던가
　　아니면 속죄하는 주인의 마음과 눈빛을 느꼈을지도 모른다

　　새끼줄에 매달린 북어가 입을 벌리는 이유도 아마 그랬을 터
　　다하지 못한 북어의 말을 누군가 대신 전해 주리라는 믿음 또한 그랬을
것이다
　　새끼에 묶인 제 몸을 어쩌지 못해 몸부림치던 북어는
　　이제 죽어 쥐똥나무 속으로 들어갔다

　　(사막 어디쯤 죽은 시체 위로 정오의 태양이 내리쬔다)

　　어둠과 빛이 한 몸이 되는 시간, 쥐똥나무에 꽃이 핀다
　　가늘고 슬픈 꽃향기에 마음까지, 깊어진다

　　살아 돌아올 수 없는 사막 타클라마칸에 도마뱀이 나타났다는
　　그리고 산란하는 앵치도 돌아왔다는
　　풍문이 잎처럼 돋아나고 있었다
　　　　　　　　　　-「타클라마칸, 혹은 쥐똥나무를 위하여」 전문

　죽은 듯 새 생명력을 잉태하고 있는 쥐똥나무 분재를 들여다보면서 아무 생명체도 살 수 없을 듯한 모래사막인 타클라마칸으로 시야를 확대하는 발상과 상상력은 미시적인 시각에서 거시적인 시각으로 나아가는 비약으로 이 시를 한결 돋보이게 해준다.

쥐똥나무와 타클라마칸 사막을 위한다는 이 시는 '분재盆栽'를 '분재焚災'로 바라보는 안타까움으로 출발하지만 죽은 듯한 분재의 나무도, 사막의 황막한 모습도 제 속에 '생명의 하늘'을 담고(품고) 간절한 '염원'의 힘을 입으면 '어둠과 빛이 한 몸'(생명력의 회복)이 될 수도 있다는 깨달음과 일깨움을 안겨 준다.

이 시에서 염원의 분신分身은 '마른 북어'이며, 그 북어를 매달아 놓은 쥐똥나무에 몇 날 며칠 물을 주는 화자(분재의 주인)가 그 몸통이고, 화자의 속죄와 간절한 염원이 '원관념'이다. 하지만 이 관계가 일치에 이르고 일체가 돼야 비로소 소생蘇生이 가능하다는 시사도 하고 있다. 죽은 듯하다가 소생하는 쥐똥나무도 아가리를 벌린 마른 북어도 화자의 염원에 화답하고 있으며, 시인은 그 화답을 통해 소생의 지평을 이끌어 내려 한다고 봐야 할 것 같다.

그러나 소임이 끝난 북어는 나무 속으로 들어간다. 그 북어의 죽음을 품으면서 싹을 틔우고 꽃을 피우는 나무의 꽃향기에 시인은 마음이 깊어진다. 여기서 시인은 분재와 너무나 거리가 멀고 규모가 사뭇 다른 모래사막으로까지 관심과 시선의 폭을 확대(비약)하면서 태양이 작열하는 그 황막한 모래사막에도 도마뱀과 앵치(명태 새끼)가 돌아왔다(생명력 회복)고 거시적 시각으로 죽음을 이겨 낸 사막의 생명력에 천착하면서 소생에의 열망을 투사投射해 보이기도 한다.

iii) 시가 '더 나은 삶을 향한 꿈꾸기'라면, 시인이 마주치는 현실적인 삶은 어떤 모습과 빛깔을 띠고 있는지 궁금하지 않을 수 없다. 그의 시를 들여다보면 그 일단을 어느 정도 짚어낼 수 있다. 그가 직면하는 현실은 "얼음수염 떨어지는 소리가 여기저기서"(「연못 공화국」) 나고, "바람望과 바람風은 늘 역방향"인데다 "파할 때가 돼서야 달아오른 / 하! 노을"(「허虛 더하기 무無」)이라는 대목이 말해 주듯 너무 늦게 '어처구니

없는 감탄사'(하! 노을)를 자아내게 된다. 이 같은 일상적 현실은

> 잡으려야 잡을 수가 없는 시간이
> 길이가 서로 다른 다리로 떨어지면
> 아무 일도 못 하는 바닥은
> 낭패狼狽로 질퍽하다
>
> <중략>
>
> 잡으려 해도 잡을 수 없던 것들은
> 모두 어디로 갔나
>
> 이승은 질퍽한 봇도랑
> ―「맨발」 부분

이라는 무상감과 낭패감에 빠져들게 하며, "아플까 봐 포기를 / 많이 아플까 봐 우린 작은 상처를 선택하곤 하지 // 차라리 마음껏 아파할 걸 / 사랑할 줄 아는 인간이니까 소리칠 걸 / 그러나 나는 나를 믿지 못해서 / 구원의 손길을 기다리곤 했던 거지"(「이런 화상을 봤나」)라는 자책自責에서도 자유롭지 않게 된다. 하지만 그럼에도 집을 떠나 타관인 바닷가의 후포에 머물면서는

> 애타게 기다리는 등대 불빛을
> 밤새 삼킨 등나무가
> 주렁주렁 걸어 놓은 등경燈檠
>
> 등기산이 있는 후포에 가면
> 번지수 잃은 나도

>   발 묶인 등대가 된다
>   ─「수취인 부재」 부분

는, 번지수를 잃어버린 채 '발 묶인 등대'가 되기도 한다. 더구나 자신과 홀로 마주하면서는 "말 한마디 건네지 못하는 내게 / 단둘만 마주한 용지봉 달은 / 한 오라기 내려갈 길을 / 슬슬 슬림한 달빛으로 풀고 있"(「독대」)는 상황에 닿게 된다. 게다가 "울어야 할 일도 울려야 할 일도 / 웃어야 할 일도 웃겨야 할 일도 / 더는 없어진 오늘 / 맹물에 컵밥 덩어리째 말"(「독거」)게 되는 정황과도 마주친다.

이 같은 박탈감剝奪感이나 무상감은 나아가 "울음이란 슬플 때만 나는 게 아닐 테니. 바람이 분다는 건 바람이 익어 간다는 거. 바람이 없다는 건 지게작대기가 아직도 땅바닥에 꽂혀 있다는 거. 그리고 드러누웠다 일어났다 그리고 꺼졌다 제자리로 돌아오는 거. 삶이란 바람 부는 억새밭에서 흔들리며 노래하는 거."(「풍경, 흔들리지 않는」)라고 체념과 관조의 자세로 발길을 옮기게도 한다.

그런가 하면, 사과 중에서 "처음부터 쪼그라든 것 / 새들에게 쪼인 것 / 제 살점을 벌레에게 내어준 것"(「네모난 상자」)들을 보면서 그 모습을 자신의 내면으로 끌어들여 온전치 않은 삶의 상처들을 포개어 바라보게 한다. 그러면서도 "흠이 있는 사과가 맛이 있는 법 / 오래 그늘을 서성거려 본 이는 안다 // 덧대고 덧댄 나의 상처도, 그렇다"든가 "흠이 흠을 움켜쥐었을 때 느껴지는 전율 / 저녁놀이 만져준 상처 안쪽이 / 먼저 다녀간 새의 혀처럼 따뜻하다"(같은 시)고 자기 위안과 위무로 마음을 가져가기도 한다. 이 같은 마음자리에는

> 한 사람이 여물어 간다는 것은
> 떨어지는 무게의 충격도

느낄 만큼 느끼는 것

바람의 속도는 계산에 넣지 않았다

더 많이 허물어질 날
아직 남은 걸 알기에
   ―「비명을 계산하다」 부분

라는 순응順應과 순명順命의 미덕을 드러내 보이고, 화가의 작품이나 삶을 자신의 자성自省의 거울로 끌어들이기도 한다. "벌거벗은 엉덩이와 다리를 펑퍼짐하게 드러낸 채 / 남자에게 등 돌린 여자가 누워있"는 에드워드 호프의 그림 '철학으로의 소풍'과 연계해서는 "이맛살 골, 선명하게 깊어"진 화자가 "나, 행복하게 탈출할 수 있는 길을 찾고 싶"(「철학으로의 소풍」)게 하는 거울로 삼고 있다.

'술 마셔야 천재가 된다'던 재미在美 화가 김환기의 마분지 그림 '꽃다발 증정'을 보면서도 그 드로잉에 쓴 글 "술 / 안 먹을 수도 없고 / 먹을 수도 없고"라는 말에 마음 끼었으며 "사랑하는 사람에게 안겨다 주고 싶은 꽃"이라서 "기다리는 사람 하나 있다면 / 나도 태평양쯤은 건너뛸 수 있겠다"(「꽃다발 증정」)고 토로하기도 한다. 음영이 교차하는 그의 이 같은 현실 인식은 「단산지 맨발 걷기」와 같은 원숙한 시를 낳게 했는지도 모른다.

  한 번도 넘친 적 없는
  단산지 물비늘 둘레를
  낮달 냄새 따라 맨발로 걷는다

  안내판 앞에서 양말 벗은 나는

가설무대에 처음 오른 약장수처럼 어설프다

　　마사길, 자갈돌길, 응달길, 양달길
　　낯설지 않은 걸 보니
　　다 살아온 삶의 길이다

　　이런저런 길 지나
　　아픔도 차가움도
　　황토 흙탕길에 발 담그니
　　고향집 우물이다

　　벗음의 자유와 담금의 평온이
　　껍데기 안쪽까지 스민다
　　　　　　　　－「단산지 맨발 걷기」 전문

　한 번도 넘친 적 없는 단산지의 모습은 시인에게 귀감龜鑑 같은 일깨움을 안겨 준 걸까. 이 못의 물비늘 둘레를 맨발로 낮달 냄새를 따라 걷는다는 표현부터 예사롭지 않으며, 삶을 바라보는 눈과 가슴이 너그럽고 그윽하며 깊다는 느낌도 들게 된다. 아직 자신은 이 못물에 비쳐 어설프다지만, 이 못 둘레가 품고 있는 여러 유형의 길이 자신이 살아온 삶의 길과 다르지 않아 낯설지 않다고 깨닫게 했을 것이다. 특히 '황토 흙탕길'과 '고향 집 우물'이 환기하는 정서와 마지막 연의 "벗음의 자유와 담금의 평온이 / 껍데기 안쪽까지 스민다"는 대목은 깊은 울림과 여운을 안겨 준다.

　ⅳ) 시인에게 고향과 향수鄕愁는 본향 회귀의 꿈을 꾸게 한다. 언제나 한결같이 잊히지 않는 그리움도 동반同伴된다. 고향집과 지난날 거기에

서의 삶은 세월의 흐름에도 한결같이 가서 안기고 싶으며, 따뜻한 품속과도 같이 기다려 주기도 하는 곳이기 때문이다. 「환향길」에서 그리고 있듯이, 겨울 초입에 고향으로 돌아가는 길에는 간밤에도 다녀간(꿈결에 보이던?) '메타세쿼이아'들이 줄지어 기다린다. 무릎치마 갈아입는 '그녀'로 환치換置되는 이 나무들은 '첫눈'을 "마른 잎 잔뜩 매달고도 / 가장 품고 싶은 건 / 시려서 오히려 따스하게 느"끼는가 하면, "길 위에서 돌아온 나를 / 길로 다시 품겠다고 / 우뚝우뚝 기다리며 줄지어 서 있"는 모습으로 그려진다.

이 나무들은 화자가 놓였던 정황을 '떨어져 구르는 머리카락'에서 시리지만 상서로운 '첫눈'으로 승화昇華(변용)해 맞이하면서 또 다른(따뜻한) '길'로 품으려 하고, 우뚝우뚝 줄지어 서 있는 나무들의 모습을 화자는 머리카락을 촘촘하게 빗겨줄 '참빗'으로 가깝게 끌어당겨 바라보기도 한다. 타향살이하는 시인에게는 '환향길'이 본향 회귀와 모성 회귀의 길과도 같았을는지도 모른다.

> 무릎치마 갈아입는
> 그녀 거울은 겨울 초입이어도
> 종아리 시린 적 없다
>
> 마른잎 잔뜩 매달고도
> 가장 품고 싶은 건
> 시려서 오히려 따스하게 느껴지는
> 첫눈
>
> 길 위에서 돌아온 나를
> 길로 다시 품겠다고
> 우뚝우뚝 기다리며 줄지어 서 있는

저 나무들

참빗 같다
　　　―「환향 길」부분

한편, 「마당을 쓸고 싶다」에서는 대가족 시절과 그 잃어버린 옛날에 대한 그리움과 아쉬움을 마음 낮추어 떠올린다. 그 옛날에는 "해 뜰 무렵 한 번 / 해 질 무렵 한 번 / 마당에 물 뿌리고 비질하는 것이 나의 일"이었고, 까닭도 모르면서 "기껏해야 나뭇잎이나 삭아 떨어진 가지 몇 개 / 열다섯 식구에다 오매가매 들른 동네 사람 덧대어진 발자국을 / 쓸 것 없음에도 싸리비"로 쓸던 시절이다.

그러나 "많은 식구 중 하필 내가 버틸 수 있었던 건 / 거기 발자국들과 싸리비가 있었기 때문"이라고 대가족 때 자신의 역할을 겸허하게 돌아보지만 , "이젠 쓸 마당이 없다 / 마당이 없으니, 덩달아 없는 발자국들"이라고 아득히 가버린 그 시절을 그리워하고 아쉬워한다. 이 옛 추억의 공간에는

초등학교 육학년 밤 수업 마치고
십여 리 떨어진 집 가는 길
물귀신은 언제나 잠들지 않고
발 빠른 친구들 뒤처져 오는
귀 얇은 나를 기다렸었지

처음엔 뒤끝이 당겨 등줄기 서늘했으나
서로 텅 빈 밤 여러 달 만나다 보니
팔짱 낄 사이는 못 되어도
마주 뒤돌아서서 함께 노래하는 사이는 되었지
　　　―「다시 물귀신을 만나다」부분

라는 철부지 시절의 별난 기억들도 들어 있으며, 너무 가난해 초등학교도 못 마치고 도회지로 떠난 친구에 대해 "까불다 선생님한테 귀싸대기 얻어걸려도 / 금세 촉새를 닮아가던 그 친구 // 스프링처럼 튕겨진 몸과 입은 / 심각해야 할 저승 문턱에서도 / 여전히 까불고 있을까"(「촉새의 지금은」)라는 우정友情 어린 궁금증을 대동한다. 그러면서도 그 친구의 마지막 편지 구절 "―나 어릴 때 많이 까불었지 / ―그래도 난 혼자라서 괜찮다 / ―가족 잘 챙기고 잘 지내라. 안녕"(같은 시)이라는 대목이 되레 자신을 되짚어보게 하는 자성의 거울로 떠올라 있다.

하회마을이 내려다보이는 부용대芙蓉臺에 올라서는 "남아 있으니 남았어야 했던 사람들 / 찾아오는 외지인들을 위해 다듬어진 길을 / 더 다지고 있다"(「있다 없다」)고 그곳 사람들을 추켜올리는 한편으로는 "가장 큰 건물이었던 학교는 보이지 않"자 "없어진 것이 있어, 있는 것도 덩달아 낯설다"(같은 시)고 달라진 세상과 세태世態를 안타까워한다.

도시화 사회 이후 당찬 꿈을 안고 귀농歸農했던 젊은 사내마저 '백기白旗'를 드는 게 고향(농촌)의 현실이라지만, 시인의 마음은 자연에 묻혀 살던 시절과 여전히 그대로인 자연으로 회귀하려 한다. 지금의 고향도 "꽃을 밟고 가는 나비의 눈 / 향긋한 허공에 이르러 맥없이 추락하는 시늉에 / 놀란 꽃들 일제히 / 공기 매트처럼 / 출렁 부풀고"(「미나리꽃」), "못물을 흔드는 올챙이들 방울 소리에 / 늙은 소경 벚나무가 함뿍 웃음 귀를"(「봄꿈」) 여는 듯한 고즈넉한 풍경 속에 감싸여 있기 때문이지 않을까.

더구나 그 풍경에는 "낮밤이 바뀐 줄 모르는 사람들 / 개구리알처럼 붐비며 / 도깨비에게 먹힌 해는 도깨비불로 타닥타닥 / 불에 덴 달처럼 물 한복판을 휘젓는"(「저녁의 표지標識들」) 토속적土俗的인 정서와 그 속에서의 질박한 삶을 되돌아보게 하며, "산 그림자 끌며 서둘러 떠난 길"이 보이고, 그 무렵 "큰 못가에서 어머니를 부"(같은 시)르며 기다리던 자신의 옛 모습도 꿈결같이 떠오르기 때문이기도 할 것이다.

    윗집에서 기름 한 병 얻었다는 아내가
    참기름인 줄 알았는데 들기름이네 하며 좋아라 한다

    참기름 아낀다고
    들기름으로 나물 무치던 어머니는
    며느리 그 모습이 제 상태로 보이려나

    물 걱정 없는
    집 앞 오심키 논에 공들이던 어머니는
    속 태우던 산비알 잡초밭이
    다섯 배나 더 값나간다는 것을 아시려나

    어쩌다 색 나는 조를 섞어 밥상에 올리면
    쌀 공출 당한 어린 날 조밥에 신물났다며
    싫은 기색 보이시던 어머니는
    백화점 좁쌀 가격표를 믿으시려나
               –「반란은 계속된다」 부분

  알뜰한 어머니의 모습과 달라진 오늘날의 세태 변화를 대비하면서 역설적으로 어머니상을 기려 보는 이 시는 참기름과 들기름, 논과 밭, 쌀과 조가 옛날과 달리 그 귀하기(가치나 값)가 뒤집힌 현실을 '반란反亂'으로 여기는 까닭은 무엇 때문이겠는가. 아내와 화자가 참기름보다 들기름이, 오심키 논보다 산비탈의 잡초밭이, 귀하던 쌀보다 조가 더 귀해진 걸 목도하지만 어머니는 설령 이 사실을 모르더라도 알뜰하게 살던 어머니의 모습에 무게중심을 두고 그리워하기 때문이지 않을까. 그 윗세대인 할머니의 삶의 자세에 대해서는 이보다도 더 무게가 실리는 점도 지나치며 보지 않게 한다.

노래 한 소절씩을 읊조린 할머니는
제목을 알고 싶어하였다

<중략>

흥에 따라 그냥 노래를 부르면 되지
제목이 뭐 그리 중요하냐고
건성으로 회피하면
잃어버린 길 찾듯 이 식구 저 식구 붙들었다

<중략>

노래 가사마다 다른 사연처럼
제목 달린 다른 인생을
어떻게 맨 앞에 앉힐까
할머니는 늘 고민이 깊으셨던 거다

그가 시인이었다
  －「제목 달기」부분

이 시는 할머니가 '제목 달린 다른 인생'에 깊은 관심을 기울이는데 착안해 시인인 자신이 시의 제목을 다는데 고민이 깊은 점을 에둘러 말하고 있는 것으로도 읽힌다. 노래도 시도 각기 다른 사연을 담고 있으며, 제목은 그 다른 내용을 특징적으로 집약해 보이게 마련이다.

이 때문에 시인은 그 점에 대해 언제나 고민이 깊은 할머니를 '시인'

으로 격상시키고, 할머니의 삶을 통해 시인 스스로의 자세에 대해서도 자성해 보게 된다. 시인에게는 이같이 자연 속에서 더불어 있거나 살아가는 고향과 고향 사람들이 한결같은 그리움의 대상이며, 가장 소중한 존재로 자리매김하고 있는지도 모른다. (2022)

형이상학적 사유와 심상 풍경
— 김일연 시조집 『먼 사랑』

ⅰ) 김일연의 단시조들은 짧지만 완성도가 높고 그윽하게 깊은 울림을 거느리는 현대시를 방불케 한다. 단아하고 담담한 그의 시는 정형定型에서 다소 변형된 행갈이나 연구분으로 참신한 감각의 운율韻律을 빚고 있으며, 고도화된 함축과 절제節制 속에 다져져 있는 복합적 이미지와 형이상학적形而上學的(철학적)인 사유의 깊이를 읽게 한다.

정한情恨의 정서가 번져 흐르는 그의 서정시에는 시인의 관심과 성찰省察이 세상살이의 고난과 그 파토스pathos, 사랑과 그리움과 연민, 수행修行과 이데아idea 지향志向에 다채롭게 주어지지만, 그 이면裏面에는 한결같이 겸양과 화해의 덕목도 자리매김하고 있어 돋보인다.

사물이나 세상사의 풍경을 정갈하고 자연스럽게 그리고 있는 듯한 그의 시는 대부분 대상을 있는 그대로 그리기보다는 시인의 내면內面 투사나 감정이입感情移入으로 재구성한 심상心象 풍경들을 떠올리고, 은밀한 상징체계를 끌어들이며, 전이轉移나 반전反轉의 기법을 구사하는 경우도 있어 불확정성과 다의성을 내포하기도 한다.

ii) 이 시집의 제1부 시편들은 주로 세상살이의 고난과 그 파토스들을 다각적으로 그리는 데 주어져 있다. 시인이 바라보는 세상은 "뿌리 깊은 나무들이 비바람에 출렁"이고 "뿌리마저 뽑힐 듯이 허리가 휘어"(「폭풍의 예보」)지게 한다. "가벼운 풍선인형의 춤이 더욱 격렬해"(같은 시)지듯 외부의 힘이나 그 요인들 때문에 본의 아니게 격렬한 춤도 추어야 하는 풍진風塵 속이다.

그런가 하면 「찌그러진 거울」에서 그리듯 "거울 속의 내가 물에 빠져 너울거"리거나 "호흡곤란이 오고 현기증이 일어"나는 고난을 겪기도 하며, "오늘도 거울을 갈아줄 어른이 오지 않는다"는 절망감과 마주치면서 구원을 기다려야 한다. 시인에게 세상은 이같이 고뇌와 갈망에서 자유로울 수 없는 곳이다.

한편으로는 「원가怨歌」에서와 같이 풀싹이 다시 돋아나는 걸 보면서 "이 아픔 썩어지면 봄처럼 순筍을 낼까"라는 기대감에 미련을 두게도 한다. 하지만 역시 쉬이 치유되지 않는 아픔 때문에 무정하다는 원망에서 비켜서기 어려워지게 마련이다.

나름으로 대비를 해도 사정은 별반 나아지지 않는다. 밖에서 안으로 스며들지 않고 안에서 밖으로 내보내는 옷을 입고 있는 자신을 그리고 있는 「고어텍스를 입은 자화상」의 경우 밖으로 나가는 것에 대한 아쉬움을 드러내 보인다. 고어텍스가 보호해 주던 비와 바람이 떠나더라도 그 비바람을 함께 맞던 동반자의 떠남은 상실감이나 박탈감을 안겨 줄 수밖에 없다. 그래서 고어텍스를 입고 있는 화자는 "뻣뻣하고 차갑다"고 토로한다. 시인은 이 시에서 순기능을 염두에 두고 고어텍스를 입었겠지만 그 역기능 때문에 되레 비애를 안게 되는 모순을 떠올려 보인다고 할 수 있다. 우리의 세상살이는 그렇게 마련이다.

사막 물고기에 착안해 '사막 물고기=나'라는 등식을 통해 이 세상에서의 삶을 또 다른 시각으로 떠올리는 「사막 물고기」는 전이와 반전의 기법으로 그 삭막한 안팎의 정황들을 입체적으로 그리고 있다.

붉은 눈을 한평생 감지 못하는 너는

눈동자에 모래알을 가득 박고 사는구나

내 눈이 따가운 이유도 그것 아니었더냐
　　　　　　　－「사막 물고기」 전문

　시인은 초장과 중장에서 사막 물고기의 생존 양식을 그리다가 종장에서는 화자의 현실적인 삶으로 환치換置해 들여다본다. 눈을 뜬 채 한평생 눈동자에 모래알을 가득 박고 사는 사막 물고기와 따가운 눈을 한평생 뜨면서 살아야 하는 화자(시인)의 현실이 다르지 않다는 자기연민의 극대화라 할 수 있다.
　모래알이 가득 박혀도 붉은 눈을 감을 수 없는 사막 물고기의 삶이 바로 눈이 따갑도록 삭막한 시인의 현실적 삶과 같다는 자기성찰의 등식은 화자가 그런 현실을 뛰어넘고 싶다는 소망을 은밀하게 내포한다. 이 같은 비애 속의 희망의 전언傳言은 「야근하고 양말 사는 남자」에서 다소 구체적으로 제시된다.

캄캄한 바다에서
섬
하나가
걸어온다

희뿌옇게 떠 있는 마지막 노점 불빛

등대를 어깨에 메고
섬
하나가
걸어간다
　　　　–「야근하고 양말 사는 남자」

　세상을 '캄캄한 바다'에, 남자를 그 바다의 '섬 하나'에 비유하면서 고단하고 외딴 세상살이를 그리면서도 그런 삶 속에서의 끝없는 도전과 여유, 그 캄캄한 세상의 따뜻한 불빛과 그 어두운 길을 밝히는 희망의 전언도 함께 떠올려 보인다.
　야근夜勤하고 가족이 기다리는 안식처로 귀가하는 남자가 그때까지 전을 거두지 않은 희뿌연 불빛 속의 노점露店에서 양말을 사서 돌아오고 다시 야근하러 갈 때는 등대를 어깨에 메고 걸어간다고 그리는 시인의 마음자리가 따뜻하고 포근해 보인다.
　이 시는, 시인이 빈번하게 단시조의 형태미를 새롭게 시도하듯이, 행갈이의 새로운 시도가 신선감을 안겨 준다. 초장과 종장에서 같은 행갈이의 변화를 주면서 시각적인 효과를 꾀하고 있을 뿐 아니라 시조의 리듬감을 특유의 감각으로 새롭게 빚고 있다.
　시인의 세상이 병들고 있다는 인식과 그 시선은 나아가 이 지구촌으로 확대되면서 인간들이 무릎을 꿇고 용서를 구하며 치유에 서두르기를 촉구하는가 하면, 너그러운 부성父性과 자애로운 모성母性을 떠올리며 그런 관용寬容과 사랑의 세계를 소망하게 되기도 한다.

　　점점 검어져 간다, 지구의 망토 빛이

　　병든 아버지 앞에 방탕의 무릎을 꿇고

용서를 구할 시간이 얼마 남지 않았다
― 「돌아온 탕자」 전문

　렘브란트의 그림(더 거슬러 오르면 성서聖書이겠지만)에 발상의 뿌리를 두면서 관용의 덕목을 떠올린 「돌아온 탕자」는 점점 검어지는(병드는) 지구와 탕자蕩子의 병든 아버지를 하나로 바라보며 돌아온 탕자와 같이 이 지구촌의 사람들이 지구 앞에 방탕의 무릎 꿇고 용서를 구하기를 촉구하는 메시지가 담겨 있다. 탕자의 아버지는 관용의 상징인 붉은 망토를 입고 있지만 지구의 망토 빛은 점점 검어지고(싸늘해지고) 있어 용서를 구하고 관용을 베풀 시간이 임박했다는 시사示唆를 하고 있다.
　이 시에서는 초장에서 도치법을 구사해 시적 긴장감을 꾀하는 점도 눈길을 끌며, 한 행을 두 행으로, 그 두 행을 한 연으로 자유시처럼 구성한 「헌시獻詩」도 단시조의 정형을 별반 벗어나지 않으면서 자수율이 자아내는 운율의 완급을 통해 새로운 묘미를 맛보게 한다.
　이 같은 형태미의 시도는 그의 단시조 전반에 관류하고 있어 개성을 강화해 주기도 한다. 또한 일련의 작품에서는 초장과 중장에서 대상을 묘사하다가도 종장에 이르면 내면 의식으로 눈을 돌리거나 감정이입으로 심상 풍경을 떠올리는 경우가 적지 않은 점도 주목된다.

　　어머니 말씀하셨지
　　내가 대신 아프마

　　머리 두 개 거북아
　　말기 암 돌고래야

　　너희는 죄 없는 어미

나는 병든 자식
― 「헌시獻詩」 전문

「돌아온 탕자」가 너그러운 부성을 노래하고 있다면 「헌시獻詩」는 한없이 자애로운 모성을 그리고 있는 작품이다. 병든 어머니를 "머리 두 개 거북"이나 "말기 암 돌고래"로 바라보기도 하는 화자는 자식을 대신해서 아프겠다던 모성의 지극한 사랑을 상기하면서 그 죄 없는 어머니가 병든 게 아니라 자식으로 죄 지은 것 같은 '나'가 되레 병들었다고 뒤집어 생각하기까지 한다. 이 시는 모성에 바치는 지극한 헌사이면서 자식으로서의 아픈 자성自省의 헌사로도 읽힌다.

iii) 제2부의 시편들은 다소 무거운 주제를 다룬 제1부의 작품들과는 다르게 시인의 섬세한 감성과 감각의 옷을 입고 있는 내면 풍경들을 다채롭게 보여 준다. 민감한 계절 감각이 스미고 번지면서 빚어낸 풍경들은 결과 무늬들이 아름답고 신선하다. 이 풍경들은 대상을 있는 그대로 재현하기보다는 시인의 내면을 투사하거나 감정이입으로 재구성한 심상 풍경들을 보여 주기 때문일 것이다.

봄에 오는 포근한 눈(雪)을 "야속한 맘 풀렸는지"라거나 "좋은 사람 만났는지"라며 "번져가는 분홍빛"으로 읽는 「봄의 기별」, 냇물에 비치며 넘치는 파란 하늘과 물결에 어울시는 꽃잎 아래 말갛게 씻기는 물돌도 쾌청快晴하다고 묘사하는 「청명」만 보더라도 그러하다. 나아가 청각적이고 시각적인 묘사를 아우르는 작품들은 한결 첨예하고 매력적이다.

꾹꾹거리는 새소리
상치 씻는 물소리
도마에 무 써는 소리

돌돌돌 재봉틀 소리
그 소리 아무것 아닌 소리
잊을까 두려워라
　　　－「성聖 저녁」 전문

새소리, 물소리, 도마소리, 재봉틀 소리는 자연과 사람이 빚는 이질적異質的인 소리이면서도 함께 어우러져 코러스처럼 정감情感을 자아내고 증폭시키기도 한다. 저녁 풍경을 따뜻하게 그리면서 성스럽게 승화시키는 이 시에서 시인은 왜 이 소리들 외의 소리들을 잊을까 두렵다고 하는 것일까. 성스럽게 느껴지는 이 소리들을 상찬賞讚하면서도 그 너머의 더욱 성스러운 소리들을 동경憧憬하기 때문으로 보인다.

어룽어룽 분홍비
사분사분 하얀비
호젓한 길모롱이
서늘한 목덜미에
가려나 하마 가려나
꽤 오는
가을비
　　　－「코스모스」 전문

코스모스가 피어 있는 자태를 비가 내리는 모습으로 묘사하는 이 시는 청각적이고 시각적인 데다 의태어擬態語까지 포개 절묘한 분위기를 빚는다. 신선한 언어 감각과 감성, 분방한 상상력도 돋보인다. '어룽어룽'과 분홍빛, '사분사분'과 하얀빛의 어우러짐, '호젓한'이나 '서늘한'과 같은 수식, 가을의 길모롱이를 '서늘한 목덜미'로 묘사하는 감성과 감각의 첨예한 코러스가 아닐 수 없다.

이 시는 가을의 애잔한 정조情調를 아름답게 돋우어내는가 하면, 그 정조에 보태지는 가는 빗소리 같은 리듬감은 금상첨화錦上添花다. 코스모스의 애잔한 모습을 "가려나 하마 가려나"고 표현하는 감각 역시 그리 보인다.

시인의 시선이 거시적으로 열릴 때는 형이상학적인 사유를 대동하며, 이데아를 향한 깊은 세계에의 지향의 모습이 두드러진다. 구월을 노래한 시에서 "아무리 숨으려 해도 / 숨을 데가 없이 / 맑다"(「구월」)고 그 뒷모습의 그지없는 맑음을 예찬하기도 하지만, 맑고 넓고 깊음과 고요(침묵)는 시인이 궁극적으로 지향하는 이데아가 아닐까 하는 생각이 들게 한다.

> 하늘은 제 얼굴을 가을 호수에 씻고
> 호수는 제 얼굴을 가을 하늘에 닦고
> 서로가 맑고 넓고 깊은 거울을 들여다본다
> –「하늘과 호수」 전문

시인은 맑고 넓고 깊은 하늘과 호수를 바라보고 들여다보고 있지만, 기실은 그 같은 세계를 지향하는 자신의 이데아를 완곡하게 암시하는 것으로 읽힌다. 하늘이 호수에 얼굴을 씻고 호수가 하늘에 얼굴을 닦는다는 건 서로가 더욱 맑고 넓고 깊은 세계에의 지향을 일컫고 있으며, 하늘과 호수가 서로 그 거울을 들여다보는 건 그 세계에 대한 최상의 경지를 함께 지향한다는 의미일 것이다. 시인은 바라보는 대상만 그려지고 있지만, 하늘과 호수만 서로 들여다보는 게 아니라 시인도 함께 그 거울들을 들여다보고 있기도 하다.

「파계사 대낮」과 「시의 아침」도 고요와 침묵에 대한 성찰로 시인이 추구하는 이데아를 또 다른 시각으로 떠올린다. 「파계사 대낮」은 '만산의 잎사귀'를 '연등燃燈'으로 격상시켜 바라보면서도 인적人跡은 없어 "고요해 고요 그마저 찾을 길 없네"라고 그리고 있지만, 환하고 고요한 대낮의 고요를 받들고 추구하는 경우에 다름 아닌 듯하며, 「시의 아침」은 고요의 본향이요 실체인 침묵에 대한 성찰과 그 추구로 읽힌다.

빛나는 시의 언어를 이고 있는 침묵이

함초롬한 눈꽃 아래 뻗은 앙상한 가지

순록의 뿔 위에 얹힌 아스라한 길을 보다
―「시의 아침」 전문

말은 침묵에서 나와 다시 침묵으로 돌아가지만, 침묵은 절대적인 말을 잉태(孕胎)한다. 시를 쓰는 일은 그 절대적인 말, 신성한 말 찾아 나서기에 다름 아니며, 침묵 속으로 깊숙이 들어가 그런 말들을 끌어안고 나오기가 아닐까.

시인은 이 시에서 침묵이 빛나는 시의 언어를 '이고 있다'고 말하고 있다. 이 말은 침묵이 잉태하는 절대적인 말을 '빛나는 시의 언어'로 보고 있으며 '잉태하기'보다 '이고 있다'고 더욱 승화시켜 바라본다. 더구나 침묵이 이고 있는 빛나는 시의 언어가 눈꽃 아래의 순록의 뿔 위에 얹혀 있고, 시인은 그 아스라한 시의 길을 본다고 침묵에서 나와 시가 발화하는 모습을 그리고 있는 것 같다. 이렇게 본다면 '시의 아침'은 시인이 시를 쓰는 한때라고 볼 수도 있을 것이다.

ⅳ) 제3, 4부에는 불교적인 수행과 시인의 길을 가는 도정을 그린 시편들이 적지 않게 편재해 있다. 이 치열하면서도 겸허한 수행의 도정에 들어선 시인은 연잎밥마저 예사로 보지 않는다. 밥을 품고 있는 연잎을 보면서 "연꽃 / 섬기더니 / 한 그릇 밥을 품었네 // 거기가 진흙탕이면

너도 이리 오라고 / 꽃이며 부처 되지 못해도 / 방도가 / 있다는 듯이"(「연잎밥」)라고 수행자로서의 감정을 이입해 들여다본다.

진흙밭에서 연꽃을 받들던(섬기던) 연잎이 끝내 연꽃이나 연꽃이 받드는 부처가 되지는 못하더라도 진흙밭을 벗어나 또 다르게 제 역할을 하는 모습에 착안해 진흙탕에 있는 화자에게 "거기가 진흙탕이면 너도 이리 오라"는 메시지를 보내는 것으로도 그리고 있다.

이 연잎의 메시지는 화자도 진흙탕에 있다는 전제로 그 진흙탕을 벗어나라는 의미를 내비치는 것으로 볼 수 있으며, 이는 화자의 완곡한 소망의 떠올림이기도 할 것이다. 그뿐 아니라 심지어는 "새똥이 묻어 있는 펑퍼짐한 돌덩이"까지도 해탈解脫한 채 가장 낮은 자세로 누워 있는 부처로 바라본다.

  개미도 건너가고 바람도 쉬어가는

  새똥이 묻어 있는 펑퍼짐한 돌덩이

  자비도 관능도 버리고 드디어 해방되었소
   　　　　　　　　 ―「와불」 전문

시인은 더구나 이 부처는 "개미도 건너가고 바람도 쉬어 가는" 미천하고 비루한 데 있을 뿐 아니라 부처(돌덩이)가 품고 있는 자비도 세속적인 관능官能도 버리고(뛰어넘어) 해방된 존재로 그린다. 시인은 모든 것으로부터 해탈한 부처의 경지에 자신의 마음자리를 포개 놓은 경우가 아닐 수 없다.

하지만 이 같은 깨달음은 저절로 얻어지는 게 아니라 「고원의 제단」에서 고백하고 있듯이, '그대'를 위해서라면 양고기 요리(허르헉)가 되고 번제燔祭에도 오르는 양이 되고 '가없는 여백'도 되겠다고 하는 바도 같은 지극히 겸허한 마음 내려놓기와 비우기, 온갖 고행苦行이 담보돼야 가능하고, 나아가 그 지극한 경지는 고행의 울음보가 터지는 순간이라고 일깨우는 게 아닐까.

　　네 눈길이 닿으면 소스라치는 허공

　　그때에 못했던 말 지금도 말할 수 없어

　　참았던 울음보 터져
　　쏟아내는
　　꽃송이들
　　　　　－「만개」 전문

　시인은 이 시에서 꽃이 활짝 피는 건 "참았던 울음보 터져 / 쏟아내는" 것으로 보고 있다. 그것도 "네 눈길이 닿으면 소스라치는 허공"을 향해 "그때에 못했던 말 지금도 말할 수 없어" 터져 쏟아지는 울음보라고도 한다. 꽃의 만개는 생명체가 절정絶頂의 상태라는 점을 떠올리면 시인이 왜 이런 발언을 하는지 짐작해 볼 수 있게 한다.
　또한 "흘러내린 달빛에 무너지는 절 한 채 // 덩그렇던 꽃잎들 우루루 떨어지니 // 다녀간 이슬 발자국 헤아리네"(「이슬을 헤아리다」)라는 상징체계도 같은 맥락에서 짚어보게 하는 아포리즘aphorism처럼 다가온다.
　사람은 세상을 살아가면서 하나의 길을 선택해야 할 때가 있고, 오로지 한길로만 가야 할 때도 있다. 현실 속에서의 길은 선택해서 가야 하거나 주어진 길을 갈 수밖에 없는 경우도 있다. 그러나 그 차원을 넘어서는 정신적(형이상학적)인 길은 오로지 한길로 가는 게 이상적임은 물론이다.
　시 「갈림길」이 세상살이에서의 선택의 불가피성을 화두話頭로 떠올린다면, 「불이－부석사 안양루에서」는 철학적(불교적) 사유로 분별심을 떠나 오로지 하나인 깨달음의 경지(진리)를 화두로 삼고 있다고 할 수 있다. 전자의 시에서는 산길을 오르며 "오르락내리락하는 능선에 땀 흘릴까 // 물 보고 꽃 보면서 쉽고 편하게 갈까" 중 한 길로 택해 가려면 다른 길은 버려야 하는 갈림길에서의 심경을 그리고 있다. 반대로 정신적인 길은 이와는 사뭇 다르다.

능선 너머 또 능선 극락을 보라는가

파도 앞에 또 파도 고해를 보라는가

이 순간 내게 오시는
물결은
부처신가
　　　　　－「불이－부석사 안양루에서」 전문

부석사 안양루에서 시인은 극락과 고해를 동시에 떠올리며 진여일심眞如一心의 지혜(불이不二의 경지)에 눈을 뜨게 된다. "능선 너머 또 능선(극락)"이나 "파도 앞에 또 파도(고해)"가 둘이 아니라 하나이며, 이 깨달음의 순간에는 끝없는 능선과 파도도 부처로 다가오는 오로지 하나의 진리와 마주하고 받아들이려 한다.

시인은 이같이 불이의 길을 지향하면서 자연현상도 불교 수행자들이 지켜야 할 온갖 행동으로 끌어당겨 놓는다. 「만행萬行」에서 "창창울울 초록"도, "저 혼자 몸이 달아 / 불타는 단풍나무"도 수행자가 지키는 행위를 하는 것으로 보고 있으며, 마지막(종장)에 이르러서는 자신의 내면으로 시선을 돌려 "그 불길 아직 외로워 / 더 멀리 걸어야겠다"고 자신의 만행 길이 아직은 요원하다고도 토로한다. 한편 「송광사의 저녁」

에서는

    범종은 하늘가에 수묵을 풀어놓고

    법고는 구곡간장에 정적을 풀어놓아

    몸 안의 나를 파내었다

    찌꺼기를
    마구
             -「송광사의 저녁」 전문

라며, 범종梵鐘과 법고法鼓가 수묵과 정적靜寂으로 "몸 안의 나를 파내었다 // 찌꺼기를 / 마구"라고 수행자로서의 자신 내면을 들여다본다. 범종이 하늘가에 풀어놓은 수묵과 법고가 구곡간장에 풀어놓은 정적은 불교적 깨달음의 경지이며, 수행자가 궁극적으로 이르고자 하는 세계의 상징이지 않은가. 시인은 마침내 불상이 없고 법당만 있는 불전佛殿에 이르러 번뇌의 경계를 떠난 무위적정無爲寂靜의 경지를 기리며 노래한다.

    소나기 여름에는 수없이 떠나보내고

    함박눈 겨울에는 지우고 또 지웠다

    이제야 못 잊을 것이야 잊을 것도 없어라
                  -「적멸궁」 전문

  수없이 떠나보내고 지운 여름의 소나기와 겨울의 소나기가 상징하는 이 세상의 모든 고통과 번뇌에서 벗어나 "이제야 못 잊을 것이야 잊을 것도 없어라"라는 미묘한 뉘앙스의 말로 깨달음에 다다르고 있음을 시사한다. 이 깨달음의 경지는 나고 없어짐(생멸生滅)이 함께 무화無化되는 경지이며, 모든 번뇌에서 벗어난 영원한 진리를 깨닫는 경지이지 않은가. 그러니 잊을 것이 추호도 없어지는 건 당연해 보인다.

하지만 시인은 언제나 길 위에 있으므로 어떤 길이든 가야 한다. 더구나 "눈앞에 길 있으니 걷지 않을 수 없"(「차마고도」)듯이, 주어진 길을 가지 않을 수 없을 때도 있다. 차마고도는 사막과 협곡을 횡단해야 하는 험난한 길이라는 걸 잘 알고 있더라도 지향하는 바의 극복 대상이기 때문에 "두 발이 부르트도록 구름 영봉을 넘"어야 하기도 한다.

"가는 길 힘하다고 주저할 일 있을까 // 절경은 뛰어들면서 만드는 것이라오"(「폭포」)라는 대목도 같은 맥락으로 읽히며, 더욱 적극적인 지향을 시사하고 있는 것으로 보인다. 차마고도 횡단이 더 나은 삶을 위한 지향이라면, 「폭포」는 높은 데서 깊은 데로 뛰어내리면서 빚는 폭포의 절경과 같은 절정의 경지에의 지향이라 할 수 있다.

"끊임없는 파도가 너를 만들었다 / 내리꽂는 칼날보다 거센 비바람이 / 상처를 가슴에 안고 꼿꼿이 서게 했다"는 「절리」도 같은 궤에 놓고 보게 하는 시다. 갈라진 틈인 절리節理의 아름다운 절경은 오랜 세월 동안의 거친 파도와 비바람을 견디며 그 상처를 안았기 때문이라고 왜 시인이 절리를 향해 말하겠는가.

일련의 작품에서도 마찬가지 느낌을 적잖게 받게 되지만, 특히 「차마고도」, 「폭포」, 「절리」와 같은 작품들은 시인으로 살아가는 자기성찰로, 시를 향한 적극적인 결의의 상징으로서의 '마음의 그림'으로 보이게 한다.

한편 「해」에서는 "캄캄한 동굴에서 / 춤을" 추는 사람이 시인(너=자신)이며, 시도 "어둠 속의 춤"이라야 진품이 될 수 있다고 말하고 있는 게 아닐는지. 시인은 어둠 속에서 해를 잉태한다고 이 시에서도 말해 주는 것 같기 때문이다.

  이렇게 본다면, 시인에게는 현실적인 길이든 정신적인 길이든 '가는 법'은 별반 다르지 않다.「가는 법」은 오리들이 조용히 물살을 가르며 가는 것 같아도 물속에서는 두 발이 바삐 움직인다는 사실을 환기하면서 길을 가는 법을 일깨운다.

  그런데「가는 법」에서 시인은 왜 오리들이 "쉼 없는 조용함들이 우거진 수풀 사이로" 간다고 말하고 있는 걸까. 자신의 감정을 이입해 오리들이 조용함(고요, 침묵)들이 우거진 수풀 사이로 더욱 고양된 고요를 향해 간다고 보기 때문이 아닐까. 시인은 또한 '가는 길'이 우주의 질서와 자연의 순리順理를 안에서 이루어져야 한다는 사실도 함께 일깨운다.

    그 어떤 칼날로도 너를 열 수가 없어

    연한 소금물 속에 가만히 담가 놓았지

    세상의 이슬방울 속에 노래를 담가 놓았지
                    -「백합의 노래」전문

  이 시는 백합이 연한 소금물에 담가 놓아야 순결하게 아름다운 꽃이 피듯이 노래도 맑고 깨끗한 이슬방울 속에 담가 놓아야 그럴 수 있다는 사실을 암시한다. 식물인 백합이나 동물인 인간도 가장 적합하고 자연스러운 과정을 거치고 그 순리에 따라야만 최상의 상태(절정)에 다다를 수 있다는 메시지에 다름 아닌 듯하다.

  백합의 절정의 상태와 노래(시)의 그런 상태를 하나로 바라보면서 궁극적으로는 그런 노래를 하고 싶은 시인으로서의 소망을 시사하는 것으로 읽힌다.

ⅴ) 제5부에는 여성 특유의 정한情恨의 정서가 은은하게 이면이나 배면에 흐르고 있는 사랑과 그리움과 연민의 시편들이 여러 편 담겨 있다. 애잔한 정조로 담담하게 길어 올리는 일련의 시편에는 따스하고 섬세한 감성의 결과 무늬들이 담백하고 정결하게 번져 흐른다.

"어스레한 정지에 / 쌀알이 퍼질 즈음 // 달큼하고 그윽하게 / 어둠이 익을 즈음"(「고요한 단지」)과 같은 정서에 "비 개고 고인 물 위에 / 떨어지는 감꽃 두엇"(같은 시)과 같은 신선한 상상력과 이미지가 포개지는가 하면, 미세한 기미에도 절절한 정한의 정서를 불러 앉히며 연민을 끼얹는 경우도 있다.

새하얀 전지 한 장 가운데가 쭈그러졌다

잃어버린 사람을 보내지 못 하였나

종이를 잡아당기듯 나를 당겨 울고 있다
―「얼룩」 전문

새하얀 종이의 가운데가 쭈그러진 것을 보는 연민의 마음은 잃어버린 사람을 보내지 못해 그런지 아파하는 데만도 그치지 않고 "나를 당겨 울고 있다"고까지 비약하는 까닭도 짐작해 보게 한다. 이 같은 연민은 오동도에 피어 있는 동백꽃을 보면서는 더욱 짙은 빛깔을 띤다.

어제는 하늘 끝까지 갔다가 되돌아오고

오늘은 바다 끝까지 갔다가 되돌아와요

붉은 꽃 더 붉게 지면 당신을 잊을까요
―「오동도 동백꽃」 전문

동백꽃이 붉게 피는 데는 하늘과 바다 끝까지 가서 되돌아오는 인고忍苦의 시간과 그 과정이 따라야 했으며, 그 붉은 꽃이 더 붉게 지면 잊을 수 없을 것이라는 진술은 화자(시인)의 심경을 역설적으로 강조해 보이는 것으로 봐야 하지 않을까. 이 시에서의 붉은빛은 동백꽃의 빛깔이기도 하고 그 꽃에 투영한 시인의 '마음의 꽃' 빛깔이기도 한 것 같다.

시인의 휴머니티humanity가 사물이나 일상사와 마주치면서가 아니라 가족을 향할 때는 어떠할까. 아버지를 그리워하는 마음을 노래한 「잔치국수」는 국수를 만들면서 "하얀 면발 위에 / 멸치국물을 붓고 // 연둣빛 호박볶음 / 노란 지단 몇 가닥"을 가미하다가, 생전에 아버지가 즐겨 드셨기 때문인지, "아버지 어디 가셨나 / 먼 데 / 뻐꾸기 우네"라고 절절한 마음을 풀어놓는다. 새삼 "아버지 어디 가셨나"라고 하고, 먼 데서 뻐꾸기가 운다고 하는 표현은 담담하면서도 그지없이 절절한 울림을 자아낸다.

  짐 빼고 집 내놓고
  용돈 통장 해지하고

  내 번호만 찍혀 있는
  휴대전화 정지하고

  남기신 경로우대증 품고
  울고 나니 적막하다
     -「딸」 전문

시인이 어머니를 여의고 나서의 심경을 담은 이 시는 아버지를 향한 마음과는 또 다른 뉘앙스를 떠올린다. 아버지를 그리워하는 마음보다 절실할 텐데 담담하고 감정도 절제節制돼 있다. 어머니가 떠난 뒤 당연히 할 수밖에 없는 일들이지만, 남긴 짐들과 통장을 정리하고 살던 집을 내놓으며 휴대전화를 정지시키고 경로우대증도 쓸 일이 없어져 버린다. 그런데도 이같이 담담하게 어머니가 남긴 삶의 편린片鱗과 흔적들만 간추려 떠올리고 있다.

하지만 이 시의 담담해 보이는 묘사는 절제된 만큼 역으로 깊은 울림을 대동帶同하기도 한다. '내 번호만 찍혀 있는 휴대전화'와 마지막으로 품어 보는 '경로우대증'이라는 대목에 이르면 얼마나 의미심장하고 호소력 있는 메시지를 던지고 있는지 경이롭지 않을 수 없다. 딸과 유일하게 전화로 소통疏通했던 어머니의 외로운 삶과 딸과의 따뜻했던 관계를 애틋하게 환기하고 있을 뿐 아니라 "경로우대증 품고 / 울고 나니 적막하다"는 마지막 소회는 깊은 울림을 안겨 주기 때문이다.

「헛꽃」은 「딸」의 연장선상에서 어머니가 떠나고 난 뒤의 심경을 극대화해 보여 준다. 자신의 괴로움은 한갓 투정에 불과하고 절망도 한갓 거짓에 불과한 것을 어머니가 떠난 뒤에야 깨달았다는 메시지를 진솔하게 떠올리며 자신을 '헛꽃'에 비유해 어머니에게 호소했던 일들을 되새기며 겸허하게 자성하는 한편으로는 어머니의 괴로움과 절망에 대한 자책감自責感도 완곡하게 표현하는 것으로 읽힌다.

이같이 따스한 마음은 내리사랑에도 마찬가지로 이어진다. 「멀리 있는 딸에게」는 먼 나라에 있는 딸과 아기가 아무 탈 없기를 소원하며 아기가 타게 될 유모차를 "열 달을 고르고 골라 실한 것으로 보"내는 자상한 어머니로서의 모습을 그려 보이고 있다.

사랑은 시인이 한결같이 지향하고 추구하는 지상과제이며, 영원한 꿈의 대상인지 모른다. 하지만 「무섬마을」에서 암시하고 있듯이, 시인이 소망하는 사랑은 마을 바깥을 감싸는 물길이 휘감아 도는 육지 속의 섬 같은 물돌이 마을의 외나무다리 너머에나 온전하게 있는지도 모른다.

이 때문에 시인은 "세상의 모든 길이 마침내 이어지고 // 해와 달이 하늘 끝 어디서 만난다 해도 // 사랑은 외나무다리 건너 푸른 시절에 닿는다"고 노래하는 것일까. 사랑은 무섬마을의 외나무다리 너머 푸른 시절에 닿는다는 다소 모호한 의미를 거듭 반추해 보게 한다.

이 시선집의 표제작이 「먼 사랑」이라 그 상징에 다가가 보고 싶지만 언뜻 보기에는 역시 사랑의 비의祕義는 가까이 다가오지 않고 먼 곳에 머무른다. 더구나 사랑에 바치는 헌사와도 같은 "하늘 향해 자꾸 멀어져 가도 // 짙어지는 녹음이 당신 기쁨이라면 // 눈부신 어둠 속에서 나는 살아갈 테요"(「그늘의 언약」)라는 시의 구절들이 뇌리에서 맴돌기 때문일까.

> 산으로 가신다면 강으로 가렵니다
> 앞으로 가신다면 뒤돌아 가렵니다
> 지평선 끝과 끝에서 둥글게 만날 때까지
> ―「먼 사랑」

그럼에도 초장과 중장에서 역설적인 표현으로 치닫는 듯한 이 시는 되풀이해 읽게 하는 견인력을 발산한다. 종장에서 "지평선 끝과 끝에서 둥글게 만날 때까지"라고 하는 발언은 앞의 두 장을 뒤집어 놓는 것으로 보이게 하고, 초장과 중장 그대로도 강렬한 역설과 반전으로 보이게도 하기 때문인지 모른다. 어떤 시에서 시인이 "사랑은 이별로 완성되는 것"이라고 한 말이 떠오르기도 하지만, 먼 사랑을 둥글게 끌어안으려는 소망은 시인의 궁극적인 지향인 것만은 자명自明해 보인다.

(2023)

발랄한 상상력과 첨예한 감성
―김인숙 시집 『익숙한 것을 새롭게 보는 방식』

ⅰ) 김인숙의 시는 발상과 상상력이 활달하고 발랄하면서도 섬세하고 첨예한 감성과 정치精緻한 언어 감각으로 참신하고 세련된 서정을 펼쳐 보인다. 낯설게 하기와 감정이입, 환상과 비약을 통해 빚어지는 풍경들은 은유의 옷을 입으면서 다채롭게 변주되고 내면화되는 매력을 발산한다.

시인의 감각과 감성이 거시적으로 열릴 때도 미시적인 현상들까지 거시적으로 그려지고, 거시적인 현상들마저 미시적인 모습으로 환치換置되는 특유의 발상과 상상력은 각별하게 돋보인다. 간결하게 정제된 일련의 시편들도 시적 묘미가 투명하게 반짝일 뿐 아니라 세상 이치와 삶의 예지가 녹아든 잠언箴言들을 떠올려 또 다르게 눈길을 끈다.

'집'을 주제로 한 시들은 삶의 보금자리이며 안식처인 집에 대해 다각적으로 성찰하면서 모성 회귀와 귀소 본능에 착안해 정신적인 본향의 참뜻을 일깨우며, 집이 없거나 있어도 본향으로서의 집이 없는 사람이나 사물들에 연민을 끼얹은 휴머니티를 내비쳐 보인다.

자연현상을 바라보면서 자신의 내면으로 시선을 돌리고, 심상心象 풍경을 자연이나 사물에 투영하거나 투사하는가 하면, 사람과 사람 사이에서는 삶의 파토스에서 자유롭지 않으면서도 순응과 관용, 상생의 미덕을 보여주는 시편들도 간과할 수 없게 한다.

　ii) 집은 생명체의 보금자리이며 안식처다. 움직이며 옮겨다니는 생명체들은 어김없이 집을 짓고 깃들어 산다. 새 생명체가 이 세상의 빛을 보면서 맨 처음 만나는 세계 또한 집이다. 집에서 삶이 시작될 뿐 아니라 체험과 인간관계도 집에서 이루어지기 시작한다. 집은 몸과 영혼이 동화되게 해 내면성內面性을 감싸주는가 하면, 귀소본능과 정신적 회귀를 추동하는 공간이기도 하다.
　시인은 이 사실을 "옮겨다니는 자는 집을 짓는다 / 사람도 새도 집을 짓고 / 하루가 끝나면 거기로 돌아가 쉰다 / 너구리나 두더지처럼 동굴을 파서 잠자는 동물도 있다 / 물고기는 한적한 수초나 물때 낀 돌 틈에 / 하루를 쉴 거처를 정한다"(「풀잎의 집」)고 환기하면서 스스로의 몸을 집으로 내어 주면서도 정작 자신의 집은 짓지 못하고 살아야 하는 풀잎에 각별한 연민을 끼얹는다.

　　　풀벌레의 집은 있는데 풀잎의 집은 없다
　　　서서 일하고 서서 쉬는
　　　풀잎은 참, 서럽다
　　　바람에 시달리고 가뭄에 목마를 때
　　　피해 가거나 찾아갈 방도가 없고
　　　시든 노구를 누일 집이 없다
　　　하늘 아래 바람 부는 대로
　　　구름이 흐르는 대로

> 그저 선 채로 죽어갈 수밖에 없는 것이다
> ―「풀잎의 집」 부분

이 시에서 시인은 집 없이 살다가 죽어갈 수밖에 없는 풀잎에 인격人格을 부여해 "참, 서럽다"는 표현까지 한다. 이 같은 연민은 사람들을 향해 "가난에 붙들려 발 묶인 이들은 / 풀잎의 신세"라면서도 "서로가 서로에게 기대는 / 노숙보다 헐벗은 / 집 없는 집이 풀잎의 집"(같은 시)이라고 '집 없는 집'에서 살아야 하는 풀잎을 노숙자보다도 서러운 신세라고 본다. 역시 옮겨다닐 수 없는 식물인 나무에 대해서도 "나무는 선 자리에서 잠이 드는 노숙이어서 / 바람을 덮으며 등을 붙이면 눕는 자리마다 집"(「집에 간다」)이라고 거의 같은 맥락의 연민을 보낸다.

  시 「풀잎의 집」이 보금자리이며 안식처로서의 집을 들여다보는 경우라면, 「집에 간다」와 「어머니의 집」은 정신적인 본향으로서의 집에 대해 한결 깊이 성찰하고 있는 시다. 「집에 간다」는 새끼주머니(집)가 있는 캥거루가 집에 가는 행위를 정신적 본향과 모성 회귀의식에 녹이고 감싸 복합적으로 떠올리며, 「어머니의 집」은 정신적 본향과 진정한 안식처에 대한 연민에 무게를 싣는다.

> 붉은 캥거루가 집에 간다
> 사막의 끝에서 날이 저물면 집도 집에 간다
>
> 집이 있어 집에 가고 집에 든 채 집에 가고 집이 없어도 집에 간다
>
> 집에는 엄마가 있고 엄마 속에 집이 있고 없는 집에도 엄마는 있다
>
> <중략>

엄마는 아무리 멀어도 엄마여서
때가 되면 바람도 집에 가고 안개도 집에 간다

세상 모든 것이 집에서 나와 집에 간다 날이 저물면 껑충껑충 뛰어서 가는

붉은 캥거루의 집에는
붉은 캥거루의
붉은 엄마가 있다

-「집에 간다」부분

　캥거루의 새끼주머니에 착안해 집에 대해 다각적인 성찰을 하는 이 시에서는 캥거루가 날이 저물면 어떤 악조건(사막)에서도 집으로 가는 행위를 집(새끼주머니)을 거느리고 집에 가며, 집에 든 채(새끼캥거루) 집에 간다고 그린다. "집이 있어 집에 가고 집에 든 채 집에 가고 집이 없어도 집에 간다"는 대목에서 읽게 되듯이 "집이 없어도 집에 간다"는 구절이 보태져 있는 건 귀소 본능과 모성 회귀 의식의 극대화에 다름 아닙니다.
　"집에는 엄마가 있고 엄마 속에 집이 있고 없는 집에도 엄마는 있다"는 구절이 이를 받쳐 주며, "엄마는 아무리 멀어도 엄마여서 / 때가 되면 바람도 집에 가고 안개도 집에 간다"는 확산과 비약이 이 뉘앙스를 강화해 주기도 한다. 그래서 시인은 "세상 모든 것이 집에서 나와 집에 간다"고 부연하고 있으며, "붉은 캥거루의 집에는 / 붉은 캥거루의 / 붉은 엄마가 있다"고 '붉은'이라는 수식을 되풀이하며 강조하는 것 같다.

집을 지니고 있으면서도
항상 집이 없었다
돌아가 쉴

마음 편한 집

외할머니 댁 어느 골방
구석에 감춰 두었을 것이다

출가외인
빈 가슴엔 언제나
한으로 채워진 허공이 가득했다

마음 둘 곳 없는 집에는
언제나 사람들로 북적였다

가득 찼으나 비어 있는 집
어머니의
집

―「어머니의 집」전문

순탄한 구문의 이 시는 집이 있어도 "돌아가 쉴 / 마음 편한 집"이 없는 어머니의 삶에 대한 연민을 곡진하게 떠올린다. 출가외인인 어머니는 언제나 사람들이 북적이는 와중에 살면서 그 빈 가슴의 한限으로 채워진 허공 너머의 친정에서 어머니(외할머니)와 한 집에서 살던 골방이 정신적 본향이요 안식처였을 것이므로 시집살이를 해 온 어머니의 집은 언제나 '가득 찼으나 비어 있는 집'이며 항상 집이 없었던 것으로 묘사된다.

하지만 아버지의 집은 어머니의 집과는 사뭇 대조적이나. 어머니의 역할과 다르게 아버지의 역할은 가정을 지탱하는 바지랑대 같고, 외압을 막아주며, 언제나 중심을 잡아주기 때문일까. 시인은 감탄사까지 동원하며 "흔들려야 다잡는, / 그래서 하나가 되는 / 아, 아버지의 집"(「흔들림 소론小論」)이라고 그리고 있기 때문이다.

iii) 시인의 상상력과 감각이 거시적으로 열릴 때는 미시적인 현상들까지 거시적인 모습으로, 그 반대로 다시 거시적인 현상을 미시적으로 환치하는 분방奔放하고 비약적인 발상과 상상력이 첨예하다. 발랄한 언어 감각으로 낯익은 것들을 낯설게 해 신선한 시적 묘미를 돋운다던가 오래된 기억을 소환해 현실에 투영하는 감성 역시 두드러져 보인다.

살아 있는 생명은 지상에서 연주된다

바람의 손바닥이 타닥타닥 두드리는
파도는 속 깊은 바다의 타악기이다
이슬처럼 손 흔들며 떠나가는 윤슬의 맥놀이는
돌아오지 못할 산맥을 넘는 물의
다비식,
석존의 미소처럼 다가오는 햇살은
나뭇잎 건반을 두드리는 어깨가 새하얀
젊은 피아니스트의 부드러운 손가락이다
밤의 굵은 빗줄기를 가르는 자동차의 전조등은
휘모리 거문고를 뜨겁게 뜯는
홍조 띤 조선 여인의 눈부신 얼굴이다
눈 내린 벌판을 깨우는 바람의 손길은
겨울의 아카펠라,
축복과 사랑이 오르내리는 성당의 계단 옆
아름다운 하강의 묵음을 구불구불 뿌리는
천사의 나팔은 유독성을 가진 꽃관악기이다
찰찰찰, 아가의 오줌 소리처럼

경쾌한 시냇물이
늘어진 버들잎에 부딪는
탬버린, 탬버린
영원한 생명의 스타카토는 맑고 경건하다

사시사철 지상의 연주는 모두가 생생하게 살아있다
　　　　　　　　　－「지상의 연주 1」 전문

　움직이는 것들의 생동하는 모습을 기악 연주와 연주자에 빗대어 묘사하고 있는 시로 시인이 지닌 특장의 감각과 감성, 발상과 상상력, 의인화 기법 등의 진가를 보여준다. 더구나 이 생동하는 대자연의 연주는 양악과 국악이 어우러진 혼성교향악과 같을 뿐 아니라 연주와 연주자의 배역도 절묘하게 어우러져 있어 눈길을 끈다.
　바람의 손바닥이 두드리는 깊은 바다의 타악기, 윤슬의 맥놀이는 물의 다비식 모습, 석존(釋尊)의 미소 같은 햇살은 젊은 피아니스트의 부드러운 손가락, 빗길의 자동차 전조등은 휘몰이 거문고를 연주하는 조선 여인의 홍조 띤 얼굴, 눈 내린 벌판을 깨우는 바람의 손길은 겨울의 아카펠라, 성당의 계단 옆에 복음을 전하는 천사의 나팔은 '꽃관악기', 시냇물이 버들잎에 부딪는 탬버린에 비유되고 있으며, 그 영원한 생명의 사계(四季)에 걸친 각양각색의 스타카토는 맑고 경건하다고 예찬한다. 이 묘사는 시인의 '마음의 그림'이기도 하다는 점에서 더욱 아름다워 보인다.
　긴 산문시이므로 부분만 인용하지만, 「익숙한 것을 새롭게 보는 방식 1」은 대구의 전철 3호선 무인 전동차 외벽의 전국 취업률 1위의 지방대학 카피(광고)를 보며 신통하고 신기하게 여겼는데 두 달이 지나 보이잖자 대학은 사람을 잃었다고 마치 처음처럼 안타까워하고 실망하기도 한다. 그 뒤 그 외벽에 색색의 물고기들이 헤엄치는 장면들을 보면서는 다음과 같이 소회를 밝히고 있다.

돌고래와 식인 백상아리도 있다 남편이 보낸 카톡에 창유리의 반짝이
는 잔영이 묻어 있다 아들이 연상의 여자를 데리고 집으로 오고 있다 아들
의 여자는 바가지형이고 남편의 서류 가방엔 개펄의 나선형 진흙이 들어
있다 궁금하다 갑자기 바빠지는 시간 콩나물을 무치고 애호박을 썬다 배
달된 바닷가재의 심장에 숨가쁜 퀵 서비스의 숨결이 섞여 있다 그들에게
건네야 할 말이 선명하게 보인다 문득 나는 싱싱한 처음으로 돌아왔다 새
눈 뜨고 있다

-「익숙한 것을 새롭게 보는 방식 1」 부분

시인은 이같이 익숙한 것들에 감정을 이입해 새로운 시각으로 바라보고 있으며, 삶의 파토스들도 적잖이 포개 놓는다. 「익숙한 것을 새롭게 보는 방식 2」에서는 오래된 관계는 무덤덤해지고, 언제나 그 자리에 있는 사람을 모를 때가 있으며, "있는 게 없는 게 아닌데 / 생각하지 않는다고 잊는 게 아닌데 / 불안해질 때가 있다"며, 눈으로만 보니 그러므로 "저 깊은 아래 우물물을 퍼 올리듯 / 마음을 끌어올려 읽어 보자 / 새롭게"라고 일깨우는 데도 이른다.

시인은 「우비」에서 소에게 일을 시킬 때 신기는 짚신인 우비牛扉가 야기하는 상상력을 바다에서 인양된 선박에 대입시킨다. "바다를 쓰다듬으며 해류 속의 고기를 낚아올리던 배 궁핍과 고난과 헌신을 실었던 배 네 척의 배가 침몰한 바다에 커다란 바퀴의 트랙터가 소의 등허리 같은 밭이랑을 돋우고 있다"거나 "굽이 자라지 않는 발을 씻기며 / 지난 연안을 닦아"낸다고 낯설게 하기로 극도의 비약을 감행한다. 이 시의 마지막 부분에 이르러서는 일하는 소의 모습으로 되돌리는 비약으로도 이어진다.

멀리 가는 길
상하기 전의 성한 발에

>오늘은
>두 켤레의 짚신을 감발하듯 신깁니다
>　　　　　　　-「우비」 부분

　바다에 침몰한 네 척의 배를 인양해 멀리 이동하기 위한 준비작업으로 배 밑부분마다(두 켤레=네 개) 발에 발감개를 해주듯 짚신을 신긴다고 그리고 있다. 어린 시절 농경사회에서의 기억 속에 각인된 체험을 불러와 대입시키는 이 같은 비약적 상상력은 이 시인의 개성을 한결 돋보이게 한다.
　온라인상으로 두 사람이 손을 들어올려 손바닥을 마주치게 하려고 하면서는 "당신은 양각 나는 음각 두 개의 도장이 다가와 서로에게 서로를 찍으면 맞춤같이 찰진 소리가 났지"(「랜선 하이파이브」)라는 기억을 소환하면서 '당신과 나'가 나무로 환치해 "이 나무 저 나무 우듬지의 서로 다른 까치집으로 멀어져서 / 이제 우리는 손바닥을 부딪는 흉내만 낸다"(같은 시)든가 "어둠의 몸이 가장 두터워지는 동트기 전의 쟁반형 안테나는 은밀한 전파를 우주로 쏘고 가는 전파와 오는 전파가 부딪쳐 비밀의 문이 열리면 무한궤도는 모천으로 회귀"(같은 시)하거나 "원시 지구에 두고 온 찰진 체온의 기억이 허공에 홀로그램으로 뜬다"고도 묘사한다.

>사철 푸른 생명이 충일하던 소나무의 생애
>그 장엄한 종지부가 그루터기이다
>
>〈중략〉
>
>높고 꼿꼿하게 하늘을 찌르는 기상에서 빠져나와
>어둠 깊은 곳으로 내려가 숨 쉬고 있는 솔의 후생,

허공에서 뿌리 끝으로 달려가던 생명이
문득 멈추어 공처럼 부풀며 융합하는 것이 복령이다
신묘한 우주의 기운을 땅속에서 덩어리로 키우는
끝은 끝나도 끝나지 않은 거룩한 목숨이다
<중략>
살아있는 자는 누구든 마침내 끝이 된다
솔뿌리에 엉긴 뿌리, 구름처럼 내려서 피운 버섯
나를 찔러 주기를
나를 거두어 주기를
우리는 모두 빛 속으로 나가 빛이 되기를 소망한다
―「끝」 부분

앞의 시들과는 빛깔과 무늬가 사뭇 다르지만 이 시도 시인의 사생관 死生觀의 일단을 보여줘 눈여겨 읽게 한다. 이 시에서는 소나무가 생명력이 다하고 남은 그루터기(끝)가 '장엄한 종지부'지만 그 후생後生을 어둠 깊은 곳으로 내려가 숨쉬는 것으로 그리며, 허공에서 뿌리 끝으로 달려가는 소나무의 그루터기에 기생하는 복령茯苓과 융합함으로써 거룩하게 영생永生하는 모습으로 승화시키고 있다.

또한 후반부에서는 시선을 내부(내면)로 돌려 우리 모두의 목숨이 거두어지더라도 "빛 속으로 나가 빛이 되기를 소망한다"는 기구를 내비치는 건 이 시인의 삶에 대한 나름의 관점이라는 시사示唆로도 읽혀진다.

ⅳ) 간결하게 정제된 일련의 시편에서는 시인의 감성과 감각이 투명하게 반짝이며, 세상 이치와 삶의 예지를 다채롭게 담고 있는 구문들은 잠언들로 보이게도 한다. 내와 강이 만나는 곳에서 "치어는 민첩한 물살을 만들며 / 윤슬 같은 비늘을 반짝이는데 / 늙은 물고기들은 지친 몸을 이끌고 / 거기까지 와서 숨을 거두"(「새물내」)는 모습을 보면서

마치 빨래해서 갓 입은 옷에서 나는 냄새를 연상하는 감성은 투명하게 반짝이는 윤슬 같으면서도 세상 이치를 바라보는 예지를 엿보게 한다. 물맛(물내)을 형상화한 「물내」도 거의 같은 느낌을 안겨 준다.

> 나무는 뿌리로 냄새를 맡는다
> 뿌리를 뻗어
> 가지를 올리고 잎을 단다
> 푸른 피를 찾아 발가락을 꼼지락거리는
> 나무의 낮은 코가 찾아가는
> 생명의 아득한 근원,
> 잠들면서도 손 더듬는
> 젖내 같은 물내
>
> —「물내」 전문

나무와 사람의 성장 과정을 시인 특유의 시각으로 그린 이 시는 나무는 뿌리로 냄새를 맡으며 뿌리를 뻗어 푸른 피(생명력)을 길어 올리면서 자라난다고 그리며. 나무의 낮은 코가 생명의 근원을 찾아가듯이 화자(사람)도 '젖내 같은 물내'를 잠결에도 더듬어 찾는다고 생명의 근원인 물과 그 맛을 맛깔스럽게 떠올려 보인다.

시인의 이 같은 감성은 참빗으로 머리칼을 빗는 걸 "악세게 훑어 내려 / 한 방향으로만 가지런히 / 줄 세우며 / 고개 드는 것은 솎아내는 일"(「참빗질」)이며 "외눈박이 망령이 돌아와 / 좍좍 마당을 쓸고 있는 / 저, 혹독한 일사불란"(같은 시)으로 비약하는 상상력도 반짝인다. 여름철 옷감인 모시의 속성을 그린 「모시」는 소통, 결기, 꼿꼿한 자존심, 하늘로까지 접맥시켜 성찰한다.

> 소통이란 결기를 꼬장꼬장 세워야 통하는 길

> 훨훨 나르며 반만년을 지켜 온 할아버지의
> 젖지 않아 꼿꼿한 자존심
> 푸르다 못해 기어코 창백한 안색,
> 하늘이란 바로 그런 거지
> 　　　　　　－「모시」 부분

 '모시=선조들의 꼿꼿한 자존심=하늘'이라는 등식을 보여주는 이 시는 꼬장꼬장한 결기가 소통의 길을 열어준다는 사실을 모시옷의 속성과 연계시켜 환기하고 있다. 한편 이와는 다소 대조적으로 「새싹」은 봄과 바람이 맞서지 않고 맞이하는 상생의 미덕을 떠올리며 "움, 돋아나는 계절은 강하다"고 부드러움의 힘에 방점을 찍고 있다. 또한 나아가 세상의 침묵이 거느리는 따뜻함을 받들어 노래하기도 한다.

> 덩그렇게 올라앉은 본존불이 말없이 미소 짓는다
> 침묵으로 불타는
> 태양의 멀고 먼 거리는 불길이다
> 세상을 환하게 밝히며 웃고 있는
> 꽃들은 말하지 않지만
> 조용하게 주변을 덥힌다
> 아버지가 누워 있는 겨울 봉분에서는
> 김이 올라 눈이 녹고 있다
> 이 산 저 산이 마주앉아 제자리를 지키는
> 세상의
> 침묵이 따뜻하다
> 　　　　　　－「따뜻한 침묵」 전문

 본존불本尊佛의 미소, 불타는 태양, 환한 꽃, 아버지의 봉분封墳, 마주앉은 산들을 키워드로 침묵으로 제자리를 지키는 것들이 세상을 따뜻하게 해준다고 일깨운다. 어둠도 눈에 익고, 가난도 품에 들이며, 외로움도 익숙해지면 그 반대로 자리바꿈을 한다는 논리를 펴는「환한 어둠」도 참음과 견딤의 미덕을 제시하며 "길 따라 / 눈물 맺히는 아름다운 순간의 / 저, 환한 어둠"이라는 경지를 보여준다. 이 같은 시인의 예지는 다양한 빛깔과 무늬의 잠언들을 낳는다.

머물면서 흐르는 우리들의 섬
　　　　　　　　　　－「떠도는 섬」부분

생명은 위로 오르는 물의 춤
　　　　　　　　－「봄결」부분

스미듯이 젖듯이
조금씩 달아올라야 홍조가 된다
세상에서 가장 부드러운 손길은
없는 듯이 있는 너의 숨결이다
　　　　　　　　－「물감」부분

봄이 있는 한, 꽃은 져도
그리움으로 남는나
눈물도 피어나면 꽃이 된다
　　　　　　　－「꽃과 봄의 사이」부분

푸르다
넘어져도 일어선다
죽어도 살아 있다

물살에도 뿌리내려
우주를 버티는
가장 낮은 힘이다

　　　　－「풀」 전문

ⅴ) 시인은 자연과 더불어 살고, 사람과 사람 사이에서 살아가야 한다. 자연 현상을 바라보고 들여다보면서 자신을 돌아보기도 하고, 자신의 생각과 느낌들을 자연이나 사물들에 투영하거나 투사하기도 한다. 언제나 대상과 마주치면 민감하게 감각과 감성이 열리게 마련이며, 이와 연계된 느낌들과 사유에 날개가 돋아나기 때문일 것이다.

수양버들을 보면서 시인은 뿌리가 땅을 품어 떠받치며 허공을 지탱하고, 악마가 거꾸로 심었다는 바오바브나무가 물구나무서 있는 모습을 보면서는 더 이상 품을 땅이 없다는 걸 느끼며 "중심이 무너지면 세상이 무너지는데 / 나무의 중심은 허공이 아니지 / 파고드는 어미 품에 중심은 숨어 있지"(「나무의 중심은」)라는 생각에 닿는가 하면, 「등꽃」에서와 같이 오월 한낮의 등꽃을 바라보면서는 '허기진 보랏빛'에 현기증을 앓게 되고, 돌고 있는 팽이와 마주쳤을 때는 중심을 잡아 평형을 유지하며 살아있게 하는 기울기를 떠올리게 된다.

경사면의 저쪽은 미끄러지고
이쪽은 급전직하, 떨어지기 쉬운 형국의 허공

머리 위의 몽고반점이 원을 그리며 돈다
태양이 움직인 거리가 붉은 반나절이다

<중략>

기울기가 누우면 떠날 때가 된 것이다

미끄러지거나 떨어질, 생, 명, 하나
팽이 위에서 서쪽을 향해 누워 있다
한때 푸르던 크레용 부스러기 따라 눕는다

지구가 돈다
           -「팽이의 기울기」 부분

　기울기 때문에 팽이가 도는 원리를 들여다보면서 지구가 돈다는 사실에 나아가고 있는 시인은 「출렁거리는 절벽」에서와 같이 절벽에 올라서는 "이 높은 산에서 나는 아찔하고 / 저리 낮은 강에서 당신은 아득하다"고 '나'와 '당신'의 먼 거리감을 떠올리며 "세상의 절벽은 출렁거리며 우리를 추락시킨다"는 인식과 그 반대의 수직 방향으로 "새가 날면 / 하늘이 멀고 푸른 이치를 알 수 있다"는 깨달음에도 이른다.

흐른다

날아간다

쏟아진다

참 가지런하다
           -「물살, 화살, 햇살 1」 전문

나는 이제
여기서 저기로 내달아, 돌아오지 않는 바람의 일생을 '살'이라고 부른다
           -「물살, 화살, 햇살 2」 부분

세상이 끊임없이 돌아가는 것을 물살처럼 흐르고, 화살처럼 날아가며, 햇살처럼 쏟아진다고 하면서도 그 현상을 "참 가지런하다"고 질서 정연한 세상 이치로 받아들이는 한편 그 연장선상에서 돌아오지 않는 바람의 일생을 '살'이라고 명명한다. 이는 '바람=물살, 화살, 햇살'이라는 등식 때문임은 말할 나위가 없다.

　시인이 가지런하다고 보는 세상 이치와 그 순리는 "바람은 바람의 길이 있고 / 강물도 새도 그들의 길이 있"(「바람과 강과 새」)지만, "새는 죽어서 바람이 되고 싶었다 / 강물은 새가 되어 날고 싶었다"(같은 시)고 그 숙명의 길을 벗어나고 싶어하는 소망인 '자유'를 '허공'으로 규정하고 있다.

　하지만 사람과 사람 사이에서는 "나는 너의 생각을 모르고 / 너는 나의 마음을 모르"(「나무는 나무의 몸을 모르고」)는 관계에 놓이기도 하고, 소중한 것은 보이지 않아 "누워도 서도 / 오직 새로운 길만 있을 뿐"(「모서리에 기댄 사람들」)이라는 막막한 심중心中을 내비친다.

　더구나 "밝은 대낮 / 길을 가다 작은 웅덩이에 / 발이 빠"지고 "나는 맹인"(「물웅덩이」)이라는 절규에 빠지기도 하는데, "좌절하고 분노하는 / 여리고 약한 사람이 역사를 끌고 간다 / 힘겨워서 위대하다"(「클라우드」)고도 역설하는 건 '왜'일까. 인터넷에서 모든 가상화 서비스가 이뤄지듯 이 미궁迷宮 같은 세상의 힘겨운 현실에서도 그런 실현이 가능하다는 역설일까.

　시인에게는 양면적이지만 현실이 아픔에서 자유롭지는 않은 곳이면서도 한편으로는 길들여지고 익숙해져 편한 곳으로도 여기고 있다.

　　속이 아프다

　　그날

벗어 놓은 신발이
어디에 있을지

길을 걷다가
갑자기 신발이 헐거워져
맨발로 걸었다

내 몸에 깃털을 얹어도 버거울 만큼
순간을 견디기 힘들었다

선인장의 가시 또는
선인장 꽃으로 피어 있을

바람 센 날마다 들려오는 저 소리

빈 갈대 울음
　　　　　—「저기 어디쯤」 전문

    속(마음)이 아프기 때문이겠지만, '빈 갈대 울음'이 바람 센 날마다 "선인장의 가시 또는 / 선인장 꽃"이 떠오르듯 들려오고, 몸에 가벼운 깃털을 얹어두 버거울 만큼 견디기 힘든 순간이어서 맨발루 걸었지만, 헐거워져 벗어 버렸던 신발의 행방을 궁금해하는 게 이 시인이 처한 현실의 한 단면이기도 한 것으로 보인다.
    그러나 「익숙한 풍경」에서 묘사하고 있듯이, 외출에서 돌아와 현관 전자키 자판을 무의식중에 손가락이 찾게 되거나 강변 산책 때 다리를 건넜다 돌아오는 것도 팔자로 걷는 게 습관화돼 '매일 걷는 팔자=매일 사는 팔자'로 익숙해진 "사람의 팔자"로 여길 정도로 현실에 익숙해져

편하다고도 한다.

또한 「격자무늬 창」에서 그리듯 "따닥따닥 정돈된 / 하루의 창 // 지나온 / 사랑, 추억, 질투, 분노 / 사람, 사람, 사람 한 칸 // 저쪽과 이쪽의 사이 / 통하지 않고 들앉은 / 내 집 //. 견고한 / 나의 격자무늬 보관함"이라고 노래하는 것 역시 같은 맥락으로 읽힌다.

다시,

날개는 땅 위의 발소리가 아니어서
하늘을 날 수 있고
지느러미는 두려움의 단위가 아니어서
바다를 건널 수 있고

보리누름에
혼자 냉골에 누웠다
아팠다
날개도 지느러미도 없어
많이 아팠다

마음엔 마음이 약이다

겨우내 잿빛이던 산벚나무도
여린 눈, 뜬다

봄

-「다시 봄」 전문

시인은 봄을 맞으면서는 겨우내 잿빛이던 산벚나무도 새잎을 내미는 걸 목도하면서 아팠던 마음에 마음의 약인 마음을 들이면서 날개도 지느러미도 없이 하늘을 날고 바다를 건너는 환상에 젖는다. 이같이 아릿한 환상은 마음의 빈 들판에 흩날리며 내리는 봄눈을 지난겨울의 '눈과 얼음꽃'(당신)이 "저만치 가면서 돌아보는 / 분분한 당신 눈길"(「봄눈」)로 보게도 하는 것 같다. 그뿐 아니라 봄에는 예상치 못한 푸른 반짝임과도 조우한다.

예상치 못한 문이 열리고
그 문으로 들어왔다

숨 가쁜 고갯마루의 청미래덩굴은
푸르게 반짝였다

<중략>

바람의 아들인 구름은
자유의 모습을 하고 있었다

이유 없이 거부하고 싶은
한 끼의 식사
　　　　　−「문이 열리다」 부분

　이 봄의 정황은 멀리 보이는 청미래덩굴이 푸르게 반짝이고 구름이 자유의 모습이어서 한 끼의 식사를 이유 없이 거부하고 싶게도 한다. 이 마음자리에는 "창문을 연다 / 비가 좀 뿌리면 어때 / 닦으면 되는 것을 / 커튼이 젖거나 / 거실의 카펫이 젖으면 어떤가 / 때가 되면 다 마르는 것을"(「지금은 창문을 열어야 할 시간」)이라는 관용(마음의 여유) 때문이며, 같은 시에서 묘사되는 바와 같이, 작은 싹들의 함성이 창을 두드리고, 봄비의 순한 몸짓들이 간절한 글씨를 지상의 바탕체로 쓰고 있기 때문이기도 할 것이다. (2023)

정제된 서정, 은유의 시학
—박희숙 시집 『새벽 두 시의 편의점』

ⅰ) 박희숙의 시는 섬세하고 정제된 서정抒情에 분방하고 발랄한 언어의 옷을 입히고 날개를 달아 낯설지만 빠져들게 하는 세계로 이끄는 매력을 발산한다. 이 낯설게 하기의 안팎에는 은유隱喩 기법이 은밀하게 개입되고 있으며, 언어가 언어를 부르는 연상聯想의 묘미가 다채로운 양상으로 변주變奏된다.

신선하거나 기발한 발상과 상상력이 받들고 있는 그의 시는 이미지의 비약이나 전이轉移 때문에 때로는 문맥이 까다로워지고 난해해지기도 한다. 그러나 이 첨예한 감성과 언어 감각의 결과 무늬들이 시적 개성을 그 뉘앙스 만큼 강화해 준다.

시인은 어떤 사물에든 빈번하게 인격人格을 부여한다. 조우하는 사물들을 사람처럼 가까이 끌어당겨 교감하면서 거의 어김없이 화자의 감정을 이입移入한다. 이 때문에 그의 시는 대상의 재현이 아니라 내면에서 일어나는 감정들을 투영하거나 투사해 자아화自我化된 세계를 떠올리게 마련이다.

인간을 향해 열리는 마음을 담은 시에는 한결 곡진曲盡하고 절절한 사랑과 연민憐憫이 스미고 번진다. 또한 토속적인 서정과 과거지향적인 그리움을 노래하는 시편들에는 회귀의 정서가 두드러진다.

ⅱ) 시인은 어떤 사물에든 인격을 부여해 사람같이 가까이 끌어당기며 은밀하게 교감한다. 시인이 마주치는 사물에는 빈번히 화자의 감정이 이입된다. 벚나무를 향해서도, 장미를 향해서도 시인은 그 대상을 나무나 꽃으로만 바라보지는 않는다. 서정적 자아가 개입되면서 내면을 투영하거나 투사해 다분히 자아화(주관화)된 세계(대상)를 떠올린다.

시인의 겨우살이를 했던 심정이 벚나무에 투사돼 "세한의 고비마다 / 눈 뜨고 못 볼 일 저 혼자 받아내느라 / 할 말을 잃은"(「풍등」) 것으로 들여다보며, 벚꽃이 활짝 피는 모습도 "봄바람에 봇물처럼 말문 터졌다"(같은 시)고 주관적인 시각으로 묘사한다. 더구나 벚꽃의 개화開花를 말문을 터트리는 것만으로도 보지 않는다.

    천만 겹 날개 돋은 연분홍 은어들
    풍등, 풍등 날아오르는
    사월

    벚꽃 그늘에 앉으면 무거운 생각들도
    날아오르겠다
                   -「풍등」 부분

인용한 대목에서 읽게 되듯, 벚꽃의 개화는 연분홍 은어隱語들에 천만 겹 날개가 돋고, 벚꽃이 지는 모습마저 소원을 담아 하늘에 띄우는 풍등에 비유된다. 사월(봄)은 이같이 할 말을 잃은 채 세한歲寒의 온갖 고비를 이겨내고, 때가 되어 하지 못했던 말들을 터트릴 뿐 아니라 그 말들이 하늘로 날아오르는 상승上昇 이미지를 부여한다.

　이 시에서 더욱 주목되는 부분은 "벚꽃 그늘에 앉으면 무거운 생각들도 / 날아오르겠다"는 구절과 흩날리는 벚꽃잎의 모습을 "풍등, 풍등 날아오르는" 동작으로 그리는 대목이다. 벚꽃 그늘에만 앉아도 무거운 생각들에 날개가 돋아 날아오르고, 그 동작들이 풍등風燈처럼 "풍등, 풍등" 큰 동작으로 상승한다고 묘사하고 있다.

　언어가 촉발하는 연상聯想의 묘미는 시인 특유의 감각이 발산될 경우 "풍등, 풍등"보다도 섬세하고 첨예하게 반짝인다. 봄에 새잎이 돋아나는 모습을 "연두야, 너는 / 새로 돋은 젖니를 반짝이며 / 봄 산 어루만지고 있니"(「다시, 봄」)라든가 "널 보고 있으면 내 귀엔 / 대추나무 햇잎이 곰실곰실 돋아나 // 노랑턱멧새가 반으로 접은 / 휘파람을 퐁퐁 던지고 있어 / 분홍분홍한 시폰 원피스 날갯짓 같아"(같은 시)와 같은 참신한 발상發想과 연상적 상상력이 첨예한 감각의 옷을 입는다.

　새잎이 돋는 나무를 여성(모성母性)으로 의인화擬人化해 바라보는 이 시에서는 연둣빛 햇잎을 갓난아기처럼 젖니를 반짝이며 어미인 봄 산을 어루만진다고 그린다. 그 광경을 바라보는 자신의 귀에는 대나무 햇잎이 돋아나고, 희귀稀貴한 멧새가 반으로 접은 휘파람을 던진다고도 한다. 게다가 그 동작과 소리와 빛깔을 '곰실곰실', '퐁퐁', '분홍분홍'이라고 수식해 감각적 묘사의 묘미가 한결 증폭된다. 연둣빛 햇잎을 "분홍분홍한 시폰 원피스 날갯짓 같아"라는 구절과 이 시의 마지막 구절인 "산등성이마다 찌르르 젖이 돌고 있어"라는 묘사는 특히 그렇다.

　그런가 하면, "담장이 웃고 있었어"로 시작되는 「장미아파트」에서는 담장을 덩굴장미의 아파트로 여기기도 하지만, 담장이 가슴을 가지고 있으며, 감정을 떠올리는 그 웃음이 '애인의 꽃'에 비유되고, 화자가 장미처럼 웃는 것으로도 묘사된다. 사물과의 이 같은 교감은 역시 사람 사이의 감정 교환으로 전이되는 경우라 할 수 있다.

담장이 웃고 있었어
애인의 꽃처럼 한꺼번에 웃고 있었어

\<중략\>

가다가 돌아보는 담장
장미에서 나는 가마득히 멀어지고 있었어

아무도 없는데, 나는 장미처럼 웃고 있어
실눈 웃음에 기우뚱 넘어와 주던 그댈
불러내고 싶거든
지금

—「장미아파트」 부분

  이 시에서 가슴(감정)을 가진 담장은 감정(웃음)을 장미로 드러내 보이며, 담장에 줄지어 일제히 핀 덩굴장미는 '애인의 꽃'처럼 한꺼번에 웃는 것으로 그려진다. 하지만 화자는 아무도 없고 그 웃음에서 멀어지는 길을 간다. 그 길을 가면서 되돌아보며 '실눈 웃음'으로 장미처럼 웃는다. 이 같은 교감은 지난날의 되돌리고 싶은 기억과도 연계連繫돼 있다. 실눈 웃음에 화답해 주던 그대(애인)를 다시 만나고 싶은 감정(연정戀情)과 얽힌다. 담장 너머로 기우뚱 넘어오는 '장미'는 불러내면 아파트에서 바로 나와 주던 '그대'와 '그 웃음'(화답)으로도 읽힌다.
  시인은 거의 모든 사물을 사람의 반열로 끌어당겨 바라보고 들여다보는 이면裏面에는 따뜻한 마음이 자리매김해 있다. "늦장마 빗속을 헤치고 / 굴뚝새 한 마리 집 안으로 날아들어 / 거실이 순간 탱탱해졌다"(「굴뚝새를 부탁하다」)는 구절에서 읽게 되듯, 새 한 마리가 비를 피해 거실로 날아드니 순간 거실이 탱탱해졌다는 생각이 예사롭게 여겨지지 않는다.

더구나 그 새는 무리를 이탈離脫한 어린 새이며, 비를 피해 숨을 곳(굴뚝)을 찾다가 "숨을 만한 굴뚝은 보이지 않고 / 사방이 벽, / 천지가 낭떠러지"(같은 시) 같은 거실로 날아들게 되지 않았는가. 이 정황은 굴뚝새로서는 어려움을 피하려다 더 나쁜 상황에 갇힐 수밖에 없는 벽과 낭떠러지를 만나게 된 게 아닌가. 시인은 바로 그 점에 연민을 끼었으며, 자신이 베풀 수 있는 일은 "창문을 / 열어 두는 일"이고, "비를 맞으며 서 있는 모과나무에게 / 어린 굴뚝새를 부탁하는 일"(같은 시)라고 따뜻한 마음을 열어 보인다. 이 같은 마음은 식탁 위에 놓인 '사과'를 향해서도 같은 빛깔로 투사된다.

> 사과는 사과를 좋아해
> 한밤중 사과는 오도카니 깨어 있어
> 사과는 사과를 불러 날밤을 새우지
> 목마른 사과는 자주 나를 지나쳐 버리기도 해
>
> 오늘의 사과는 둥근 식탁 위에 있어
> 껍질을 벗길 때, 사과는
> 칼을 보고 기겁하다가 기절할 뻔했지
>
> 치명적으로 아름다운 심장이 쪼개질 뻔했지
> ―「사과」 부분

이 시에서 시인은 사과와 사과의 관계, 사과와 화자(사람)와의 관계를 들여다보면서 그 관계를 사람의 문제로 환치換置한다. 사과를 향해 사과(잘못을 빎)하는 마음을 담고 있다고나 할까. 사과는 좋아하는 대상(사과)을 목말라 하며 날밤을 새우지만 화자가 먹기 위해 껍질을 벗기는 칼을 보고 기겁하다가 기절할 뻔했다고 보는 마음자리 또한 이 시인답다.

식탁 위의 사과가 자주 화자를 지나치려 했다든지, "치명적으로 아름다운 심장이 쪼개질 뻔했지"라는 대목에는 서정적 자아의 순수한 감정이 오롯이 이입돼 있다. 뒤집어서 보면, 화자는 사과를 자주 먹고 싶어 하고 그 속살을 좋아한다. 사과와 화자의 관계는 그렇다. 그러나 여기서는 그 "치명적으로 아름다운 심장"이 쪼개지지 않는 유보留保 상태가 유지되고 있다는 점에 주목해야 한다.

iii) 시인의 인간을 향한 마음은 더 곡진曲盡하고 절절하다. 어떤 빛깔을 띠든 다른 사물들과의 관계보다 사랑과 연민을. 때로는 애증愛憎을 한결 짙게 풍긴다. 「당신, 미쳤어요?」에서처럼 일에만 골몰하며 무심하기만 한 사람에게 카톡 문자를 보내도 대답이 없자 앙탈한다. "밥때도 모르고 일에 파묻혀 있는가? / 너무 미쳐 탈 / 때때로 기대에 못 미쳐"서다. 하지만 "외출 중 우리, 미치다와 마치다 사이 / 어디쯤 걸어가고 있는 걸까?"라고 '함께, 그러나 따로' 치열하게 살고 있는 삶을 반어법反語法으로 떠올리며, 그 '당신'과 이별의 아픔을 짙게 절규하듯 토로한다.

> 샐비어가 왜 붉었는지 모르겠지만,
> 하얘진 시간이 커튼처럼 너울거려요
> 그럴 줄 알았으면 끄트머리에
> 진주 방울이라도 몇 개 달아 둘 걸 그랬어요
> 당신 목소리 꺼 두었는데
> 깨꽃에서 뎅그덩뎅그덩 종소리가 나요
> 하릴없이 나는, 붉고 흰 종소리를
> 뗐다 붙였다 해요
> 깨꽃의 반은 붉고 반은 이울어

발 없는 내가 물색없이 절룩거리면
　　　당신 무릎도 흔들리는 종지같이 될까 봐
　　　있는 힘 다해 이별을 끌어안아요
　　　깨를 털듯 당신을 툭툭 털어 버리기 위해
　　　어제도 그제도
　　　당신 길이만큼 샐비어 꽃밭 늘였다는 걸
　　　아실지 모르겠지만요
　　　　　　　　－「샐비어 붉은 저녁」부분

　깨꽃과 샐비어를 매개媒介로 붉은색과 흰색의 대비를 통해 마음의 음영을 떠올리는 이 시는 샐비어의 붉은빛과 하얀 시간을 교차시키면서 내면 풍경을 곡진하게 떠올린다. 샐비어가 왜 붉었는지 모르겠다지만, 하얘진 시간 때문에 더욱 그렇다고 느끼게 되고, 진주 방울을 달지 않았으며 '당신' 목소리를 꺼 두었는데도 깨꽃에서 붉거나 흰 종소리(방울 소리가 아닌)를 듣게 되는 환청幻聽과 환상을 하게 되는 것은 '왜'일까.
　이 같은 역설逆說은 "있는 힘 다해 이별을 끌어안아요"와 "깨를 털듯 당신을 툭툭 털어 버리기 위해"라는 구절에 이르러 절정絶頂을 이룬다. 하지만 "당신 길이만큼 샐비어 꽃밭 늘였다"는 대목에서 드러나는 바와 같이 절절한 그리움을 다스리고 있다.
　우리의 정서는 그 뿌리가 한恨, 더 구체적으로는 정한情恨이라고 할 수 있다. 가부장제家父長制의 여성들에게는 말할 나위 없겠지만, 농경사회의 대가족 속에서 성장한 시인에게도 이 같은 정서가 깊숙이 자리잡고 있다. 특히 어머니를 비롯한 가족에 대한 정은 애틋한 사랑과 연민을 동반한다.

　　　눈 감고도 썰지 싶어서
　　　무언가 자꾸 썰고 싶어서

밤중에 일어나
홑이불만큼 얇아진 도마를
이리 엎었다 저리 뒤집는다

일생 썰어 놓은 것들은
어디서 잠들었나?

<중략>

뱃속 다 들어내고
마침내 활이 된 등도마를
힘겹게 돌아 누이는 중이다

어머니,
　　　　　-「도마」부분

　어머니가 그랬듯이, 도마질을 해 온 화자는 어머니와 도마를 같은 선상에 올려놓고 바라본다. 여기서 하도 오래 온갖 것을 올려놓고 썰어서 얇아진 도마를 평생 희생을 감내한 노구老軀의 어머니로 바라보면서 연민을 끼얹는다. 한가운데가 움푹 파인 도마와 같이 활처럼 등이 휘어진 어머니를 힘겹게 돌아 누이는 심경이 오롯이 담겨 있다.
　어머니는 또한 '가랑잎'이나 '시래기'에 비유되기도 한다. 「숨」이라는 시에서는 "가랑잎 같은 어머니 // <중략> // 목구멍 언저리에 뛰노는 / 어머니, / 뱉으려다 말고 나는 // 끊어질 듯 이어지는 / 아흔 너머 / 거룩한 숨을 / 물끄러미 들여다보네"라고 쓰고 있으며, 「시래기와 손잡다」에서는 어머니의 노후 여생餘生이 한 두름에 엮인 채 말라가는 시래기에 견주어 바라보면서 자신은 그렇게 살지 않겠다고 다짐을 하지만 나이가 들면서 시래기(어머니)를 닮아가는 비애를 비켜서지 못한다.

    밑동 베어내고 남은 생이
    한 두름에 엮인 채
    뒷담벼락 시시한 시래기로
    말라가고 있었다

    -엄마처럼 안 살아

    서슬 퍼   던 나
    시간에 붙잡혀 뱅뱅이를 돌다가
    시래기를 닮아간다
            -「시래기와 손잡다」 부분

  나아가 이 시의 후반부에서는 시를 쓰면서 느끼는 비감悲感을 "지어도 밥 안 되는 시를 안치고 / 시시콜콜 매만지며 뜸을 들이다가 // 돌아보면, / 어머니 혼자 시가 되어 있다"고 비관적인 자성自省에 다다른다. 사람의 삶이 결국은 '시시한 시래기'로 말라가듯이 생활에 직접적으로 도움이 되지 않는 시에 대해서도 매만지며 뜸을 들여봤자 다를 바 없다는 비감을 묻히고 있다. 그러나 이 대목에서는 시와 삶을 하나로 아우러 바라보면서 상승하고 싶은 열망을 은밀하게나마 내비친다고도 볼 수 있다.
  살구나무를 심고 그 나무에 열리는 살구를 먹고 죽을 수 있을지 우려하던 할머니의 마당귀에 살구가 노랗게 익는 모습을 희화적戲畵的으로 그린「살구나무 아래」, 배달된 늙은 오이를 보면서 "어린 새끼 끈 붙이겠다고 기어이 / 혼자 늙은 큰언니 외꽃 같은 얼굴"을 연상하며 '오래된 적막'과 '냉가슴'에 연민을 보내는「노각」도 같은 궤에 놓이는 시이며, 빛깔이 다소 다른「간이역」도 쓸쓸하기 그지없는 적막감의 변주다.

추풍 머무는 봉정역 대합실엔
영천장 보러 가는 아지매도
불콰하게 취한 관정리 아재도 보이지 않고
늙은 나무의자에 햇살만 뒹굴고 있었다

<중략>

폐역사의 적막은
가져가는 이 없어 벽시계 앞에 걸터앉았다
　　　　　　　－「간이역」부분

　세월의 흐름과 다시 만날 수 없는 사람을 그리워하는 마음을 담은 이 시는 낡은 나무의자 위에 뒹구는 햇살과 가져가는 사람이 없어 벽시계에 걸터앉은 적막을 포착하는 시인의 상상력과 감각이 돋보인다.
　이 같은 언어 감각은 양부모의 학대虐待로 숨진 아기 정인이를 애달파하는 「정인이 생각」에서는 슬픔의 극대화를 동반하면서 또 다르게 반짝인다. 일인칭 화법으로 "나는 알이에요 / 철없는 엄마가 슬어 놓은 말랑한 알이에요 / 뒤돌아보며 멈칫거리며 숲으로 숨어 버린 / 엄마의 부끄러운 알이에요"로 시작되며, "던지지 마세요, 두드리지 마세요 / 이제 막 눈부터 웃기 시작한 / 깨지기 쉬운 알이랍니다"로 이어지며 절절한 울림을 빚는가 하면, "난 이제 안데르센 마을로 가요 / 백조가 될 거예요"라고 맺고 있어 긴 여운餘韻을 안겨 준다.

　iv) 향토적인 서정과 과거지향적인 그리움의 정서(향수鄕愁)는 이 시인의 시에 관류貫流하는 주요 특징 중의 하나다. 「찔레꽃 편지」에서 시인은 산길에서 찔레꽃 편지를 받으며, 그 봉투 속에 초가지붕과 나비처럼 시간을 거스르며 날고 있는 박꽃이 듬성듬성 피어나 있고, 찔레순 먹은 계집아이 둘이 멋모르고 찔레꽃 웃음을 따라 웃는다. 눈길 닿는 산모롱이마다 찔레 향이 따라오기도 한다. 아릿한 옛 추억의 반추反芻로 지난 날에 대한 그리움을 아름답게 승화시킨 경우에 다름 아니다.「어린 우체국」에서는 아버지 어머니에 대한 기억들을 아름답게 불러온다.

    어릴 적 아버지의 편지 대부분은 내가 그의 눈에서 애지랑을 떨던 이야기였고 조금 자라선 어린 신부에게 보내는 연애편지 같은 것이었다 눈을 찡긋하며 엄지손가락을 치켜세울 때 가끔 산딸기 같은 선물도 따라왔는데 뻐꾸기 울음 하나에 산딸기 하날 섞어 먹는 아버지 사랑 맛이 새콤달콤했다
    찔레 넝쿨이 대문 반쪽을 덮으며 피고 지는 동안 남은 이야기는 삐뚤빼뚤 어머니의 손으로 완성되어 도시 귀퉁이에 흩어져 일가를 이루었고 우체국은 문을 닫았다 비 오시는 날이면 어린 우체국을 거쳐 온 편지에서 개복숭아꽃이 피기도 했다
                                       -「어린 우체국」부분

    어린 시절과 성장기의 기억들을 향토적인 서정의 옷으로 치장해 보여 주는 시다. 뻐꾸기 울음 하나에 산딸기 하나를 섞어 먹는 아버지의 사랑이라든가, 찔레 넝쿨이 대문 반쪽을 덮으며 피고 지는 분위기, 어머니의 편지에서 개복숭아꽃이 피는 정서는 시인 특유의 감성이 빚어 보이는 추억의 아름다운 미화美化가 아닐 수 없다.
    고향마을은 또한 "열두 살 계집아이 / 고들빼기꽃 징검다리 삼아 스물에 닿는 동안 / 낮은 물 울타리 그 집 뻔질나게 드나들"(「새몬안 이야기」)거나 "꽃배를 타고 물 위를 둥둥 떠다니다가 / 방울새가 어깰 스쳐도 좋을 / 물속 낮은 방 하날 가지는 게 좋았다"(같은 시)는 기억을 못 잊게 할 뿐 아니라 "초저녁별이 / 아이들처럼 평상에 뒹굴고 / 별똥별 꼬리에 매달려 꿈속을 날아다니던 / 그날의 슬하"(「바람의 기억」)라는 환상으로 타임머신을 타게 하기도 한다. 어디 그 뿐이기만 할까.

꼬맹이들 묏등에 올라
통통한 궁둥이 붙이고 조르르 미끄럼을 타는데
참았던 웃음이 옆구리로 터져 나올 뻔했지

꽃비 맞으며
아이들은 복사꽃 웃음 흩날리고, 나는
멧노랑나비 두어 마리 선물로 보냈어
―「나비의 비문」 부분

  토속적土俗的인 정취가 물씬한 이 환상의 공간은 현대인들에게는 잃어버린 낙원樂園에도 비유될 수 있겠지만, 시인의 기억 속에 생생하게 살아 있는 자연과의 친화적 현실이지 않은가. 이같이 소중한 기억들은 시인에게 "산당화 울타리 넘어오던 햇살과 집으로 걸어가던 살피꽃밭 맨드라미와 조무래기들 뜀박질에 출렁거리던 바깥마당과 빨랫줄, 두레상에 어우러지는 높은 산과 정결한 골짜기의 취나물이며 산마늘과 어수리꽃이 재잘거리던 두레상과 손등을 간질이던 씀바귀 쌉싸래한 맛까지"(「소중한 것들」) 그리움 속에 불러 놓는다. 추억 속의 고향과 달리 오랜 세월이 흐른 뒤에 찾아간 고향은 아쉬움과 안타까움을 안겨 주는 대상으로 비치고 있다.

산 아래 집들이 숨바꼭질하는 마을
모퉁이 돌면
아이들이 거미처럼 숨어 있는 곳

언덕배기 살구나무 집
모퉁이가 무너졌다

<중략>

벌판에 서 있는 바람의 아들
바람처럼 떠돌다
바위에 박혀 가라앉고 싶었다

사거리 잰걸음 돌아가는 모퉁이에
아버지의 바람이 분다
　　　　　　　–「모퉁이」 부분

　산촌山村의 고즈넉한 풍경이 예와 다르게 언덕배기 살구나무가 있는 집의 모퉁이가 무너지고, 바위에 박혀 가라앉고 싶게 하며, 잰걸음으로 돌아가는 사거리 모퉁이에 세상을 떠난 아버지의 바람이 불 따름이다. 더구나 추억마저 반드시 아름다움으로 자리잡고 있지만도 않다. 「폭설」에서처럼 "옛집은 쓸쓸하지 않으려고 아그배나무 가까이 다가서고 새들은 잔가지가 휘도록 노래를 불러" 주는 때도 있었고 "그해 여름의 반은 / 개쉬땅나무에 마음을 붙이고 살았다"(「개쉬땅」)고 회상回想할 경우도 없지 않기 때문이다.

그녀는 장미의 족속
수수깡 같은 아저씨와
바람 빠진 일바지 같은 아주머니
여럿을 거느리고 있었는데

칠월이 다 가도록
개쉬땅꽃은 눈부셨고
마음을 붙여 둔 담벼락에는
수수알 같은 수심이 무수히 지고 있었다
　　　　　　　–「개쉬땅」 부분

나무 이름에 '참'이 아니라 '개'자가 붙어 있는 개쉬땅나무는 장미과에 속한다. 그러나 수수깡과 같이 비쩍 마른 아저씨와 바람 빠진 일바지 같은 아주머니를 연상케 하는가 하면, 수수알 같은 수심愁心이 무수히 지는 나무이기도 하기 때문이다. 하지만 다른 한편으로는 옛날을 그리워하는 미음이 아주 관능적官能的인 생각을 불러다 주기도 한다.

> 비탈밭 물복숭아는
> 절묘한 빛의 각도를 익혀
> 담홍색 관능의 테두리를 얻었겠지
>
> <중략>
>
> 마돈나가 숨어 있을지 모르는
> 수밀도, 벌들이 윙윙대는 외진 섬에서
> 입을 앙다문 채 너는
> 잠시 세상을 버리기로 한 거 맞지?
> ─「수밀도」 부분

과즙이 풍부하고 과육이 달콤한 수밀도水蜜桃는 비탈밭에서 절묘한 빛의 각도를 익혀 담홍색 관능의 모습을 갖추게 됐으며, 성적인 매력을 발산하면서 세계적인 인기를 구가하는 가수이자 배우인 마돈나가 숨어 있을지도 모른다고까지 상상한다. 그래서 "아찔한 네 사랑의 비밀"을 벌들이 윙윙대는 외진 섬에서 완강하게 안으로 간직하며 "잠시 세상을 버리기로 한 거 맞지?"라고 반문反問해 보는 것도 같다.

v) 은유隱喩를 축으로 언어가 언어를 부르는 묘미를 다채롭게 구사하고 변주하는 재치와 미묘한 언어 감각은 이 시인의 가장 두드러진 개성

이다. 이미지의 비약이나 전이 때문에 문맥이 까다로워지고 난해성難解性이 따르기도 하지만, 이 점이 오히려 시적 개성을 강화해 주는 덕목이라는 생각도 해보게 한다.

제목부터 예사롭지 않은 시 「주머니 속 그림자는 어디로 갔을까?」에서는 "여행 가방 속에는 자잘한 주머니들이 아주 많아 / 기억을 잘 붙잡아 두지 않으면 / 아주머니들이 자꾸 집을 나가 버리지"라고 운을 뗀다. '주머니'와 '아주머니'는 아주 이질적異質的인데도 이 두 어휘를 연결시키면서 미묘한 의미망을 빚는다. 여행 가방 속의 많은 주머니에 든 물건들이 잘 알지 못하면 물건을 찾기 어렵다는 걸 아주머니들이 자주 집을 나가 버린다고 비약적으로 표현하고 있기 때문이다.

이어서 여행지를 뒤돌아보는데 집들이 숨바꼭질을 하는 바람에 낯선 골목길이 번번이 엇갈린다고도 한다. 여행지의 낯선 골목에서는 집을 찾기 어렵다는 말을 뒤집어 표현하는 경우겠지만, 마지막 연에서도 "여행지에서 아직 / 데려오지 못한 나를 찾느라 / 안주머니와 바깥 주머니 사이를 헤매고 있"다고 마무리해 거듭 들여다보게 만든다. 이 같은 언어 운용과 낯설게 하기는 상투성을 훌쩍 뛰어넘은 시적 묘미를 증폭시켜 주기도 한다.

  은행 두 채를 털었으니 저녁이나 같이 먹자고 동명교회 목사님이 메시지를 보내왔다 근데 나는 은행을 탈탈 털어 아예 껍실까지 벗겨 버렸다는 이야기인데 돈 돌아가는 걸 마음에 두지 않는 목사님이 작심하고 은행을 턴 것이란다

  <중략>

  잔뜩 두들겨 맞은 은행나무 낯빛이 노랗다 심심해서 장난 좀 친 걸 가지고 벌이 너무 가혹하다고 와르르 몸을 떠는데 목사님 얼굴은 늦가을 바람

만큼 단호하다 아무 데나 끼어드는 물신의 구린내는 뿌리째 뽑아버리는
게 좋다고 운동화 밑바닥까지 탈탈 털었다

 －「은행을 털다」 부분

 발음이 같아도 의미가 사뭇 다른 '은행銀杏'과 '은행銀行'의 속성을 희
화적으로 그리면서 날카로운 풍자諷刺로 나아가는 이 산문시는 이질적
인 언어 뉘앙스를 충돌시키는 발상이 기발하다. 성직자인 목사牧師가 은
행 두 채를 털었으니 저녁이나 같이 먹자고 문자 메시지를 보내 수신자
로서는 당장은 의아해질 수밖에 없었을 것이다.

 은행나무 두 그루를 마치 건물처럼 두 채라고 하는 표현도, 교회 안
의 '은행 구린내'와 돈이 갖는 '물신物神의 구린내'를 싸잡아 비판하는 풍
자가 날카롭고 재미있다. 더구나 목사가 작심하고 은행을 탈탈 털고, 물
신의 구린내를 뿌리째 뽑아 버리는 게 좋겠다며 운동화 밑바닥까지 탈
탈 털었다는 대목은 점입가경漸入佳境의 연출로 읽힌다.

 내 편이라 부르는 그 여자의 남편이
 둥근 자세로 배부른 아내의 발톱을 다듬어요
 손과 발이 맞잡은
 그야말로 손발이 잘 맞는 부부예요

 <중략>

 오래 구부리다 보면
 치솟고 싶을 때가 있을 거예요
 내 편인지 남편인지
 가늠 안 될 때가 있어요
 －「발톱 내미는 여자」 부분

남편이 임신해 거동이 불편한 아내의 발톱을 다듬어 주는 모습을 그린 이 시도 언어유희가 빚어내는 묘미가 상큼하다. 배부른 아내의 발톱을 다듬는 자세를 손과 발이 맞잡았다거나 손발이 잘 맞는 부부夫婦라는 표현이 그렇고, '남편'이라는 말에 '내 편'이 아닌 '남 편'이라는 의미를 적용해 "내 편인지 남편인지" 가늠이 안 된다는 비아냥도 마찬가지다.

시인의 삶의 방식 역시 다분히 희화화된다. "울음 앞에 잠잠히 기다리는 것은 / 오래 익혀 온 내 삶의 방식"이라든가 "운다고 달라질 것 없는 날들이 / 나를 지우며 건너가고 있어"(「울음의 방식」"서가 그렇다. "종점의 꽃들은 지기 위해 핀다"(「망초꽃 피는 종점」)고 보며 그 꽃밭에는 내남없이 모여들지만, "종점에 엎드린 망초는 / 스르르 풀리는 노구의 눈망울을 닮았다"(같은 시)고 그리는 어법도 그러하다. 감정이입을 해 대상을 바라보는 「허수아비」 역시 같은 맥락脈絡의 시다.

    채우려 하면 할수록
    채워지지 않는 슬픈 몸뚱어리가 있어
    낡은 모자, 빈 깡통 옆구리에 찼네

    참새구이가 맛있다는 풍문이 있지만
    그 사내, 한마당 무르익는 수다를 듣거나
    깡통을 흔들어가며 큰 소리를 지를 뿐
    참새를 잡아채 가두거나 기절시킨 일은 없네

    뼛속까지 허공인 참새 몇 마리가
    하늘 자락을 질질 끌고 와 깡통을 채웠네

    아직 들판을 벗어나지 못한 그 사내

하늘로 가득해진 깡통을 흔들어 보이며
히죽히죽 웃고 있네
　　　　　　　－「허수아비」 전문

'채움'과 '비움'에 착안한 듯한 이 시는 낡은 모자를 쓰고 빈 깡통을 옆구리에 찬 '허수아비'의 공허空虛한 모습을 그리고 있다. 허수아비를 빗대 허수아비 같은 사람(사내)를 풍자하는 이 시는 "뼛속까지 허공인 참새 몇 마리가 / 하늘 자락을 질질 끌고 와" 허수아비의 큰 소리만 내는 깡통을 채운다거나 허수아비가 "하늘로 가득해진 깡통을 흔들어 보이며 / 히죽히죽 웃고 있"다는 대목도 허망虛妄의 변주로 보이기 때문이다.

이 같은 공허감은 다른 시들에서도 산견散見된다. "사람들은 시무룩한 얼굴로 구름 아래를 / 지나갈 뿐 / 공중은 그저, 구름이 한물이다"(「공중은 구름이 한물이다」)든지 "오늘도 계단이 심하게 출렁거렸어 / 살아 있는 제 숨을 힘껏 흔들어 보였던 게지"(「춤추는 계단」), "미리 도착한 막차를 놓치고 / 새벽을 기다리는 동안 / 나무들도 태양을 낳으려고 끙끙대고 있었다"(「막차를 놓치고」)는 묘사들이 그 예다. 하지만 희망은 어둠을 견디며 관통하는 새벽에 잉태孕胎되기도 한다.

고양이처럼 웅크린
새벽 두 시의 편의점

건성으로 켜 놓은 형광등 아래
메마른 눈꺼풀 견디는 미생이
두 시에서 네 시 모퉁이를 몽상인 듯
건너고 있어요

벽면 차지한 도시락 종류만큼

두근거리는 모서리, 바코드를 읽는 동안
초침이 척척 등뼈를 밟으며 지나가요

<중략>

출입문에 눈 디밀어 보는 회색 고양이가
저 닮은 눈동자에 화들짝 놀라는
새벽 네 시

한길 건너에는 편의점이 있고
새벽은 구부러진 골목을 돌아 천천히 도착해요
당신의 미명처럼 말이에요
―「두 시부터 네 시 사이」 부분

 시인은 밤낮이 다르지 않게 가동되는 편의점의 새벽 두 시부터 네 시 사이의 풍경에 천착穿鑿한다. 초점은 고양이처럼 웅크린 상점 안의 신분이 불안정한 날품팔이(미생未生)에 맞춰져 있다. 웅크린 편의점의 형광등은 건성으로 켜져 있고, 일하는 사람도 그 모퉁이에서 졸음을 견디며 몽상夢想인 듯 미명未明으로 다가간다.
 다양한 종류의 도시락으로 대변되는 상품들도 팔릴 때를 기다리므로 막연하지만 두근거리고 그 모서리들도 두근거리며, 팔려 나가는 동안에도 하염없는 두근거림의 시간은 간다. 시인은 이 시간의 흐름을 이같이 두근거린다면서도 초침이 척척 등뼈를 밟으며 지나간다는 과장법誇張法으로 그 분위기를 극대화極大化한다. 이 과장법은 고양이처럼 웅크린 편의점의 건성으로 켜져 있던 형광등이 미명 가까워진 새벽 네 시엔 눈동자가 반짝이는 회색 고양이가 자기 눈동자를 닮아 화들짝 놀란다는 표현도 낳는다.

시인은 또한 그 이전과는 달리 편의점을 한길 건너편으로 거리를 두고 바라보면서 자신이 옮아서 깨어 있는(기다리는) 구부러진 골목을 돌아 새벽이 천천히 도착한다고 그리는가 하면, 그 새벽을 '당신의 미명'으로 환치해 놓음으로써 이 시의 초점을 '당신'을 빗대 자신의 내면으로 비꾸어 미명(새로운 희망)을 기다리는 심경을 투사해 보인다.

시인은 어쩌면 언어 운용과 그 연금술錬金術의 '여우'일지도 모른다. 「시詩」라는 시에서 시인은 "우리 집 다락에 여우 한 마리 숨어 산다 / 나도 가끔 여우 짓을 한다 싶어 한통속이려니 했다"면서 "그녀는 부르기 전에 다가서고 / 순식간에 사라지는 묘한 꼬리를 가졌다"고 '시'를 '그녀'로 바꿔 그 묘한 시마詩魔에 대해 언급하고 있기도 하다. 그 시마는 "찔레꽃 덤불이나 / 아무도 오지 않는 운동장에 / 한나절 나를 묶어 두기도 하고 / 꽃무늬 원피스를 팔랑이며 빈 그네에 오르기도" 한다며, 시와 더불어 살아가는 심경과 그 마음자리를 다음과 같이 은유하고 있다.

> 그녀가 그넷줄을 밀었다가 당길 때
> 꼬리에서 아슴아슴한 바람이 일었는데
> 새벽을 싣고 오는 찔레 향 같다고 해야 할지
> 달밤에 길어 올린 서늘한 물내라 해야 할지
>
> 여우에게 단단히 홀린 나는
> 꼬리 어디쯤 감췄다는 진주를 찾으려고
> 밤나질레 안달이 나 있었다
>
> —「시詩」 부분

시는 더 나은 삶과 그런 세계를 향한 꿈꾸기의 소산이며, 현실적인 삶과 맞물린 언어를 더 높은 차원으로 끌어올리고 변용하는 언어예술이다. 그 세계로 나아가는 길은 무명無明과 비의秘義 너머로 트여 있는지도 모르며, 이미 마련돼 있는 왕도王道도 없다. 박희숙은 여우와도 같은 시마에 사로잡혀 안달이 난 시인이며, 새벽의 찔레 향이나 달밤의 서늘한 물내에 민감한 바와 같이 '여우'(시)가 은밀하게 품고 있는 '진주'(시세계)를 찾아내고 더 빛나게 할 재능과 끼를 지닌 시인이라는 느낌을 안겨 준다.

(2021)

사랑인 사람의 길 걷기
—이희명 시집 『피망과 파프리카』

ⅰ) 이희명 시인은 사랑을 받들고 갈망하며 기다리는 사람이면서, 사랑이 곧 사람이라는 인식에서 출발하는 '존재의 언어' 탐구자다. 삶의 오랜 연륜이 쌓인 뒤 '존재의 집'(시詩) 짓기에 들어섰지만, 마음자리를 조신하게 낮추면서도 사랑으로 귀결되는 삶을 치열하게 지향하는 시편들은 감성과 언어 감각이 예민하고 섬세한 서정抒情의 옷을 입은 그 도정道程의 음영들이 교차하는 서사敍事를 다채롭게 떠올린다.

하지만 이 풍진세상을 살아야 하는 여성으로서는 아픔과 상실감에서 자유롭지 않고 받들며 참고 기다리는 사랑의 길 위에서 때로는 길항拮抗하는 마음과도 마주치지만 순응과 비애의 긍정적 변용, 겸허한 내려놓기의 자성自省으로 나아가는 결기를 내비치기도 한다.

언어의 흐름이 활달하고 유장하면서도 미세한 기미들까지 첨예한 감각으로 포착하면서 특유의 발랄한 발상과 감성적 사유로 감싸 떠올리는 은유隱喩의 결과 무늬들이 매력적이다. 또한 우주와 거시적인 자연 현상을 내면으로 끌어들여 미시적 심상心象 풍경으로 변용하는 감정이입과 투사 기법도 시적 개성을 두드러져 보이게 한다.

ⅱ) 눈이 밝아지면 모든 사물이 그 이전보다 더 또렷하게 보이는 건 당연하다. 그러나 더욱 선명하게 보인다고 순기능順機能만 증폭시켜 주지는 않는다. 눈이 흐려서 제대로 보지 못하던 것들 역시 환하게 보이므로 그렇지 않은 기능도 강화되게 마련이다. 시인은 시각적(감각적)인 눈으로만 사물이나 현상을 바라보는 데 그치지 않고 그 차원을 넘어선 사유와 '마음눈'으로 그 이면까지 깊이 들여다보기 때문에 더욱 그럴 수 있다.

눈동자를 바꿨다

오, 눈부신 세상

노랑나비 날개 끝에 얹힌 하얀 비애
세상이 환해져 작은 얼룩도 또렷이 보인다

타박타박, 맨발로 저문 강둑을 걷는 사람아

어젯밤엔
꿈길까지 환해져
한때 흐릿하던
그대 뒷모습도 또렷하게 보였다
―「눈부신 비애」 전문

역설적逆說的인 뉘앙스의 제목을 달고 있는 이 시에서 화자는 눈 수술을 하고 나니 세상이 환하게 보여 감탄할 정도로 눈부시지만, 비애와 얼룩 등 그 눈부심의 또 다른 이면이 마음눈에 환히 보인다는 사실을 극대화해 떠올린다. 밝아진 마음눈은 움직이는 노란빛에 얹힌 하얀 비애, 환하므로 또렷하게 보이는 작은 얼룩, 그 근원을 시사示唆하는 상실의 비애까지 선명하게 되살려 반추하게 한다.

게다가 눈이 밝아진 뒤에는 꿈길까지 환해져서 "맨발로 저문 강둑을 걷는 사람"(헤어진 사람)의 한때 흐릿하던 "뒷모습도 또렷하게 보였다"는 대목이 말해주듯이, 잊혀가던 상실의 비애가 꿈길에서조차 또렷하게 보인다는 사실을 환기喚起한다. 밝아진 눈은 세상을 눈부시게 바라보게 하면서도 그 이면의 뒷모습까지 보이는 비애를 되살아나게 함으로써 '눈부신 세상=눈부신 비애'라는 등식도 낳게 한다.

하지만 시인은 「피망과 파프리카를 잘 구별하지 못해요」라는 시에서 자신의 마음눈이 밝지 않다고 자성하고 있어 그 까닭을 들여다보게 한다. 이 역시 다분히 역설적이지만, 진정성을 담보로 언어유희를 하는 것 같으면서도 내밀한 심중心中을 내비치면서 시적 묘미를 증폭시킨다.

일찍이 소크라테스는 '무지無知의 지知'를 설파했다. 자신이 잘 모른다는 사실을 안다는 것이 얼마나 중요한가를 일깨워 주는 이 말은 소크라테스의 철학을 특징짓는 핵이다. 학자나 현자들이 안다고 생각하는 정도의 앎은 유일한 절대지絶對知의 존재인 신神에 비하면 그 수준이 '없음'에 가깝다는 소크라테스의 이 말은 인간의 무지를 인간 자신이 알아차리는 것, 즉 '너 자신을 알라'라는 뜻을 담고 있다.

나이 들어도 모르는 게 많아요 홍옥 홍로 부사 이름을 잘 몰라서 그냥 사과라고 불러요 좀 더 다정하게 불러주면 좋을 것을요 설탕과 소금도 헛갈려서 말썽이지요 이해와 오해도 자주 혼동해요 사람인 줄 알았는데 사랑이라고 하네요 사람과 사랑, 같은 말 아닌가요? 저기 사랑이 걸어오고 있어요 사랑이 쌓여서 사람이 되었어요 사랑이 없었다면 어찌 제 가슴이 이리 아프겠어요 눈물이 나네요 붉어진 가을 입술을 씻어 내리는 저 빗소리 굴러내리며 뒹굴며 저도 우나 봐요 대낮에 가슴을 후벼 파더라고요

나이 들어 모르는 게 많아서 행복해요 사람인지 사랑인지 좀 모르면 어때요 피망도 맛있기만 한 걸요 당신이 좋은 사람인지 나쁜 사람인지 오래 생각했어요

이젠 생강할래요 꿀 한 스푼 넣으니 알싸하고 이리 개운한 걸요 사람해요! 당신

―「피망과 파프리카를 잘 구별하지 못해요」 전문

이 시의 첫 연에서 시인은 경험이 오래 쌓였음에도 '사과'의 종류를 구분하지 못해 구체적인 이름을 다정하게 불러주지 못하고, 겉모양이 비슷한 '설탕'과 '소금', 뜻이 정반대인 '이해'와 '오해', 발음과 본질이 비슷한 '사람'과 '사랑'이라는 말이 헷갈리거나 혼동하게 하며 잘못 알고 있는 경우도 있다고 한다. 자신이 잘 모른다는 사실을 잘 알고 있다고 말하는 셈이다.

하지만 둘째 연에서는 '사람'과 '사랑'에만 무게중심을 두면서 그 함수관계에 천착穿鑿한다. '사람=사랑'이라는 등식으로 '사랑'이 쌓인 '사람'인 화자가 '사랑' 때문에 가슴 아프고 눈물이 나며 울게 되고 대낮에 가슴 후벼 파이게도 된다고 토로하기에 이른다. 첫 연에서의 '모름'이 '앎'으로 환치換置되는 건 비애에 대한 '마음눈'의 밝음 때문이기도 하고, '사랑'에 대한 절절함의 소산이기도 할 것이다.

이어서 셋째 연에서는 소크라테스가 적시摘示한 '절대지'보다는 인간의 차원으로 돌아와 '무지'에 오히려 행복(위안)을 느끼게 된다는 반전

反轉을 통해 오래 생각했으면서도 판단유보로 회귀해 보기도 한다. "나이 들어 모르는 게 많아서 행복해요"라는 고백은 아는 것을 모르는 척 살고 싶다는 역설로도 보인다.

마침표를 모두 빼버린 줄글로 된 이 시는 마지막 연에서만 줄갈이를 하는 형식의 변화를 꾀하는가 하면, '생각'을 '생강'으로 '사랑'을 '사람'으로 바꿔놓는 다분히 '의도되고 긴장된 언어유희'로 첨예한 언어 감각이 반영된 '알싸하고 개운한' 시적 묘미를 떠올려 보인다.

그러나 시인은 시작詩作 과정을 통해 자신의 말(하이데거에 따르자면 '존재의 언어')을 동물인 말에 비유하면서 '비루먹었다'고 극도로 비하한다. "펄펄 뛰는 야생의 말 한 마리 들이고 싶다고 / 밤마다 소원"(「말들의 세계」)하지만 "비루먹은 말 한 마리"(같은 시)를 얻게 된다고 자탄自歎한다. 시가 '존재의 집'이라는 하이데거의 말에 공감해서 그런지 모르지만, 그 "말귀를 잡아당겨 두 눈을 들여다보다가 / 동실한 엉덩이를 쓰다듬어 보다가 / 채찍을 휘둘러 봐도 / 거랑말코 같은 말은 도대체 움직일 생각이 없"음을 알게 된다.

게다가 앞서 달린 말들의 발자국 따라 걷다가 "까무룩, 풋잠 속을 다녀와도 / 말은 아직도 제자리걸음 중"(같은 시)일 뿐이라고 존재의 집 짓기(시 쓰기)의 어려움을 비유의 언어로 그려 보인다. 그래서 "새벽까지 어스름 허공에다 / ㅅ,ㅅ자를 새기고 선 겨울나무 / 바닥엔 날아오르지 못한 파지만 쌓여"(같은 시) 간다는 안타까움에 빠지게도 되지만, 이 안타까움은 더 나은 삶 꿈꾸기로서의 시 쓰기, 존재의 언어로 현실 너머의 이상적인 존재의 집 짓기에의 열망이 얼마나 절실한가도 방증傍證한다.

애써 그 무거움을 가벼움으로 바꾸어 들여다보아도 그런 사정은 별반 달라지지 않는다. 「한낮의 농담」에서는 "바람으로 버무린 작고 뽀송한 깃털공"에 착안하면서 "날고 싶어 / 바람의 장난기에 가볍게 장단을 맞춰보지만 / 이내 슬그머니 내려앉"고 만다는 것이다. 농담 속에 진담을 다져 넣은 듯한 이 시에서는 "어라, / 바람 등에 슬쩍 올라탄 깃털공이 거미줄에 딱 걸렸네"라며 '깃털공'은 당초 이름이 잘못 지어졌으며, 가볍다고 다 자유로운 건 아니라는 느낌과도 마주치게 된다.

시인이 오죽하면 "순식간에 찢어져 펄럭거리는 허공"을 목도目睹하더라도 "탁류에 굴러떨어진 바윗돌이 물길을 바꾸듯 / 거꾸로 매달려 얼굴 붉어진 홍시가 / 까마귀 기침 한 번에 철퍼덕, / 길바닥으로 뛰어내리듯"이, "가끔은 / 용천수처럼 재채기를 토해내고 싶을 때가 있"(「재채기 변주곡」)다고 하겠는가.

이 시에서 또한 간과할 수 없는 대목은 앞의 시에서 '사랑'과 '사람'을 하나로 바라보는 것과는 달리 '사랑'과 '재채기'를 하나로 들여다보면서 "참아도 참아도 튀어나올 당신의 사랑을 기다릴게 / 손금에서 흐른 물이 바위를 뚫을 때까지"라며, '사랑'을 거의 불가능하더라도 기다린다는 구절이다.

iii) 시인은 존재의 언어와 존재의 집을 갈망하는 언어의 탐구자이면서 범상한 일상을 살아가는 여성이다. 시 「관전자」에서 그리고 있듯이, 아침 풍경을 "소리들이 폭발한다"고 전장戰場처럼 여길 정도로 바삐 돌아가는 세상의 역동성을 "운전석 사내의 엉덩이가 뛰고 / 바퀴 달린 아이가 뛰어들고 / 하이힐의 여자도 뛴다 / 부르릉, 아스팔트가 휘청거린다"고 바라보고 있으며, "2.5톤 트럭은 달랑 아침노을 한 자락 싣고" 가는 정반대의 모습도 바라보지만, "밥벌이의 기억이 희미한 관전자"의 자리로 밀려난 채 관망한다.

물론 화자의 내면에는 관전자로서의 시선과는 다르게 복합적으로 길항하고 갈등하는 마음이 없는 건 아니다. "서랍을 열면 단절과 절망, 포기와 증오 따위의 날 선 단어들이 툭툭 떨어져 내"(「발화」)리고, "가슴 위에 돌덩이 하나 얹"히며 "벌새의 날개는 아직도 / 유리 상자 속에서

파닥거리고 있"(「압화」)다는 압박감에서도 자유롭지 않다. 이 같은 압박감과 박탈감은 극단적으로 자유를 구가하려는 일탈(낙하落下)의 절정을 향해 꿈꾸게도 한다.

> 가슴에 모두 몇 개씩 돌덩이를 안고 끝없이 달려
> 델마와 루이스처럼
> 절정의 꽃잎이 속절없이 제 몸을 바닥에 던지듯
> 절벽 아래로 낙하하기를 바랐다
>
> <중략>
>
> 한 무리의 젊은이들이 서핑을 즐기며
> 홍해 바다를 건넌다
> 물결에 피어올랐다 잠기는 꽃잎, 꽃잎들
>
> 바다는 스스로 가슴을 열고 또 닫으며
> 찢고 소리쳤다
> 소화되지 못한 응어리들을
> 꾸역꾸역 토해내며
> 긴 꼬리를 흔들어 하늘과 바다의 경계를 지웠다
>
> 돌덩이들이 파도 위에 꽃잎처럼 팔랑거렸다
> ―「낙화」 부분

시인은 이 시에서 자유의 화신化身과도 같은 영화 속의 두 여성 델마와 루이스, 파도치는 바다에서 서핑을 즐기는 젊은이들을, 그 정황과 빛깔은 사뭇 다르지만, 절정의 꽃잎들로 승화시켜 바라본다. 나아가 자유 그대로인 바다의 원시성과 역동적인 생명력으로 하늘과의 경계마저 지운 파도 위에 자신이 안고 갔던 '내면의 돌덩이들'도 그 꽃잎들처럼 떨어져 팔랑거리는 모습을 바라보는 환상에 젖게 되기도 한다.

하지만 가정에 충실한 일상 속의 여성으로서는 그 갑갑하고 혼란스러운 일상이 "법전法典처럼 복잡하다가 / 토목 전문서적처럼 재미없다가 / 통속소설인가 하면 / 철학 서적처럼 난해하고 / 때로는 불량 만화책처럼 유치"(「오독」)하게 여겨질 때도 없지 않다. 그러나 그런 느낌들은 죄다 오독이라면서 현실적인 삶에 따스하고 너그럽게 순응하는 모습으로 돌아온다. 「열두 폭 치마 그러안고」는 그런 마음자리를 예민하고 섬세한 언어 감각과 비유적인 언어로 가감 없이 떠올려 보이는 시다.

두부 장수가 지나가면 잠자던 골목의 하루가 열려요 계란찜을 하고 쌀 씻은 뜨물을 화분에 나눠주고 세탁기를 돌리고 마당을 쓸어요 일용할 푸른 양식들이 자라고 있는 옥상에 올라요 밥때가 됐으니 말간 물 한 바가지라도 멕여야죠

빨래를 널다가 사방을 둘러봐요 밤새 골목이 편안한지! 하늘도 한번 봐요 황사가 저리 극성이니 허공도 팔이 아프겠어요 품이 넓어 평생 팔이 아팠을 한 사람 생각이 나요 찢어진 기억의 회로엔 달랑 아내만 남아 어디든 치마꼬릴 잡고 따라다니고 있어요

한창 색을 자랑 중인 꽃밭을 들여다봐요 시시때때, 뭐 하나 내놓으라고 조르는데 지쳤는지 색색마다 무심하네요 사실 나도 무심으로 들여다볼 수 있으면 좋겠어요

아, 설거지하기 전에 전화할 곳이 생각났어요 첫마디를 뭐라고 시작할지 난감하네요 지금쯤, 그녀가 살아갈 이유를 찾기나 했는지? 전화기를 붙잡고 같이 우는 건 이제 그만 할래요

동동동동, 유치원 아이들과 약속 시간이 다가와요 페이스오프, 다섯 번 눈을 깜빡이고 입가엔 미소를 장착해요 젖은 머리를 흔들면 물기가 사방으로 튀어요 바람이 물기를 데려가는 속도는 두꺼비가 4차선 도로를 건너는 만큼이나 더디답니다

　아침이 젖고 있어요 목이 붓고 입에서 더운 김이 나네요 미사도 나흘이나 빠졌는데, 고해성사가 또 미뤄지네요 열두 폭 치마 그러안고, 무엇을 내려놓아야 할까요?

―「열두 폭 치마 그러안고」 전문

　아침 일정을 촘촘하게 떠올려 보이는 이 시는 이른 아침부터 한동안 일상적으로 하는 일들을 그리는 데 그치지 않고 미묘한 마음의 움직임들까지 포개어 내비치는 내면 떠올리기로도 읽히게 하며, 하루를 출발하는 자신 안팎의 모습을 다각적으로 보여준다.
　아침 식사 준비와 빨래, 집 청소 등을 하는 짬짬이 화분과 옥상에서 가꾸는 작물들을 돌보는가 하면, 이웃들에 대한 자상한 배려와 오염되는 기상에 대한 우려, 먼저 떠난 사람에 대한 애증愛憎의 회상, 꽃밭이 환기해 주는 자신 들여다보기로도 이어진다.
　특히 애환을 함께해 온 가까운 사람과도 "전화기를 붙잡고 같이 우는 건 이제 그만할래요"라든가 "다섯 번 눈을 깜빡이고 입가엔 미소를 장착해요"라는 구절, "미사도 나흘이나 빠졌는데, 고해성사가 또 미뤄지네요 열두 폭 치마 그러안고, 무엇을 내려놓아야 할까요?"라는 대목은 겸허한 내려놓기의 미덕을 읽게 한다. 비애의 긍정적 변용, 겸허한 내려놓기의 자성은 이 시인의 애틋한 덕목이 아닐 수 없다.
　자신이 만들어 아침 밥상에 올리는 계란찜에 대해서는 각별한 의미가 부여되는 까닭은 '왜'일까. 시인에게는 아침 밥상의 계란찜이 아침을 연다고까지 역할을 부여하고 있지 않은가. 아무튼 「명랑한 계란찜」

도 언어의 묘미를 극대화하면서 시인이 첨예한 감성과 지혜로 미각을 돋군 계란찜의 맛과 같은 아침을 열어 보이는 시다.

아침을 여는 데는 계란찜이 필요해요

<중략>

한사코 노른자 뒤로 숨는 알끈을 떼어내고
호동그란 시선을 피해
깐깐한 새우젓 한 꼬집, 명란 한 도막을 넣어 휘저으면
계란찜은 금방 명랑해집니다
참, 매콤한 파 다짐 약간 추가요

<중략>

우리들의 말랑한 식탁이 완성되고
닭이 울지 않아 고층아파트 뒤편에서 머뭇거리던
아침이 후다닥 달려옵니다
―「명랑한 계란찜」 부분

시인이 요리한 계란찜은 알끈을 떼어내고 새우젓과 명란, 파 다짐을 가미함으로써 마침내 말랑한 아침 식탁이 완성되고, 그 맛이 머뭇거리던 아침을 후다닥 달려오게 한다는 발상이 돋보이며, 시인이 연출하는 명랑한 아침이 신선하게 다가오게도 한다.

시인의 이 같은 첨예한 감성과 언어 감각은 "때로는 잃어버린 기억들이 시곗바늘을 돌려놓고 / 볕 좋은 마루에 뒹굴고 있지 // 오래된 기억의 겉장을 훅 불면 / 푸드덕 날아가는 되새 떼"(「기억의 먼지」)나 "이리저리 하릴없이 쏘다니는 바람 앞에 / 한철 뜨겁던 것들이 조용히 무릎

을 끓는다"(「환절기」)는 묘사, "고미술상 앞 돌확에 꽃 진 수련이 여름의 허물인 양 둥둥 떠 있고 방금 시동이 꺼진 자동차를 지붕 삼아 길냥이 한 마리 길게 몸을 늘입니다 어디서 스윽, 한 줄기 소슬바람이 대문 안으로 따라 들어옵니다"(「처서 무렵」)라는 아름다운 표현을 낳게도 하는 게 아닐까.

ⅳ) 시인의 어머니를 향한 그리움과 연민憐憫은 다채로운 빛깔을 띠고 있다. 「어머니의 분홍신」에서 "어느 해, / 빈 절 같은 적막한 얼굴로 / 초이레 달을 타고 산 너머 가더니 / 다시는 돌아오지 않"는 어머니가 남긴 분홍신을 "발은 언제나 허공중에 떠 있었고, / 다소곳 엎드려 발을 기다리던" 신이었지만 "자갈길이나 가시밭길이라도 하루 종일 / 땀에 절어 걷고 싶은 거룩한 신"이라고 여길 정도이며, 「참싸리꽃」에서는 어머니를 참싸리꽃에 비유하면서

  얼룩 한 점 없는 무명 앞치마

  푸른 하늘 아래 붉게 들어올린
  저 불립문자

  <중략>

  이웃한 자귀나무 잎잎이 무성해도,
  더는 흐드러지지 말자고
  너는 참 단정히 웃었다
       −「참싸리꽃」 부분

라고 그리고 있다. 참싸리꽃이 어머니의 무명 앞치마로 보이기도 하고,

다시 어머니로 바꿔 바라보는가 하면, 붉게 들어올린 불립문자不立文字로 받들고, 지극히 단정히 웃는 모습으로도 묘사한다.

또한 「돌배나무엔 꽃구름 하얗게 피어나고–기일」에서는 어머니의 손가락이 호미가 되고, 그 호미 닮은 초승달이 배꽃 가지에 걸리면 어머니의 음성이 달빛 버무러져 귓속에 남아 있는 것으로 묘사하며, 어머니에 대한 애틋한 연민을 '돌배나무꽃=하얀 꽃구름'으로 형상화한다.

—야들아, 어째 잠만 자노
　나와서 저 꽃 좀 봐라

달빛 버무린 음성 그대로 귓속에 남았는데

당신 떠나신 그날처럼
돌배나무엔 하얀 꽃구름 무심히 피어나고

어머니, 어째 잠만 주무세요
나와서 저 꽃 좀 보세요
　　　—「돌배나무엔 꽃구름 하얗게 피어나고–기일」 부분

이 시에서는 어머니가 생전에 자식들에게 "달빛에 버무린 음성"으로 잠 깨어 밤에 핀 돌배나무꽃을 보라고 한 기억이 생생한 기일 밤에는 어머니가 세상을 떠날 때처럼 꽃구름같이 하얗게 피어난 돌배나무꽃을 저승의 어머니가 볼 수 있기를 기구祈求하는 마음이 애틋하게 저며 있다.

생전의 어머니처럼 기름(참기름)을 짜러 가면서 "평생 고소한 마음을 넘치도록" 담아 "파란 소주병에 기름을 짜 나르던" 어머니를 회상하는 「기름 짜러 가는 여자」는 기름이 촉발하는 그리움의 정서를 그 고소한 맛처럼, 헤아릴 수 없이 많은 깨알처럼 소환하기도 한다.

가래떡에 발라 한입 베어 물면
고소한 기억들이 쫀득쫀득 되살아나는데

<중략>

빨리 기름을 짜러 가야겠어요

뜨거운 무쇠솥에서
토독토독, 키대로 뛰어오보지만
끝내 파사삭 부서지는 깻묵을 보면
기름 짜듯이, 살았단 말 이젠 알 것 같아요

파란 소주병만 보면 조물조물 나물을 무치고 싶어져요

당신 사무치는 날이면
아직도 기름 짜러 가는 못 말리는 여자가 있어요
　　　　　　　　　－「기름 짜러 가는 여자」 부분

　기름을 짜듯이 살았다는 어머니의 말을 깨달은 화자는 어머니가 사무치게 그리운 날이면 못 말릴 정도로 어머니처럼 기름을 짜러 가는 여자가 되며, 어머니가 기름 짜서 담아 두곤 했던 빛깔의 소주병만 봐도 기름으로 나물을 무치고 싶어지기도 한다니 그 사모思慕의 심경을 어디에 더 비길 수 있으랴.
　사람은 한번 떠나면 다시 돌아오지 못한다. '회자정리會者定離'라는 말이 사람들에게 회자되고 있지만, 다분히 자기 위무적慰撫的인 말이 아닐는지. 그래서 인간은 이별을 아파하고 안타까워하며 그리움에 젖게 마련이다. 시인은 떠난 사람이 간 곳에 대해 "이제 그는 어제에 속한 사람

/ 최신 폰으로도 불러낼 수 없는 / <중략> / 총알택시로도 닿을 수 없는 아득한 그곳"이라며 "남은 자들은 붉은 꽃잎을 뜯어 물에 띄우네"(「돌아오지 않는 강」)라고 노래한다.

더욱이 남은 사람에게는 풋풋한 자연의 생명력마저 마음자리에 따라서는 비애의 빛깔을 안겨주기도 한다. 시인이 "캄캄한 심장 위에 초록 망토를 걸친 / 오월 태백, / 초록도 슬픔이 된다는 것을 처음 알았다"(「슬픔의 빛깔」)고 하는 까닭도 그 때문일 것이다. 하지만 생성과 소멸은 어쩔 수 없는 우주 질서이며, 대지의 여신(가이아) 앞에서의 인간에겐 피할 수 없는 숙명이요 운명이다. 사족이 필요 없을 것 같은 시 「발리를 뜨다」는 이 같은 깨달음의 세계를 아름답게 떠올려 보인다.

> 한 손으로 꽃을 피우고
> 한 손으로 죽은 새를 바람에 묻는 일은
> 가이아의 오래된 시간표
>
> 그 섬에는 대지의 신을 위해
> 소등 하는 날이 있다
>
> 부드러운 어둠이 섬을 덮자
> 바다에는 불 켜진 하늘이 흐른다
>
> 까치와 까마귀 다리를 놓던 그 강물
> 폭포 되어 바다로 쏟아지는데
> 앞바다 물마루는 은하 기슭에서 철썩인다
>
> 침묵의 씨앗 비로소 싹이 터
> 기도를 낳고,

침묵을 낳고,
대지의 자녀들이 오롯이 하나 되는 밤

이윽고
사람과 섬과 바다의 어깨가 나란해졌다
—「발리를 끄다」 전문

v) 이희명의 시는 대체로 서사적 서정의 빛깔을 띠고 있으며, 언어의 흐름이 유장하고 활달하기도 하지만, 다른 한편으로는 시각적 이미지와 청각적 이미지가 교차하거나 서로 포개지는 묘미를 거느리고, 미세한 기미들까지도 첨예한 감각으로 포착하면서 은유의 옷을 입히는 감성적인 사유가 돋보인다.

「야간 산행」에서는 밤중에 랜턴을 켜고 산을 오르며 "홑이불 같은 어둠을 둘러쓴 / 산의 숨소리 울퉁불퉁하다"든가 불빛에 비치는 어둠 속의 비비새, 산수국 등의 어린 생명들과 웅크린 돌, 발톱 세운 짐승의 젖은 눈빛들이 살아 있다고 그리고 있다. 이 시에는 '홑이불 같은 어둠'이라는 시각적 이미지, '울퉁불퉁한 산의 숨소리'라는 청각적 이미지의 시각화視覺化는 시인의 감각이 얼마나 첨예한가를 단적으로 말한다.

그뿐만 아니라 "가시덤불 사이 / 정체를 알 수 없는 울음"에 "산은 부르르 몸서리친다"든가 젖은 곳을 찾아다니는 바람이 독도법讀圖法을 익혔다는 표현, 바람 따라 그 젖은 곳에 "풀씨는 슬쩍 몸을 얹는다"거나 "새벽이 오는 기척 / 산은 다시 숨을 고른다"는 미세한 기미의 포착은 시적 묘미를 한결 돋구어 준다.

시인은 민첩한 계절 감각을 지니고 있으며 자연의 미세한 변화에도 민감하게 반응하면서 그 느낌들을 인간의 문제로 끌어당겨 바라보는 예리한 성찰省察의 눈도 두드러져 보인다. 「한로」는 한로 무렵에 옥상에서 가꾼 고추들을 수확하면서 다양한 용도를 생각하다가도 말썽부려 고춧대같이 여윈 아우(남동생일까)의 발목에 연민을 포개는 쪽으로 방향이 바뀌어 있다.

> 아롱이다롱이 감당이 어려운 뿌리를 도와
> 말없이,
> 죽자고 열매를 길러내던 아우야
>
> 고춧대 같은 네 발목이 말썽이라는데
> 한 번 만져주지도 못하고
>
> 슬픔 두 큰 술을 찬밥에 비볐다
> ―「한로」 부분

부모를 필사적으로 돕느라 건강을 헤친 아우를 제대로 돌보지 못한 아쉬움을 "슬픔 두 큰 술을 찬밥에 비볐다"라고 하는 마음자리와 그 은유가 따뜻하게 반짝이고 있지 않은가. 진눈깨비 흩날리는 거리를 바라보며 "빨강과 검정을 다 써 버리고 / 한 쪽 귀를 자른" 가난한 화가 고흐의 그림 '밤의 카페테라스'를 떠올리며 "어딘가 있을 마침맞은 자리를 찾고 또 찾았어요 / 밤을 새워서라도 우린 그 자리를 찾아야만 했어요 // 사라진 퍼즐 한 조각이 돌아와야 / 이 진눈깨비가 그칠 테니까요"라고 읊은 「퍼즐 맞추기」도 비슷한 맥락의 시다.

폭우 쏟아지면 비가 새다가 내려앉은 낡은 지붕을 생각하며 "움파 노릇한 황탯국이 서늘히 식어가고" 새로 인 지붕들이 하얀 볕에 젖은 등을 말리는 장면을 그리고 있는 「지붕」 역시 이 시인의 그런 개성을 발휘하고 있는 작품이며, 「리본 찾기」와 「이름을 버리다」는 이 시인의 또 다른 재능을 보여주는 상징象徵과 이미지 비약의 기법을 구사한 시로 읽힌다.

저물어 가는 강가에 우두커니 앉아 있는 산,
산이 바람을 불러 리본을 흔든다

—애야, 길을 잃으면 노란 리본을 찾으렴

하루를 다 쓴 여름날이 책장을 덮자
산이 사라졌다

그믐이었다
                    —「리본 찾기」 부분

신도 어쩌지 못해 잠시, 우주가 눈을 감았다

무지개가 떴다 사라지고

어둠이 습자지처럼 투명해지는 시간
사라졌던 창들이 돌아오고
서둘러 마당귀에 쪼그려 앉으면

무죄한 뜰은 천연덕스럽게 또 초록들을 뱉어내고
                    —「이름을 버리다」 부분

    이 두 편의 시에서는 우주와 거시적인 자연 현상을 내면으로 끌어들여 섬세하고 미시적인 심상을 투사해 보이고 있어 각별한 매력을 발산한다. 이들 작품과는 빛깔이 다소 다르지만 「장마를 건너는 방법」과 「따뜻한 조문」 또한 이 시인의 개성적인 시법詩法의 일단을 보여주는 시로 보인다.

    소낙비가 와요 이미 젖어 있는데,
    질벅거리는 비의 커튼이
    너무 두꺼워서, 눈앞이 캄캄해서
    그럴 땐 그 자리에 가만히 서 있는 게 제일이죠
    두 팔을 벌리고 잠시 가로수가 돼 보는 거예요
    소낙비는 빨리 지나가니까

    <중략>

    어제는 비, 오늘은 맑음
    젖었다 말랐다 그렇게 살아요
                               —「장마를 건너는 방법」 부분

    정물처럼 놓인 두 사람
    속절없이 식어가던 두 잔의 커피

    눈 한 번 마주치지 않고
    한마디 말도 잊은 채

    <중략>

    말없이 글썽이다가 막차가 끊길 때쯤
    얼어붙은 손을 끌어당겨
    손난로 하나 쥐여 주고
    멀어져가던 가난한 그날의 조문객
                                 —「따뜻한 조문」 부분

두 작품 다 일부분만 인용했지만 「장마를 건너는 방법」은 장마철의 기상에 빗대어 우여곡절이 교차하고 변화무쌍한 세상을 살아가는 예지叡智를 기다림과 인내, 순응이라는 덕목으로 녹여 보여주고 있으며, 「따뜻한 조문」은 아픔과 비애를 위무하는 작은 베풂의 소중함과 글썽일 뿐 '말 없는 말'이 말하는 따뜻함을 극대화해 주는 경우라 할 수 있다.

시인의 이 같은 마음자리에는 "여름이 아직 한참 남아 있는데, / 꽃이 지면 무얼 심을지 아직 생각해보지 않았지만 // 무엇이든 심고 또, 들여다보겠지요"(「환생」)라는 따뜻하고 긍정적인 사고와

> 하늘이거나 땅이거나
> 어떤 손이 나를 농담濃淡으로 이끌었는지
> 한 폭의 수묵담채
> 그만 길을 잃었다
>
> 나는 더듬더듬 앞으로 나아갔다
> 뽀얀 실커튼 사이로 불쑥 얼굴을 내민 산
> ─어디로 가십니까
> ─길을 잃었어요
>
> 누가 나를 돌려놓을 때까지
> 나는 그 골짜기에서 빠져나올 수 없었다
> ─「수묵水墨」 부분

고, 먹의 농담이 요체인 수묵에 담채를 곁들이듯 길을 나서면서 근본적으로는 순리(수묵)에 순응하려는 겸허한 자세를 보이고 있다. 시인은 어쩌면 그 신심信心을 이 시에서도 완곡하게 보여주고 있다고나 할까. 더욱 큰 문맥으로 보면 모든 시의 기저에는 가톨릭 신앙이 은은하게 관류

하고 있는 것으로 읽힌다.

  시인은 존재의 언어로 존재의 집을 짓는 사람이며, 끊임없이 존재의 부름에 응답하는 언어의 수도자修道者라 할 수 있다. 이희명은 그런 시인인 것 같다. "덕장엔 북풍이 주인이다 // <중략> // 석 달 열흘, / 별빛 풍경 죽비 삼아 / 마지막 한 방울 육즙마저 버렸을 때, // 명태는 마침내 / 한 소리를 얻었다 / 해탈, 이라는"(「황태」)라는 구절들이 일깨우는 여운이 오래 남는 까닭을 되새겨 본다.

(2023)

정갈한 서정, 예지와 기지
―황영애 시집 『코고무신 째깍이는 소리』

ⅰ) 황영애는 맑고 깨끗한 심성心性으로 담백하고 정갈한 서정시를 빚는 시인이다. 진솔하고 간결한 구문과 감성적인 언어를 주로 구사하지만 자연의 비의秘義에 다가가고 그 순리에 따르면서도 겸허하게 자기 성찰省察을 하면서 깨달음에 이르는 예지叡智와 기지機智가 돋보이는 시편들이 두드러져 보인다.

미시적 감각과 거시적 감각이 교차되거나 융화되는 그의 시는 외양이 순탄하고 단조로워 보이면서도 그 내포內包에는 고도로 함축된 마음의 그림들과 이성적인 메시지들이 쟁여져 있을 뿐 아니라 서정적 자아가 떠올리는 결과 무늬들이 다채롭게 스미고 번진다.

시인의 시선은 현실에서 마주치는 자연과 일상에, 그리운 추억의 반추와 애틋한 향수鄕愁에 주어지며 교편생활의 체험과 그 소회에 주어지기도 하지만 한결같이 동심童心과도 같이 순진무구하고 단순화된 어법으로 일관하고, 은밀하고 신선한 비유법으로 시적 묘미를 돋우어낸다.

ii) 시인은 자연의 신비와 비의에 다가가면서 그 순리에 따르려는 겸허한 마음가짐으로 자기 성찰로 귀결되는 정서를 서정적인 언어로 떠올린다. 「산을 오르며」에서는 산을 "자락과 / 자락이 이어져 / <중략> / 수만 년 세월을 묻고 / 억년 향기를 안아 // 철 따라 고전으로 피어나"는 한 권의 책이라며, 그 속에 서서 "갈 길 더 당기는 설렘"에 젖는다.

자연의 신비와 그 비의를 가까이 끌어당겨 한 권의 책에 비유하는 이 같은 거시적인 시각의 미시적 감각화感覺化는 '안개'를 두고도 "이음새 없어 / 솔기도 없는 / 한 폭의 거대한 홑이불"(「안개」)로 읽게 하면서도 "아직 눈뜨지 않은 고요 속에 / 다가가면 한 겹씩 벗어버리는 / 네가 참 신비롭다"고 그리고 있다.

시인은 이같이 촘촘한 미시적 감각과 진폭이 큰 거시적 감각을 유연하게 교차시키면서도 궁극적으로는 자신의 내면을 들여다보는 자기 성찰로 귀결되는 수순을 밟는가 하면, 인간의 하잘것없음에 대한 깨달음에 이르면서 자연에의 외경심畏敬心을 내비치기도 한다.

"바람은 나무의 말 없는 습성을 다 아는 걸까 / 너무 좋아 믿어두는 걸까"(「나무와 바람」)라는 회의懷疑에 젖거나 "바람도 나무도 못 되는 나, / 그들의 사연을 어찌 알까"(같은 시)라는 대목이 그렇고, "집채를 다 들어가겠다던 바람은 / 자고 나니 행방조차 묘연하다 / 종일 검게 성내던 하늘도 / 자고 나니 새 얼굴을 하고 / 간청해도 아니 오던 햇살이 / 하룻밤 사이 방안까지 들어와 조아린다"(「하룻밤 사이」)는 대목 역시 마찬가지다. 시 「인생」은 그런 비애를 더욱 구체화해 떠올린다.

하늘만큼의 넓이를 지녔어도
안을 수 없는 슬픔
바다만큼의 깊이를 지녔어도
담을 수 없는 슬픔

언제까지 우리는 슬퍼만 할 건가

애써 이삭을 주워보지만
곳간은 차지를 않고
지팡이는 굳게 잡을수록
땅만 파일 때

사람아
하늘엔 조각달
꽃보다 붉은
울음만 흘렸다
  　　　　　－「인생」 전문

　인간에게는 하늘이나 바다에 견줄 만큼 슬픔이 깊고 넓어도(커도) 살아가는 것이 한갓 하늘에 떠 있는 조각달과 같으며, 꽃보다 붉은 울음을 비켜나지도 못한다. "풀잎은 바람으로 깨닫고 / 강바닥 자갈돌은 물살에서 깨달을 때 / 유정한 인간사는 눈물에서 깨닫는다"(「병원문을 나서며」)는 구절이 말해 주듯이, 깨달음은 어김없이 시련(고난)과 눈물을 담보로 새로운 길이 열릴 수 있다는 사실을 은밀하게 암시한다.
　이른 봄철에 피어나 이내 지고 마는 '목련'과 '벚꽃', 여름철의 '패랭이꽃' 등 한때 자연의 극히 작은 부분에 지나지 않는 꽃들을 바라보는 시각도 거의 같은 맥락이다. 이 경우는 애틋한 연민憐憫을 대동한다. "누구의 불면不眠 있었길래 / 꽃술은 웃음으로 벙그나"(「목련」"라든가, "목련이 손짓하더니 / 벚꽃은 한 번 웃고 가네 / 정이란 짧을수록 애틋하다더라만 / 뿌린 정 마르기도 전에 가면 / 무어라 이름 지어 / 부르오리까"(「봄」)라는 애틋한 심경 묘사들도 그러하다.

너는
더 넓은 들이 있는 줄도 몰라
나지막이 이웃 삼고
흙먼지 발길 자욱에 온몸이 스러져도
선 자리 설 자리라 웃음으로 피는 꽃

너는
온종일 들나들이 벗님 마중에
두 볼을 붉히고도
가슴속 얼룩진 정은 식을 줄 몰라
해진 들녘 저편에서도 소리 없이 피는 꽃

꽃이라면 가졌어야 할 향기도 없이
그저 밤에는 이슬 먹고
아침엔 햇살 마시며 서럴 줄 몰라
여름날 더운 탓에도 넉넉히 피는 꽃
―「패랭이꽃」 전문

시인은 소리도, 향기도 없이 더운 여름철에 "웃음으로 피는 꽃"으로 자연의 순리에 따르기만 하는 '패랭이꽃'과는 대조적으로 '하늘'을 향해서는 "천년의 세월로 만물을 꼭 껴안더니 / 천년 후 지금도 어쩜 그 마음 간직하고 있을까", "천년 전에도 만물이 우러러보게 하더니 / 천년 후 지금도 어쩜 그 힘을 누리고 있을까"(「하늘」)라는 신기하고 대단하다는 느낌과 부러운 마음을 감탄사를 동반해 토로한다.

하지만 「병원문을 나서며」에서 "유정한 인간사는 눈물에서 깨닫는다"는 대목이 시사하고 있듯이, 슬픔이 깊고 크더라도 인간사에는 유정有情이 중요한 덕목(선물)이라는 사실을 방증하듯 "주고받는 사람의 정

/ 어찌해야 좋을까"(「선물」)라며 따뜻하게 끌어안는다, 이 따뜻한 마음은 자신을 낮추고 대상을 받드는 겸양지덕謙讓之德과 상대에게 항상 감사하는 데서 우러나는 미덕 때문일 것이다.

> 내가 고왔다면
> 당신은 더 고왔고
> 내가 어쩌다 고왔다면
> 당신은 언제나 고왔으며
> 내가 겉이 고왔다면
> 당신은 속까지 고왔습니다
>
> 중요한 건
> 이런 것들이
> 나는 가정假定이라면
> 당신은 가정 아닌
> 사실 그대로라는 겁니다
> 　　　　　－「고백」 전문

더구나 이 고백은 우주와 자연 순리에 따르려는 겸허한 마음자리와 무관하지 않아 보인다. 「단풍잎을 보며」에서 그리는 바와 같이, 같은 단풍잎을 보면서도 학창 시절에는 아름답다고 책갈피에 끼워 두고, 젊은 날엔 탄성과 황홀 속에서 살며 누군가를 향했던 그리움의 상징이기도 했지만 "이순耳順에 다가온 지금 / 아름답거나 그리움 대신 / 곱게 내려앉는 멋을 배운다"는 순응順應의 미덕을 진솔하게 떠올린다.

iii) 한편 일련의 시는 일상日常의 길 위에서 마주치는 풍경에 주어진다. 그 풍경을 통해서는 당연한 사실마저 신기하게 재인식하면서 인생

길을 가고 있는 자신을 성찰하는 '거울'로도 바라본다. 시인은 길을 가다가 신호등 앞에서, 다른 사람이 운전하는 자동차의 운전석 옆자리에 앉아 바라보는 풍경들도 예사롭게 보지 않는다.

신호등 앞에 서 있는 자동차들과 신호등의 관계를 그린 「신호등 앞을 지나다」에서는 건널목의 신호등이 "쳐 놓은 줄[線]도 / 강압하는 표정도 / 목소리 높여 호령하는 손짓도 없이 // 작은 불빛 하나로" 돈과 명예와 권력의 상징으로 여겨지는 검은 자동차들을 꼼짝 못 하게 묶고 있는 장면을 묘사하고 있다. 시인은 이 장면을 목도하며 "저 힘세 보이는 차들을 지휘하고 있음이 / 왜 이리 멋져 보이는 걸까"라고 말하지만, 그 멋져 보인다는 말의 저의底意를 유추해 깊이 새겨보게도 한다.

장마철 고속도로를 달리는 자가용 운전석 옆자리에 앉아 바라본 차창 밖 풍경을 그리고 있는 「고속도로 위의 빗물」은 또 다른 시각으로 내리는(태어나는) 곳에 따라 엄청나게 다를 수 있는 '운명'에 대해 성찰하는 시인의 따뜻한 연민의 마음을 들여다보게 한다.

    잘생긴 차들일수록
    속도를 절단하고

    그런 바퀴들의 굴림 속에
    운 없는 빗물들이
    몸서리치게 터져 나왔다
    마치 살고 싶은 최후의 증언처럼

    그래서 그런 생각을 했다

    다 같은 하늘에서 내려와
    어느 건 몇 자욱 건너

아카시아 청솔잎에 앉으니
고운 님 빗어 주는 빗질 같고

어느 건 죄 많아
딱딱한 바닥도 서러운데
검은 횡포에
저리도 부셔져야 한단 말가

고속도로 빗물에
내 맘도 마구 젖었다
　　　　　－「고속도로 위의 빗물」 부분

  시 「인생길」에서도 시인이 직접 운전하는 게 아니라 운전석 옆자리에 앉아서 바라본 길에 대해 "차가 꼭 길이 아닌 곳으로 가는 것 같은데 / 실은 잘 가잖아"라고, 자신의 시각에 문제가 있지 않은지도 되짚어 보면서 사람이 살아가는 길에 대한 생각으로 시선을 넓히고 있다.

뽀드득 하얀 눈밭 가다 보면
똑바로 걸어 보고 싶을 때가 있어
몸 잡고 마음잡아 곧게 온다고 왔는데
뒤돌아 다시 보면 구불구불하기만 한 거

인생이란 길이 그런 것 아닐까
아닌 것 같으면서도 길이었던 때도 있고
잘 걸어온 줄 알았던 길
지나고 보면 영 아니었던 때도 있는
　　　　　　　－「인생길」 부분

인간은 아무리 몸과 마음을 바로잡으며 바르고 곧은 길을 가려 해도 한계가 있게 마련이다. 시인은 그 한계를 눈길을 걷고 난 뒤 뒤돌아보면서 느끼게 되기도 하고, 그 한계를 인생길에 대입代入해서 성찰하기도 한다.
　하지만 이 자기 성찰은 인생길이 그만큼 지난한 길이라고 하더라도 "몸 잡고 마음잡아 곧게" 가고, 아닌 길을 다시 가지 않겠다는 자성自省과 다짐을 완곡하게 내비친다. 시인의 인생을 바라보는 이 같은 마음자리는 「바다를 보며」에 여실하게 투영돼 있다.

　　사람들은 바다에 와서
　　모래성만 쌓거나
　　지는 노을만 바라보다 떠난다
　　바다가 왜 바다인지에 대한 물음은
　　파도에 얻어맞고 있는 바다에게
　　한마디 물어보지도 않고.
　　　　　―「바다를 보며」 전문

　대상에 대한 본질을 추구하고 그 비의에 천착하려는 자세를 시사하는 듯한 이 시는 바다를 건성으로 보지 않으려면 바다의 시련과 고난을 들여다보아야 한다는 암시를 한다. "파도에 얻어맞고 있는"이라고 한마디로 함축한 이 말을 깊이 새겨보게 하기 때문이다.
　그러나 타인을 향해 살아가는 모습을 바라보는 시인의 관점은 너그럽고 유연하다. 다양성과 개성을 포용하는 여유도 보인다. 사람은 누구나 자신의 가치관과 기호嗜好에 따라 다른 삶을 영위하게 마련이며, 인생길에는 정답이 없기 때문인지도 모른다. 「서로는」과 「관성의 법칙」은 그런 점에 착안해 읽는 재미까지 안겨주는 시다.
　국어 교사와 수학 교사를 대비해 "한 사람은 국어 시간처럼 살고 / 한 사람은 수학 시간처럼 산다 / 그는 이상과 감성을 좋아하고 / 그는 현실과 이성을 좋아한다"로 시작되는 「서로는」에서는 "한 사람은 정답이 명확하지 않음에 익숙하고 / 한 사람은 문제가 간단함에 친숙하다"고 교사로서의 체험을 바탕으로 두 인간 유형을 적시摘示한다. 이 때문에 이들에겐 인생이란 문제와 답지가 언제나 다를 수밖에 없다는 것이다.

   1
천하장사 이만기는 맨날 씨름만 하고
바람의 아들 차범근은 축구공만 찬다

새벽 열어 두부 파는 아주머니는
오늘도 두부판을 나르고
오이 당근 무 배추 아저씨
타이탄에 고단한 몸을 싣는다

   2
개미는 개미를 낳고
박쥐는 박쥐를 낳는다
호박꽃은 호박을 열매 맺고
감꽃은 감을 영근다

   3
장관 의원 잔치엔
재벌 총수 다녀가고
재벌 총수 아들딸은
정·관·경의 대작大爵 집으로 주민등록을 옮긴다
                   —「관성의 법칙」 전문

세상 풍경을 희화화戱畫化하면서 그 관성의 울타리 안에서 살아가는 사람과 사물들의 모습을 대상을 재현하듯 그리고 있으면서도 은밀하게는 세태世態에 대한 비판적인 시각을 보여주는 것으로도 읽힌다. 이 같은 풍자諷刺는 다람쥐가 한결같이 달리며 쳇바퀴를 돌려도 "길은 자취 없고 / 쳇바퀴 안의 숨찬 소리뿐"(「다람쥐의 독백」)이며, "구르면 다가갈 줄 알았던 세상은 / 늘 그 자리"(같은 시)라는 사실을 환기喚起하면서 이는 '어리석은 본성'이기 때문임도 일깨운다.

대상의 희화화로 시적 묘미를 돋우는 한편으로는 어감과 연계해 "치약, 물감은 짜고 / 빨래도 짠다 / 그러나 / 눈물은 짠다고 하면 안 된다 // 피리, 나팔은 불고 / 바람도 분다 / 그러나 / 눈물은 울고불고라 하면 안 된다"(「눈물은」)라는 표현이라든지

돌밥이라 하지만
돌은 고작 한두 개
쌀이 몇백 배 더 많다

찰밥이라 하지만
콩도 있고 팥도 있고
밤이며 대추까지 있다

<중략>

콩밥에는 콩이 있고
팥밥에는 팥이 있지만
떡밥에는 떡이 없고
죽밥에도 죽은 없다

밥을 위해 사느냐
살기 위해 밥 짓느냐
밥은 바빠서 못 먹고
죽은 죽어도 못 먹는
술만 술술 넘어가는 세상
　　　—「밥 이야기」 부분

이라고 우리말이 갖는 묘미를 극대화하면서 밥을 화두話頭로 세상 이야기로 비약하는 언어 구사도 마음을 잡아끈다. 떡밥과 죽밥의 뜻에 대한 말들도 그렇지만, "밥을 위해 사느냐 / 살기 위해 밥 짓느냐"는 질문이나 미묘한 어감을 활용해 "밥은 바빠서 못 먹고 / 죽은 죽어도 못 먹는 / 술만 술술 넘어가는 세상"이라는 구절이 거느리는 은유는 각별하게 절묘絶妙하다.

iv) 시인의 적지 않은 시편들에는 가족사와 함께 따뜻한 사랑과 인정이 넘쳐나는 농경사회의 토속적이고 향토적인 정한情恨의 정서가 미만해 있다. 추억 속의 가족들을 소환하고 그리워하며 향수에 젖게 되는 건, 옛 고향은 한결같이 회귀하고 싶은 마음의 본향本鄕으로 자리매김하고 있기 때문일 것이다.

　세상을 떠난 어머니와 아버지는 몽매에도 잊히지 않는 그리움의 화신化身과도 같아 보인다. 어머니보다 늦게 세상을 떠난 아버지는 꿈속에 살아 있기까지 해 부정도 모정에 진배없이 얼마나 깊었던가를 짐작하게 한다. 토속적인 정서와 감꽃이 매개가 되고 있는 「꿈길에서」에는 어머니와 아버지를 기리는 심경이 절절하게 그려져 있다.

　어머니!
　어머니 계신 그곳에도

해지고 철 바뀌어
감꽃이 피어나는지요

어젯밤 꿈길에
움모실 들에 가자시며
하얀 고무신 내려 신으시고
감꽃이 한창인 그 곳으로
저를 데려가셨는데

아버지!
아버지 살아 계시던 그땐
왜 그리 그 꿈만 꾸었던지요
통곡에 꿈을 깨고도 목이 쉬더니

아버지!
계시지 않는 지금은
꿈만 꾸면 아버지 살아 계시니
깨지 말고 영영 꿈길이면 좋겠습니다

-「꿈길에서」 전문

 꿈을 깨서도 꿈길 같기를 바라는 마음이 애틋하기 이를 데 없다. 꿈길과 감꽃뿐 아니라 움모실 들과 하얀 고무신도 그 애틋한 분위기를 받쳐준다. 꿈길이 아니라 눈비 오락가락하는 날도 "동쪽 마루 가으내 말린 장작 / 눈비 오는 날이면 / 당신의 등 맞아가며 / 여러 자식놈 춥지 않을까 / 건넌방 무쇠솥 아궁이 / 종일토록 숯불을 달구시던 사랑"(「눈비가 오면」)을 떠올리며 "사랑을 지피시던 부모님 등[背]"(같은 시)을 그리워한다.
 어머니를 기리는 마음자리에는 "시오리 장터 길 / 보릿자루 이고 가신 / 엄마 기다리던 한나절"(「수박 1」)이 자리잡고 있고, 어머니가 장터에서 사 온 수박을 "콩밭 매러 들에 간 / 온 식구 다 모이면"(같은 시) 순식간에 다 먹어버리던 기억이 동반된다. 또한 오직 수박 참외만 좋아하던 어머니에 대한 그리움에는 "해마다 여름은 / 수박의 계절이다 / 그리운 어머니의 계절"(「수박 2」)이라는 추억도 저며 있다.

　　먼 하늘 그리운 고향
　　유난히 햇빛 푸르면
　　엄마와 내가 함께 오르던
　　고향집 들길 그리워 낯이 젖는다
　　엄마가 보고 싶어
　　젖 뗀 송아지 된다
　　　　　　　—「엄마」부분

　시인에게는 그 그리운 고향도 이젠 먼 하늘 저편에 있지만 어머니와 함께 오르던 들길은 가까이 다가와 얼굴을 젖게 하고, 어머니를 보고 싶어하는 마음은 "젖 뗀 송아지" 같게도 한다. 눈 오는 날 각별히 고향집이 그리운 건 "아무도 밟은 이 없는 이른 새벽 / 어머닌 두레박 우물가는 길 먼저 내어놓으시고 // 닭 울음 따라 삽살개 마중 간 동구 밖 길 / 아버진 '학교 가야지'하며 비질하시던"(「눈 오는 날」) 추억 때문이기도 하다. 마당에 지천으로 깔리던 감꽃도 향수를 자극하기는 매한가지다.

　　어머니는 종일토록
　　싸리비로 쓸어 내시고
　　우리는 한나절
　　실에 꿰어 걸어주던
　　땀과 추억이 섞인 꽃

부모님 가신 지 이십여 년
　　가마솥 아궁이는
　　내려앉아 흔적 없고
　　찬물 긷던 두레박 우물가
　　잡풀 나고 자라 동산 되어도
　　널따란 기와지붕 위로
　　감꽃만이 뚝뚝 그대로이다
　　　　　　　　-「감꽃」 부분

　인생길은 세월의 흐름과 더불어 끊임없는 변화를 가져다준다. 그중에서도 빼놓을 수 없는 건 호칭이 점점 더 불어난다는 점이다. 시인에게는 '근 반백수半白壽 살아온 지금'을 「내 이름 1」에서 소상하게 열거하고 있듯이, 남이 부르는 호칭이 세기도 어려울 만큼 많아져 있다.
　가족 관계로 얻은 호칭이 딸, 동생, 언니, 처제, 이모, 시누이, 고모, 아내, 며느리, 형수, 올케, 외숙모, 엄마, 형님, 큰엄마, 이모할머니이며, 가족 관계 외에는 사제 관계에서 생긴 선생님이다. 그 명단에서는 시인이라는 호칭은 빼놓은 것 같다. 관계를 요약해서 열거한 「내 이름 1」에 이어 「내 이름 2」에서는 "느낌도 가지가지 마음도 가지가지"인 호칭에 대해 나름으로 진솔하게 느낌을 드러내 보이고 있다.

　　세상 가장
　　자랑스런 이름은 엄마
　　행복한 이름은 아내

　　보람된 이름 선생님
　　죄송한 이름 딸과 며느리

정다운 이름 언니 동생 형수
미안한 이름 고모 이모 외숙모 큰엄마
편안한 이름 처제 형님
아쉬운 이름 시누이 올케
수줍은 이름 이모할머니

이 중에
제일 좋으면서
제일 미안한 이름
엄마라는 이름
아내라는 이름
정말 감사하면서
참 후회 많은 이름
딸이란 이름
며느리란 이름
  　　　　　　　－「내 이름 2」 부분

　ⅴ) 이 시집의 마지막 부분에는 교단생활 40년 동안의 느낌과 소회들 가운데, 마치 단면적으로 점묘點描를 하듯이, 극히 일부에 대해서만 담백하고 정갈하게 그려 보이는 시들을 모아 놓았다. 교육자로서의 근엄한 모습보다는 마치 꿈꾸는 소녀처럼 순진무구한 마음의 그림들을 안으로 지성을 쟁인 감성적인 언어로 그리고 있어 시인의 성품과 따스하고 겸허한 자세를 엿보게 한다.
　학생들이 아침 8시에 등교하는 풍경을 "시시각각 진격하는 무리는 틀림없는 벌 떼 / 그러면 무뚝뚝한 교사校舍는 / 다름 아닌 벌통"(「벌과 벌통」)으로 규정하면서 보통 벌들과 다르게(거꾸로) "살아갈 먹이 위해 / 이른 아침부터 저녁까지 / 통 속에서 힘겨운 나래 접"(같은 시)는 묘사는 그 한 예다. 학생들을 감싸는 마음이 포근하기 그지없다. 역시 비유법이 참신하고 발랄한 「하루」도 그 연장선상의 시다.

   수업 시간

   책상은 뽕나무 잠박
   꾸물대는 너희는 누에

   그러면 교실은 잠실
   나는 양잠가

   쉬는 시간

   교정은 아카시아 숲
   너희는 진격하는 벌 떼

   그러면 교실은 벌통
   나는 양봉가
          -「하루」전문

  학생들을 누에나 벌, 교사를 양잠가나 양봉가로 보고, 책상을 뽕나무 잠박, 교실을 잠실이나 벌통, 교정을 아카시아 숲으로 보는 발상이 신선하다. 교사인 자신을 양잠가나 양봉가로 보는 것도 겸허한 마음의 소산이 아닐 수 없다. 시는 마음이 맑아야 쓸 수 있다는 말이 있지만 교사도 그 마음자리는 마찬가지일 것이다.
  「부러움」에서는 학교 음악실의 모습은 세월의 흐름에 따라 새롭게 단장돼 달라졌으리라고 유추하면서 음악가들은 30년 전 그때 그 모습 그대로라고 예술의 불변, 불멸성에 대해 흠모해 마지않는다.

청소 검사하러
　　음악실에 갔었지

　　멋있는 피아노와
　　푹신한 책걸상에
　　카펫까지 깔린 바닥

　　근데 참 재미있는 건
　　바하, 모차르트, 베토벤은
　　30년 전 그때 그 모습
　　그대로였어
　　　　　　-「부러움」 전문

　발령받고 부임할 때는 "얼마를 달렸을까 수비 가는 길 / 몇 구비 돌았을까 발리 가는 길 / 한티마루 올라서니 그림 하나 놓였다 / 수비면 발리리 수채화 한 장"(「수비 가는 길」)이라고, 고즈넉한 학교 소재지도 '수채화 한 장'으로 아름답게 묘사하고 있다.
　시인은 「퇴근길」에서는 교사와 어머니, 아내로서의 역할에 대한 사명감을 완곡하게 그려 보인다. 어느 한쪽도 소홀히 하지 않으려는 마음가짐을 마치 그 역할을 교차해서 떠올리듯이 그리고 있다. 퇴근길에 귀가歸家하면서 어머니와 아내 역할로 들어오면서도 교사로의 소명을 저버리지 않는 심경이 "마음은 학교에 있고 / 몸은 어느새 / 현관문을 / 두드린다"고 표현하고 있다.

　　집으로 가는 골목길
　　노을이 웃으면
　　엄마라는 이름 잠시 두고

선생님이라는 이름으로
자장면 한 그릇 함께 먹었으면

어쩌다 차 앞 유리
빗줄기라도 세게 때리면
아내라는 이름 살짝 두고
황 선생이란 이름으로
차 한 잔 마시고 갔으면

퇴근길
마음은 학교에 있고
몸은 어느새
현관문을
두드린다

—「퇴근길」 전문

시인은 어머니로서나 교사로서 「알고도 모를 일」에서 묘사하는 바와 같이, 알고도 모를 일이라고 하면서도 때로는 밥보다 자장면을 좋아하고 수업을 "말아보자"고 하자 학생들이 좋아하는 소년(소녀)들 편에서 먼 거리를 두고 있지 않다.

시인은 평생 직장인 교편생활을 마김힐 때가 가까이 다가오면시는 "하겠다던 직함도 버렸고 / 끓어오르던 시인詩人 이름도 못 다진 / 40년 세월 / 아차 / 잘못된 일이다"(「퇴직 284일을 앞둔 밤에」)라는 회한悔恨에 젖기도 하지만, 그보다는 그 40년 동안의 출퇴근길을 되돌아보는 자긍심이 '사랑'과 '자랑'이라는 결실(성취)로 바라보게 해준다.

천구백팔십사년 삼월
첫 출근

이천이십사년 이월
마지막 퇴근

딱 40년

퇴근해 발 담그는 짜릿함도 좋고
출근길 현관문 미는 시원함은 더 좋은

사랑 40
자랑 40
내 청춘 40
　　　　　－「사랑·자랑 그리고 40」 전문

　게다가 그 사랑과 자랑은 학생들을 향해서도 "나는 한 그루 나무 / 너희들이 기댈 수 있는 그런 나무"(「애들아 나는」)라는 생각에 이르게 하고, "너희를 보면서 꽃을 생각한다 / 빛깔 좋아 고운 꽃 / 향내 고와 좋은 꽃 / 사월에 피는 꽃, 칠월에 피는 꽃 / 다듬은 문 앞에 피는가 하면 / 후미진 뒷산 그늘에서도 피는 꽃 // 어느 꽃은 이슬 받아 피어나고 / 어느 꽃은 햇빛 따라 피어나고 / 서리 속에서 피어 아름답고 장하다 싶으면 / 봄바람 속 잎새 두고 먼저 피어 / 오히려 갸륵한 꽃"(「꽃」)이라고 예찬하게 되는 것 같다. 한편 자신을 향해서는

내 마음 항상 꽃 두고 비는 말씀
움 돋던 날 다짐 하나로
일구고 뿌리 내린 눈물 사연 보듬고
저 바람 저 흙 속에서도
웃음 짓게 하소서
　　　　　　－「꽃」 부분

라고 기구祈求하는가 하면, 「다시 길 떠나는 너희에게」에서는 헤어지는 학생들에게 "한세상 살다 가는 정원에 / 나를 심고 / 부모 형제 이웃을 가꾸기 위해 / 용기라는 쟁기의 날을 삼아 / 꿈과 희망이라는 새싹을 키"우고, "세상은 / 무엇을 가지는 행복 대신 / 어떻게 가져가는가가 더 멋"지다는 간곡한 당부와 조언助言을 아끼지 않는다.

  이 시집에는 한결같이 사람들을 향한 따스하고 곡진한 사랑이 관류하고 있다. 시를 대하는 자세도 진솔하고 겸허하다. "교단생활을 정년으로 마감하게 해준 사랑하는 가족과 하늘로 소풍 가신 부모님과 시부모님 영전에 바친다."는 대목은 그런 시인의 아름다운 마음자리를 거듭 들여다보게 한다. (2024)

3

학구적인 사유와 일깨움의 시학
―권영시 시집 『상리화』

ⅰ) 권영시 시인의 시는 순탄한 구문과 낯설지 않은 서사敍事들로 친근감을 자아내며, 학구적인 사유思惟의 결들을 거느린다. 서정시抒情詩의 외양에 지식(교양체험)이나 관념을 서사적으로 다져 넣어 서정적 자아自我가 세계를 자아화하기보다는 대상이나 그 세계에 무게중심을 두는 보편성을 지향한다. 하지만 때로는 고정관념에 대한 특유의 성찰省察이나 그 본질 되짚어보기, 인간관계 깊이 들여다보기를 통해 서사적 메시지들을 주관화하고 감정을 이입移入하거나 투사投射하는 방향으로 나아간다.

생명력의 절정絶頂이라 할 수 있는 꽃들을 비롯해 나무와 숲에 각별하게 관심을 기울이며, 자연이나 우주를 거시적으로 바라보거나 세상을 걱정스럽게 바라보고 우려하는 시선도 다양하게 번지고 스미지만, 궁극적으로는 인간 문제로 귀결歸結되는 일깨움에 초점이 맞춰진다.

시인이 고문헌古文獻을 탐독하고 역사의 숨결이 스며든 유적지들을 즐겨 찾아 나서듯이, 그의 일련의 시편들에는 그 깃들기의 모습과 궤적軌

跡들이 다채롭게 각인되며, 그 이면裏面에는 전통적인 가치관이나 뿌리 의식과 역사의식이 은은하게 관류貫流한다. 가족을 비롯한 가까운 사람들과의 일상사日常事들을 진솔하고 온화하게 떠올리는 경우도 너그러운 사랑과 '둥굶'의 미덕을 받들고 있어 마음을 붙들기도 한다.

ii) 시인은 숫자나 문자, 사물을 두고 본질적인 문제, 사회현상이나 더불어 살아가는 사람들 사이의 인간관계와 연계시키면서 그 의미를 자신의 시각으로 새롭게 부여하고 보듬는다. 일반화된 고정관념에 대한 성찰이나 본질 되짚어보기, 사람과 사람 사이의 관계를 깊이 들여다 보려는 이 같은 시도들은 시인의 예사롭지 않은 통찰洞察과 일깨움을 떠올려 준다는 점에서도 눈길을 끈다.

> 0을 두고
> 다른 어느 숫자 곁에 있어야만 숫자라는 것은
> 오류
> 코로나 바이러스19 확진자 0이던 날
> 제대로 알아봤다, 대구가 증명했다는 걸
>
> 1위로는 원래 그 어떤 숫자도 곁에 두지 않는데
> 0이 거꾸로 1머리 위를 차지했으니
> 오류를 말하던 0이
> 오히려 더 위대한 숫자다.
> ―「0[無]의 위대함」 부분

이 시는 '0'을 '없음[無]'으로 들여다보면서 그 '없음'이 '하나'나 그 이상의 숫자보다 위대하다고 역설하고 있는 경우다. 코로나 바이러스의 창궐 때문에 팬데믹을 면치 못하는 요즘 우리 사회는 그 감염 확진자들로 여전히 환란患亂에 빠져 있다. 이 점에 착안해 시인은 국내에서는 맨 처음으로 코로나 바이러스 감염자가 집중적으로 발생하던 대구에서 어느 날 확진자가 한 사람도 없이 '0[無]'이던 날의 그 '0'의 '위대함'을 대구가 증명했다는 논리를 펴면서 '0'에 대한 오류誤謬를 지적하고 있다.

'0'이 "다른 어느 숫자 곁에 있어야만 숫자라는 것은 / 오류"이며, 코로나 바이러스 감염자가 전혀 없다는 '0'이 '1'보다 아래 개념이 아니라 "0이 거꾸로 1 머리 위를 차지"한다는 방증傍證을 했으므로 1보다도 더 위대한 숫자라는 논리다. 어쩌면 '0=무한대'라는 논리도 가능하겠지만, 시인은 이같이 요즘 사회현상에 빗대어 '0'의 의미를 다른 각도에서 일깨운다.

그런가 하면, 「돛과 닻 다시 생각하기」는 배(선박)의 '돛'과 '닻'의 역할을 되짚으며 이 문자들의 자음인 'ㄷ'과 'ㅊ', 모음인 'ㅗ'와 'ㅏ'의 관계를 "ㄷ과 ㅊ을 벌려 놓고 보면 / ㅗ는 중간에 앉아 있고 ㅏ는 옆에 서서 버틴다"는 사실을 환기喚起하면서

앉고 섰음이 재료나 기능도 서로 달라
ㅗ가 들면 물위를 누빌 원단이 원천이고
ㅏ가 들면 물밑에 꽂힐 쇠붙이가 원천이다

애초에 앉은 ㅗ와 섰던 ㅏ가 따로 자리하면서
가는[ㅊ] 항행과 멈춘[止] 정박으로 달리 쓰지만
앉은 ㅗ는 정박을, 선 ㅏ는 항행이면 어떨까
　　　　　　－「돛과 닻 다시 생각하기」 부분

라고, '돛'과 '닻'의 역할을 뒤집어 '닻'이 배를 항해航海하게 하고 '돛'이 정박碇泊하게 하는 것으로 바꾸는 게 어떨까 하는 견해를 피력하고 있다. 자음 'ㄷ'과 'ㅊ' 사이에 개입되는 모음 'ㅗ'와 'ㅏ'의 앉고 선 형상에 따

라 배를 정박하고 항해하게 하는 것으로 뒤집자는 생각은 궤변詭辯으로 볼 수도 있겠지만, 이 주장은 충분히 일리가 있어 보인다. 이는 사전적 의미에 대한 역발상이라 할 수 있다. 기존 관념에 따르기만 하기보다는 회의하고 새로운 의미를 추구하고 부여하는 것이 시인의 몫이기도 하기 때문이기도 하다.

    펑펑펑
    雨雨雨
    氷氷氷
    지구온난화 속도다

    꽁꽁꽁
    冬冬冬
    雪雪雪
    제트기류가 느려서다

    어~어
    미끄덩
    꽈~~앙!
    내 집 앞을 그냥 놔둬서다.
                   「지난겨울엔」 전문

「돛과 닻 다시 생각하기」와는 달리 한자의 뜻과 발음을 한글 발음과 연결시키면서 한자의 뜻과 발음의 효과를 함께 구사하는 이 시는 겨울 풍경을 희화화戱畫化하면서 지구온난화 속의 기후와 그 대처를 소홀히 하는 사람들을 풍자諷刺한다. 한글의 발음과 한자 '雨우', '氷빙', '冬동', '雪설' 자의 뜻과 그 발음을 반복하는 데서 빚어지는 '우우우', '빙빙빙', '동동동', '설설설'과 같은 동작의 뉘앙스(의태어)를 살리고 있어 재미있다. 하지만 이 시는 '지난겨울'이라는 단서를 달고 있어 지구온난화에 대비하자는 암시를 하고 있는 것으로도 읽힌다.

한편 「생각의 공」에서는 공을 치거나 차는 문제에 대해 인간적 차원의 '가해加害' 문제로 바라보며 "야구공은 작지만 / 깨어지도록 얻어 맞아야 멀리 간다 / 축구공은 더 크지만 / 터지도록 걷어차야 멀리 간다"는 사실을 일깨우면서, 상대적으로 야구공과 축구공은 아파서 '죽을 맛'일 것이라는 데 마음을 포개어 놓는다.

> 매맞은 야구공이 너무 아파
> 홈런으로 가던 길에 쪼개지면 어쩌나
> 차인 공이 죽겠다 싶어
> 골인 앞둔 코앞 문전에서 펑크 나면 어쩌나
>
> 제아무리 마음 둥글다 해도
> 일방적인 가해라면 그 뒷일 감히
> 누구도 감당하지 못하리라
> 　　　　　　－「생각의 공」 부분

홈런 때의 야구공이 쪼개지거나 골문 앞에서 축구공이 펑크 날까를 우려하는 시인의 마음은 인간으로 눈을 돌려 일방적인 가해는 뒷일을 "제아무리 마음 둥글다 해도" 감당할 수 없다는 사실을 에둘러 환기하는 것으로 보인다.

iii) 시인이 세상을 걱정스럽게 바라보고 우려하는 시각은 다양하고 다채롭게 퍼지고 번지며, 궁극적으로는 인간 문제로 귀결되는 일깨움과 이어지게 마련이다. '홍수' 재난에 대해 "산비알 / 짓뭉개고 / 푸른 농심 넘보다가 // 온갖 것 핥아먹고 / 세차게 뒹구는 / 저 황톳물 근육"
이라고, 그 폭력적인 힘에 대해서 언급하다가 인간 문제로 시선을 돌려

> 식성 좋은 궤변에도
> 저 하늘만 알고 있단다
>
> 자연을 탐욕하는 자들아
> 끝내는
> 바다의 먹이가 되는 것을
> 아난가 모란가
>   ―「홍수」 부분

라고 '홍수'와 '그와 같은 사람들'을 싸잡아 질타하면서 경각심을 일깨운다. '탐욕'과 '식성 좋은 궤변'의 함수관계가 어떤 것인지는 말할 나위도 없겠지만, 시인은 그 함수관계를 오늘의 세태에 비추어 발언하고 있다는 느낌을 안겨 준다.

  시「초여름」도 무덥고 변덕이 심한 날씨에 빗대어 요즘 세태를 시사示唆하는 경우로 보인다. 맑던 저녁 하늘에 갑자기 먹구름이 엄습하자 청개구리가 동요하고, 그 주범인 "요사스런 구름" 즉 "그 선동자 주위로는 온통 중구난방衆口難防에 / 소리 소음만 무성"하다는 메시지가 그렇게 읽히게 한다. 그런 상황에서는 "상현 가던 허공에 손톱만큼의 쪽배 띄"워도 위태롭지 않을 수 있겠는가. 마구 떠들기만 하는 청개구리들이 "무덤에 가기도 전에 / 쪽배는 풍랑에 침몰"할 수밖에 없을 거라는 메시지도 의미심장한 경고가 아닐 수 없다.

  세상 돌아가는 모습을 청개구리 소음뿐 아니라 이 디지털 시대의 모바일이나 컴퓨터가 야기하는 소음과 스팸 메일 때문에도 중구난방의 혼돈과 혼란에서 자유로울 수 없게 한다. 시인은 그런 혼돈과 혼란에 얽

매여 살면서 그 벗어나기의 방법으로 산속(숲속)에 깃들어 그 "디지털 종양을 도려"내고 싶어한다.

> 맑은 공기와 햇볕이 집도하고
> 환부는 짙푸른 솔 내음이 봉합하며
> 시술 흉터는 개울물의 서곡에
> 아름다운 새소리가 말끔하게 지워 주는 숲속
>
> 아! 이게 바로 아날로그 내팽개친 자유와 안락
> 그 이상의 행복은 어디에 있단 말인가
> You Only Live Once
> 혼자라도 잘했다
> Log off가 필요하다.
> 　　　　　　－「Log off」 부분

　산의 숲속에는 '맑은 공기와 햇볕', '짙푸른 솔 내음', '개울물 소리', '아름다운 새소리' 등으로 디지털 시대의 세속과는 극명하게 대비되는 아날로그 시대의 '자유와 안락'의 자연이 자리잡고 있다. 그래서 시인은 컴퓨터 단말기와 모바일을 끄려 하며, 혼자라도 잘했다거나 현재의 삶에서 최대한의 즐거움(YOLO)과 최상의 행복을 누리려는 꿈을 꾸게 되기도 했을 것이다. 이 문맥에는 언제나 순리順理가 변함없이 질서정연하고 세속과는 극명하게 대비되는 자연으로의 회귀回歸를 그리워하는 심경이 담겨 있는 것으로 볼 수 있다. 그러나 세상은 그렇게 녹록한 곳과는 거리가 멀게 마련이다.

> 입춘 지나고도 자꾸만 곤두박질치는 날씨
> 그 바람에 농부가 벗기지 않은 하얀 비닐은

컬링 경기장처럼 햇살에 반질거린다
정월대보름 앞두고 하얀 눈 도톰하게 덮이자
벗기지 않길 잘했네! 하다가 오후는 달랐다
반질거리던 하얀 비닐은 영락없는 컬링 경기장
절후의 작전 타임으로 비닐 속 영하의 선수들이
영상을 향해 "영미! 영미~ 가야 돼! 가야 돼~"
어쩐지 국민 영미 부르는 아우성 같아
반질거리던 지붕 말아 올렸을 테지만
녹아내리면서 다시 속도 조절하나 보다
스톤의 밀대처럼 길어질 마늘 순 보이면서
푸른 밀대 재바르게 밀어올리자
"영미! 영미~ 됐다! 됐어~" 둥근 해머의 이 말에
육쪽마늘은 스톤하우스 중앙 버튼처럼
둥근 생각에 튼실하고 야무진 근력도 있었지만
모진 한파와 무거운 강설을 이겨 낸 이즘
금메달 놓친 평창 올림픽의 아쉬운 기억으로 자란다.

―「마늘밭의 강설降雪」 전문

    비닐을 벗기지 않은 이른봄의 의성 마늘밭과 평창올림픽의 컬링 경기장을 포개어 시인의 안타까운 감정을 이입(또는 투사)해 때늦은 한파와 강설, 아쉽게 은메달에 그친 의성의 컬링선수팀을 소환해 바라본다. 이 시는 입춘 지나고 정월대보름이 가까워도 이상異常기후와 강설 때문에 비닐을 벗기지 않은 비닐 속 마늘 순들의 아우성과 헤머가 밀대로 속도 조절을 하는 선수 '영미'를 채근하는 소리를 오버랩하면서 마늘밭의 강설을 실감나게 떠올려 보이는 발상이 재미있다. 서술체 문장으로 늘어뜨린 서사가 시적 긴장을 다소 이완弛緩시키고 있음에도 불구하고 '국민적 공감대'를 끌어냈던 평창올림픽 컬링선수들을 끌어들인 발상과 인유引喩의 묘미가 돋보이지 않을 수 없다.

시인의 세상에 대한 안타까움과 연민은 하찮은 동물이나 식물에도 어김없이 투사된다. 「호랑나비 년」에서 가을인데도 방충망에 걸려 창틀에 걸터앉은 호랑나비를 보며 "계절의 징검다리 건널 줄 모르"고 "불빛 경사로에서 방황하는 바보"라고 안타까워하며, 나아가 호랑이 무늬가 부끄럽지 않느냐고 그 마음을 비약시키는 까닭도, 태풍과 홍수 재난에 고층 아파트 창틀에 앉아 있는 개구리를 향해

    강퍅한 마음은 아직도 그대론지
    불효를 저지르고도 어떻게든 살아 보자는 건지
    묘연하고도 처연한 저 청개구리의 행보

    YOLO를 꿈꾸는 가냘픈 몸부림일까
    울음 멈추고 공기압 조절하느라
    연초록 목덜미 쉼 없이 벌렁거린다.
        -「불효자의 강퍅剛愎한 YOLO」 부분

고 바라보는 까닭도, 그 하찮은 대상들을 인간의 반열班列로 끌어당겨 연민을 보내는 경우에 다름 아니라 할 수 있다. 이 시에 등장하는 'YOLO'는 그런 시인의 심중을 그대로 반영해 드러내 보인다. 이 조어造語는 「Log off」라는 시에 등장하는 'You Only Live Once'의 두문자어로 '인생은 한 번뿐', '뒷일은 생각하지 마라', '죽기밖에 더하겠어'나 '현재의 삶에서 최대한 즐거움을 누리겠다'는 뜻으로 쓰인다. 불효不孝를 저지른 청개구리의 묘연하고도 처연한 행보를 불효자의 강퍅한 YOLO로 바라보는 시각이 역시 이 시인답다는 생각도 들게 한다.

    소망일小望日 지나면 추녀끝 타고 내려
    문구멍 비집을 둥근달은 솟아오를지

자식들 고향 길은 뚫릴지 모르겠지만

　　아직도 고단한 흔적 키 높이로 비견한다면
　　이리저리 휘젓는 헝클어진 흰빛 날갯짓
　　높디높게 쌓여 간다면

　　하얀 어둠에 바동거리는
　　내 정수리만 진노랗게 짓눌릴 뿐인데
　　　　　　　　　　　　　－「복수초」 부분

　설날 자식들 귀성歸省길의 교통 대란과 정월 열나흘날(소망일)이 지나면 둥근 대보름달이 솟아오를까를 우려하는(기대하는) 심경과 겨울이 가기 전에 '얼음을 뚫고 나와 봄을 부른다'는 복수초(눈새기꽃)의 모습을 내면으로 끌어들여 노래하는 시다. 시인은 그 안타까운 심경을 "아직도 고단한 흔적 키 높이"와 "헝클어진 흰빛 날갯짓"에 비유하면서 복수초와 같이 "정수리만 진노랗게 짓눌"리며 "하얀 어둠"에 바동거리는 것으로 묘사한다. 이 시는 찾아올 자식들과 대보름달에 대한 소망과 그 애틋한 심경을 눈새기꽃의 노란 꽃으로 떠올리는 상징의 묘미를 끌여들여 보여 주지만, 세상살이의 녹록하지 않은 한 단면도斷面圖로도 읽힌다.

　iv) 시인은 생명력의 절정이라 할 수 있는 개화開花에 각별한 관심을 보인다. 나무와 숲을 바라보는 시인의 마음눈도 거의 한가지며, 거시적으로는 자연이나 우주를 향해서도 별반 다르지는 않다. 이 같은 관심과 마음눈은 대상을 객관화하기보다는 '세계를 자아화'하는 서정적 자아가 서사적 메시지들을 끌어들여 주관화하고 감정을 이입해 보여 주는 양상으로 번지고 스민다.
　대구 신천대로를 승용차로 달리면서 연도에 활짝 피어나는 개나리꽃들을 멈추지 않고(무정차로) 봄볕으로 달린다거나 그 "길섶에 혼 팔리다 / 신천대로가 / 거꾸로 달린다."는 「달리는 봄」, 벚꽃을 "달빛 뽀얗게 머금은 화안대소花顔大笑"나 "화경花莖에 주렁주렁한 연분홍빛"으로 그린 「벚꽃」, 봄 산천의 철쭉꽃들을 "커다란 바윗덩이 부둥켜안은 / 철쭉화안대소花顔大笑"로 표현한 「흘낏 꽃구경」 등은 꽃들을 매개로 봄 풍경을 역동적으로 그리면서 시인의 감정을 이입하거나 투사해 특유의 시각으로 변용變容한다.

때로는 봄에 피는 꽃들과는 사뭇 대조적으로 여름철이나 가을에 피는 꽃들을 바라보는 시각은 능청스러운 바람기가 있다(「벼랑쟁이 능소화」)거나 음흉한 관능의 소산(「밤나무꽃」)으로 수상하게 여기고 있을 뿐 아니라 '때가 아닌 때'에 피어나는 것으로 보는 면도 없지 않다.

> 천둥 번개 비바람에 몰매 맞고도
> 능청스럽게 꽃피우는 저 능소화더러
> 넝쿨쟁이라 말해도 좋다는 생각이 드는데
>
> 전국 어디든 길섶에서 매연에 찌들어도
> 불평 하나 없이 저 발그레한 얼굴
> 초여름에 쟁이 풍경 자랑 염두에 두고
> 줄줄이 꽃피우는 생각의 능소화더러
> 벼랑쟁이라 말하고 싶어라
> 　　　　　－「벼랑쟁이 능소화」 부분

여름에 피는 능소화를 그 생리나 꽃말 등과 상관없이 시인의 시각으로만 그린 이 시는 능소화는 천둥, 번개, 비바람에 몰매를 맞아도 불평하지 않고 능청스럽게 피는가 하면, '선정적煽情的'이라 할 수 있는 '발그레한 얼굴'로 그 '쟁이 풍경 자랑'하는 '넝쿨쟁이'와 '벼랑쟁이'로 그려 보인다. 「밤나무꽃」에서는 유월에 피는 밤꽃을 아낙네 꽃바람 날 때의 욕정慾情을 빗대듯 "배꼽 앞에 늙수그레하게 늘어진 코끼리 고것처럼" 밤나무가 "음흉한 사내 내음 / 방사형으로 사정"한다고 감정이입을 한다.('고것'은 '성기性器'를 지칭)

가을철의 꽃무릇을 보면서도 시인은 "가을 마르기 전에 / 붉게 화장하고 / 사랑의 횃불로 전국 휘휘 돌며 // 뜨거운 사랑"을 각인하고 싶다는 「꽃무릇[石蒜]」도 같은 맥락으로 읽히게 하며, 「금낭화 꽃대궁과 피타고라스 정리」에서는 경기도 용문산 벼랑의 금낭화 꽃대궁이 "미늘에 대어가 낚인 낚싯대처럼 휘어졌다"면서 그 모습에 '피타고라스 정리'를 대입해 보기도 한다.

> 꽃피운 꽃 머리는 어김없이 붉은 하트 모양인데
> 사랑의 아이콘 하나씩 1cm 간격으로 촘촘하다
> 이런 데서 하트가 몇인지 꽃대궁 길이를 알아본다
>
> <중략>
>
> 꽃대궁은 안쪽에는 종족을 위한 씨앗 여물어가고
> 초리 쪽은 사랑의 아이콘을 표방해 양면성도 지닌다
> 춘풍에 팽팽하고 늦봄에도 아슬아슬하게 휘어져
> 꽃대궁 길이나 직각에 대항하는 빗변의 길이나
> 수치상 어려워 벼랑 기웃거려 하트를 세어야 했다.
> ―「금낭화 꽃대궁과 피타고라스 정리」 부분

1cm 간격으로 촘촘한 붉은 하트 형상의 금낭화 꽃 머리들과 꽃대궁의 함수관계를 '밑변의 제곱 더하기 높이의 제곱은 밑면의 제곱과 같다'는 피타고라스 정리로 풀어 보려 한다. 그러나 "춘풍에 팽팽하고 늦

봄에도 아슬아슬하게 휘어져" 가늠하기 어려워 벼랑을 기웃거리게 하며, 꽃대궁과 초리가 사랑의 이이콘과 종족 보존의 양면성을 들여다보게도 된다.

현학적衒學的이라 할 수 있을 만큼 사물에 대해 탐구하며 감정이입을 하거나 역사의식을 투영하는 그의 시에는 나무나 숲에도 예외가 없다. 울릉도 도동항 산마루의 "오천 년 향나무"를 "뼈대에 뼈대를 / 내걸고 / 풍광으로 살아가는 / 정좌正坐"나 "뼈대에 뼈대를 / 내걸고 / 지질공원 붙든 / 난좌難坐"(「울릉도 석향石香」)로 상반된 느낌으로 바리본다. 가로수와 숲을 "한쪽 다리로 / 생각의 턱을 괴고 있다"(「생각의 나무」)며, 그 위태로워 보이는 모습에 로댕의 '생각하는 사람'을 적용하고, 팔을 다리로 서로 바꿔 나무나 숲이 한쪽 다리로 생각의 턱을 괴고 있는 것으로 바라보기도 한다.

시인의 이 같은 대상의 주관화는 새로 심은 가로수가 죽을 것 같아 지주목支柱木을 세우게 된 것을 몸통에 "죽은 놈 서넛 덧붙였더니"라고 표현하면서, 가로수가 "따라 죽지 / 않으려 / 더욱 짙푸르고 / 싱싱"(「생각의 나무-지주목」)하다거나 바위 위의 분재 같은 노송老松을 바라보며 "오늘도 논객 앞에 / 침엽針葉으로 한 땀 한 땀 / 봄볕 꿰차고 // 발 뿌리로 정釘을 박아 / 암반을 파고드는 느릿한 침투력"(「소나무와 논객」)으로 보고 "소나무만의 과감한 라이선스다."라고 안도安堵하기도 한다. 때로는 이 안도의 차원도 넘어서서

    텅 빈 체내에 부를 축적하거나
    살점 가득 채우지 않고 오히려 꼿꼿한 정신
    욕심의 나이테 하나 없는
    텅 빈 대궁만 곧게 빼올린
    강인한 마디

>   그런 뼈마디로 살았으면 좋으리라
>   　　　　　-「대나무」 부분

라는 대목에서 읽게 되듯, 대나무의 생존生存 방식을 통해 삶의 교훈을 얻고 반추反芻하는가 하면, "높으면 높을수록 / 휘어질지언정 더 꼿꼿하고 / 심하게 기운 산비알 / 수직으로 붙든 // 이런 숲의 / 인고와 / 여유"(「숲의 인고와 여유」)에 대해서도 마음에 새긴다.

　산과 계곡(벼랑)에도 마음의 음영陰影들을 실어 바라보는 것도 거의 마찬가지다. 「산마루에 서면」에서 멀리 보이는 산봉우리들을 봉긋 솟은 가슴으로, 「곡우穀雨」에서는 이 절후에 나무들이 다급한 어조로 "아! 목 탔다"라고 탄성을 지르는 것으로 듣거나 「금강산 구룡폭포九龍瀑布」에서 이 폭포를 "위태로운 절벽이 좋아 곤두박질치다가 / 산산이 부서져 처박힌 저 몸뚱이"로도 보고 있기 때문이다.

　하지만 시인이 주체적인 역사의식으로 산을 바라보고 있다는 사실은 각별한 느낌으로 다가온다, 시인은 우리 것이 순수하게 우리 것으로 변질變質되지 않고 그대로 있고, 그렇게 불리기를 소망한다. 이 같은 인식의 바탕에는 우리 선조들의 지혜와 그 예지叡智들을 소중하게 생각하는 미덕이 자리매김하고 있기 때문일 것이다.

>   북한산이 삼각산이면 좋겠다
>   북악산이 백악이면 좋겠고
>   남산이 목멱산, 낙산이 타락산
>   인왕산이 무악이면 좋겠다
>   내사산이든 외사산이든 안산이든
>   산자락부터 산등까지 옛날의 그 산이면 좋겠다
>
>   <중략>

앞산이 성불산이면 좋겠다
연귀산이 봉산이면 좋겠고
비슬산이 포산, 팔공산이 공산
성산이 봉화산이면 좋겠다
관기안산이든 진산이든 외안산이든 내안산이든
산자락부터 산등까지 옛날의 그 산이면 좋겠다
─「본시 우리네 산 이름이면 좋겠다」부분

v) 시인이 즐겨 고문헌을 들여다보고 가깝고 먼 유적지나 자연을 찾아 나서듯이 시에도 그 깃들기의 모습과 궤적들이 다양한 무늬와 빛깔로 떠오르며, 가족이나 가까운 사람들과의 일상사에서 마주치는 일들이나 생각과 느낌들은 온화하고 진솔하게 묘사한다. 특히 길을 나서서 깃드는 유적지나 그리움과 연계된 발길에는 전통적인 가치관, 뿌리의식과 역사의식이 은은하게 관류하고 있어 남다른 개성을 엿보게 한다.

수성못 봄 풍경을 시인은 "길가에 흐드러진 벚꽃 / 수상에 자수 놓을 즈음 / 버드나무 실가지 푸른 수직으로 / 곤두박질치고 // 나른한 오후의 섬에 / 고니 잠을 청해 / 물결이 고요하다"(「수성못의 봄」)며, 못 속의 작은 섬뿐 아니라 못 주변의 법이산도 구름과 해종일 놀아나다 저물녘에 황홀한(불빛 때문) 물빛에 진풍을 내린다고 예찬한다. 또한 늦은 눈이 내려도 진달래들이 겨울눈을 뜨고 있는 현풍 포산包山의 까치절터(옛 보당암 절터)에서는 마치 타임머신을 타듯이 그 아득한 옛날을 거슬러 오르는 환상에 젖는다.

불경 소리 오래된 지금
병풍 두른 벼랑에
잊어 지낸 주악비천상奏樂飛天像 자꾸 어른거리고

부서진 기왓장과
도자기 조각 하나하나
수백 년 전의 기억들 속속들이 풀어낼 때
보당암의 심장이 내 심장에 들어와
펄쩍펄쩍 날뛰면서 옛이야기 터트린다.
　　　　　　　－「까치절터에서」 부분

　부서진 기왓장과 도자기 조각들도 추동推動하는 덧없음과 그리움의 환상은 빈 벼랑에 주악비천상을 그려 보게 하며, 수백 년 전 암자庵子의 전성기 때를 생생하게 이야기해 주는 것으로 듣게 해 준다. 그런가 하면, 비슬산에 떠 있는 낮달을 "천왕봉 정수리 밀치다가 / 그만 힘에 벅차 희미하다"면서 "혹여 해질 무렵까지라도 / 둥근 몸통으로 부풀릴 먹이사슬 있을까 봐 / 남쪽 하늘로 높이로만 포물선 그리며 쉬잖아 오른다."(「비슬산 상현달」)고 시인의 심상 풍경을 포개면서 바라본다. 군위 한밤마을 돌담장을 보면서는 또 다르게

하나하나가 의리를 어깨동무한 뒤
잡아 주고 당겨 주고 조이면서 생을 꾸리는 돌덩이
골목길 휘돌아 동네를 여유 있게 감싼 모습에
하찮은 돌덩이라도 의리와 더불어 산다는 것을
돌담장을 보면 그대로 알 수 있다.
　　　　　　　－「의리의 돌덩이」 부분

고 서술한다. 그렇다면 왜 시인은 담장의 돌들을 서로 의리를 어깨동무하고 잡아 주고 당겨 주며 조인다고 보고, 그 돌담장이 동네를 여유 있게 감싼다고 여기고 있는 걸까. 그곳의 하찮은 돌덩어리들처럼도 사람

과 사람 사이는 친화親和를 이루지 못하고 있어 그렇게 되기를 바라서일는지도 모른다. 그렇게 느끼게 되는 건 시인의 감정이 전이되거나 투사되고 있기 때문이다.

고문헌을 즐겨 들여다보는데 연유하기도 하는 시인의 교양체험(지식)은 뿌리의식이나 역사의식에 연계되면서 시에 빈번하게 반영되고 투영된다. 「파사석탑婆娑石塔 서울 나들이」는 하나의 유물遺物도 그 연원까지 깊이 들여다보며 그 원형이 보존되기를 바라는 시인의 관심과 애착을 보여 주는 예로 들 수 있다.

> 가락국 수로왕비 보주태후 허씨의 능은
> 소나무숲과 돌담의 호위를 받아 아늑하다
> 석탑은 아유타국에서 허황옥 공주가 싣고 온
> 파사석을 보주석 위에 여섯 층을 올린 돌탑인데
> 홍살 두른 탑각에 바다 건너 아유타국을 내려볼 때
> 붉은빛 나돌고 희미한 무늬 나타나지만
> 일제가 능 옆으로 산을 뚫고 신작로를 내서 그럴까
> 매연에 찌들어 보기에도 별로 좋지 않았는데
> 가야 본성 칼[劍]과 현絃 특별전 서울 나들이에
> 온천욕이라도 했을까, 붉은빛 희미하게 나돈다
> ─「파사석탑婆娑石塔 서울 나들이」 부분

파사석탑이 있는 소재지와 그 주변 환경과 분위기, 탑이 건립된 연원과 경위, 이 돌탑의 형상과 얼마간의 훼손毁損(변질)까지 떠올리고 있는 이 시는 일제日帝가 낸 신작로 때문에 매연에 찌든 점을 안타까워했는데 서울 나들이 전시회에서는 원형이 거의 그대로 보이는 것 같아 "온천욕이라도 했을까"라는 안도감을 드러낸다.

이 같은 관심과 역사의식은 「성불산고성」에도 안타까움을 동반하면서 피력되고 있다. '대덕산성'으로 기념물이 지정된 이 산성은 '대덕산'이 고문헌에 '성불산'이었던 사실을 환기하면서 '고불산고성'으로 명칭을 바로잡아야 한다는 것이다. 시인은 그 안타까움을 "원적 내팽개친 성불산은 뭐라 한탄하겠나"라고 지적한다.

시인의 일련의 시에서 가족이나 가까운 사람들과의 일상사에 대해서도 온화하고 진솔한 언어로 그리고 있으며, 이 시들은 교훈적인 빛깔이 농후한 성찰과 일깨움들이 다져져 있다. 일종의 수신법修身法을 암시하는 듯한 「과메기[貫目魚]」는 바닷가 응달에서 얼었다 녹았다를 반복하면서 빚어진 과메기 두름을 보면서 "밤낮으로 부르는 꾸덕꾸덕한 / 냉훈법冷燻法 노랫가락 한 두름씩 엮어 듣는다."는 익살을 보이는가 하면, 「바지랑대」는 빨래들을 떠받들고 서서 "날아갈 듯 가벼운 마음 지니면서 / 꼬옥 붙잡고 서 있는" 자세에 눈길을 준다.

「팽이의 한 수」는 "죽어라 두들겨패는 데도 죽기는커녕 / 오히려 똑바로 서서 빙빙 돌고 / 윙윙거리는 노래까지 곁들이는 팽이"에 착안, "죽지 않을 만큼 물리적인 힘을 가하는 것도 / 정신을 바짝 차리게 하는 기회가 된다는 것을", 「'누군가의 가족입니다'」는 공동체의식을 일깨우며, 「임산부 배려석」과 「내 잘못 아닌 통상 우리네 말」은 남에 대한 배려와 염치를 희화적으로 일깨운다.

한편 「모서리의 유감」은 빗방울, 물방울, 나무의 몸통, 조류와 물고기의 알, 민들레 홀씨, 수박 등의 열매, 사람의 머리와 안구, 심지어 시드니 오페라하우스. 새 둥지까지 열거하면서 위태롭고 각이 진 모서리만 양산하는 '둥근 머리'와 모서리가 난무하는 도시를 질타하며 "이 세상 어디 없이 위태로운 모서리는 유감"이라고 '둥긂'의 회복과 그 회귀를 촉구한다. 둥근 형상의 모태를 '궁전'으로 비약하기도 하고, 모유母乳를 먹을 때의 어머니의 유두乳頭가 그 둥긂을 처음 맛보게 했다는 논리를 편다.

자식에게 세상이 둥글다는 것을
　　곧바로 체험하게 하시는 어머니들은
　　궁전 나선 태초의 울음에
　　작게는 단단하고 감감한 유두로
　　둥근 세상을 부드럽게 맛보도록 하신다

　　어렵고 힘든 일 모두 참고 견디라는 듯
　　초유의 단맛을 주신다
　　그 단맛은 뽀얗고 둥글다
　　여린 손으로 번갈아 느끼도록
　　크게는 모성애로 내려놓으시는
　　어머니의 둥근 세상

　　모유를 먹어 보지 않은 사람은
　　풍만한 어머니의 여유를 모를 것이다
　　그리고 지구도 세상도 둥글다는 것을
　　　　　―「어머니의 둥근 세상」 전문

　사람이 스스로는 느끼지 못한 모태(자궁)도 둥글지만, 시인은 처음으로 둥근 세상을 부드럽게 맛보도록 체험하게 한 건 유두였으며, 그 초유初乳의 단맛은 어렵고 힘든 일 모두 참고 견디라는 의미로 풀이하고, 그 단맛도 어머니의 둥근 세상처럼 둥글다고 표현하고 있다. 그래서 모유를 먹어 보지 않은 사람은 풍만한 어머니의 여유를 모를 뿐 아니라 지구도 세상도 둥글다는 것을 모른다고 모유 예찬을 하고 있다.
　그렇다면 시인에게 아버지는 어떤 존재일까. 힘들게 절터를 찾아가는 오르막길에서 그 오르막길보다 "가족을 위한 험난한 오르막길 평생 걸었을 아버지"를 떠올리며, "면목 없어 난처할 때면 아버지를 묵상한다"(「아버지의 오르막길」)고도 한다. 그뿐 아니라 아버지의 가르침을 반추하며, 그 가르침을 "구름 그늘 몇 점 끌고 온 바람"으로 상징되는 자연으로도 마음을 가져간다.

> 무슨 일이든 시작이면 포기하지 말라면서
> 환희의 기쁨이 기다리는 오르막은 늘 벅차다면서
> 밥상머리 가르침이 그러하던 때마침
> 공교롭게도 구름 그늘 몇 점 끌고 온 바람
> 등줄기에 땀방울 낚아채어 인내의 길을 터 준다.
> ―「아버지의 오르막길」 부분

어머니와 아버지의 사랑과 가르침을 되새기며 삶의 길을 가는 시인은 아들의 자식까지 더불어 살아가는 할아버지다. 「부부 나이테」에서 "우리 결혼해 / 우리 엄마 아빠 됐어 / 우리 아이들 출가시켰어 / 우리 할머니 할아버지 됐어 / 우리 100세 바라보는 중이야"라고 담박하게 말하듯이, 내리사랑도 담박하다.

「손주에게 쓰는 짧은 편지」에서는 증조부가 작명한 손자가 다섯 살 때 교통표지판 한자를 읽고 할머니가 보듬어 키워 멋진 사내답게 자라났으며 글 솜씨 좋아 자랑스럽고, 손녀는 돌잔치 때 아빠 따라 넉살스런 춤을 추고 외할머니 보듬어 키워 해맑은 웃음에다 예쁘고 여성스러우며 영재반에 뽑혀 자랑스럽다며 세계인에 우뚝할 날을 기다린다는 할아버지의 마음을 진솔하게 보여 준다.

초등학생인 손자 혁민赫敏과 손녀 아인雅仁의 글자 뜻을 떠올리며 그 글자 뜻같이 잘 자라 자랑스러워하는 「손주에게 쓰는 짧은 편지」와 길을 걸으면서 예사로 정지선을 조금 넘거나 횡단보도로 살짝 디뎌도 질책하는 아이가 기본을 지키게 가르친 '선생님'이나 다름없다는 「때론 아이도 선생님이다」는 할아버지의 사랑이 담박하게 배어 있는 시이며,

「코로나 바이러스 겁먹은 손녀」나 「습작」도 같은 맥락의 시다.

> 다섯 살배기가
> 한자를 익히다가
> 오히려 나를 가르친다
>
> 몸 기 '己'를 읽다가
> 활 궁 '弓'과 비슷하다며
> 알고 있는지 묻는다
>
> 다음 쪽, 안 내 '內'를 읽다가
> 고기 육 '肉'과 비슷하다며
> 알고 있는지 또 묻는다
>
> 뒷줄에서 힘 력 '力'을 읽는다
> 꼭지가 없으면 칼 도 '刀'란다
>
> 기특하다며 고개 끄덕이자
> '말로 하라'며 또 가르친다
> 손자는
>   ―「습작」 전문

　앞에서 짧게 언급한 바 있듯이, 시인은 역사의 숨결이 스며 있는 유적지들을 찾는 발길이 빈번하게 이어지며, 고문헌들을 즐겨 들여다보는 학구파다. 이 때문에 그의 시에는 주석註釋이 따라붙거나 시보다 훨씬 긴 산문을 덧붙이는 경우도 있다. 이 시집의 '시인의 말'과 표제시 「상리화裳梨花」의 주註의 일부만 짧게 인용해 보더라도 왜 「상리화」라는 시를 쓰고, 시집 제목으로도 택했는지 짚어 보게 하며, 표지에 왜 굳이

'영시寧時의 영시詠詩'라 했는지도 시사한다.

'시인의 말'에서는 "고문헌을 뒤척이다가 국어사전에서 보지 못한 단어 하나 알아냈다. 보지도 못했는데 어찌 그리 맘 설렜을까, 국립중앙도서관도 찾아가고 문헌 쪽쪽 수소문해도 끝내 글귀 하나 내밀지 않더라. 그게 상리화裳梨花이다."라고 쓰고 있으며, 시「상리화裳梨花」의 주註에서는 "'裳梨花상리화'는『朝鮮賦』책자에 한 문장의 제목이기에 자명하다 할 것이다. 국역하면서 오류로 '棠梨花당리화'가 되어 오기한 것으로 보인다는 의문이 맞는다면 국어사전에 '裳梨'가 등재되든지, '棠梨花당리화' 역시 바로 잡든지 그 명제命題가 아닌가 싶다."고 밝히고 있다.

시인의 학구열을 가감 없이 말해 주는 표제시는 그 명칭을 바로잡는 데 무게가 실려 있을 뿐 아니라 자신(영시寧時)의 시를 왜 '영시詠詩'(시를 읊음)라고 하는지 암시하기도 해 전문을 옮겨 본다.

뛰는 가슴
절제될 줄 모르도록
무리지은 상리裳梨

우리네 사전에서 보지 못해
어리둥절한데

들춰야 하나 말아야 하나 고민하다가
총총총 붉게 익은 명사
땅에 뚝뚝 떨어지고

국어사전 터전에서
붉게 익은 단어 하나
발아發芽된다면야

훗날,
"읊조리길 잘했네" 상리화,
한갓진 가을
생각의 너털웃음 지어 볼까나
　　　　　　－「상리화裳梨花」 전문

(2021)

자연 친화와 회귀의 시학
―김원호 시집 『종심의 언덕』

ⅰ) 김원호 시인은 자연 친화親和와 회귀回歸를 지향한다. 자연과 멀어진 세속 사회에서는 혼미와 갈등에서 자유로울 수 없지만 자연의 품에서는 화해와 융화, 평온과 사랑 안에 든다. 요즘 세상과 세태는 비인간화로 치닫고 진실이 왜곡되며 불화不和와 소통 부재로 답답하고 우울하게 하지만, 자연의 질서와 순리는 극명하게 대비되는 은총과 축복과 행복의 세계에 안겨주기 때문이다.

시인은 어지러운 현실 속에서도 자연뿐 아니라 작은 일로 감동케 하고 마음 따뜻하게 덥혀주는 사람들도 없지 않아 희망의 끈을 놓지 않으며, 겸허한 내면 성찰內面省察과 자성自省을 바탕으로 사람들과 더불어 할 더 나은 삶과 그런 세상을 그리워하고 기다리기도 한다.

하지만 시인이 자연의 깊이와 비의秘義에 가까이 다가가고 평정심平靜心을 찾게 되는 건 자연의 품에 깊숙이 안기면서이며, 자연을 향한 지극한 외경심으로 종심從心에 이르러 세상을 '꽃'과 '사랑'으로 승화시켜 바라보는 경지에 들고 있다.

ii) 시인은 요즘 세상과 그 속에서의 삶을 비관적悲觀的인 시선으로 바라보고 들여다본다. "질정 없이 세상을 휘젓는 바람 / 설레발을 치는 연기 / 날로 가팔라져 가는 언덕"(「요즘 세상」) 같은 데다가 사람들도 "불 지피면 뜨거워지다가 / 불 꺼지면 이내 차가워지는 / 양은냄비 같"(「믿어도 될까」)고, '정신 나간' 것으로 보이기도 하기 때문이다.

질정 없이 세상을 휘젓고 설레발을 치며 가팔라지는 건 요즘 사람들의 행태行態지만 바람과 연기와 언덕에 비유되며, 시류時流에 재바르게 편승하고 가벼운 변덕을 부리는 사람들의 속성이 양은냄비에 비유된다. 이런 세태에다가 도시화 사회의 생활 현장은 삭막하기 그지없으며 두려움의 대상으로 여겨지게 한다.

> 답답한 도시
> 숨통치럼 비어 있던 여백에
> 짐승 같은 아파트가 들어서면서
> 아침을 불러주던 새마저
> 날아가 버려 아득한데
> 어쩌자고 계절이 이리 횡설수설인지
> 정신 나간
> 세상이 닮을까 두렵다.
> 　　　　　　－「요즘 풍경」 부분

시인은 도시가 답답해지는 현상과 추세는 숨통 같은 자연의 여백이 없어지고, 아파트를 짐승 같다고 보듯이 비인간화로 치닫기 때문이라고 여긴다. 도시에 시멘트 숲을 이루는 아파트의 밀집은 사람들에게 자연과 멀어지게 해 '새가 불러주던 아침'이 사라지게 했다고도 안타까워한다.

게다가 계절(날씨)마저 '횡설수설'이라 정신 나간 세상이 닮을까 두렵다고 한다. 보는 시각에 따라 다를 수 있겠지만, 세상 돌아가는 게 횡설수설이고 계절이 정신 나간 것으로 볼 수도 있어 이 문맥을 뒤집어 읽어도 좋을 듯하다. 시인이 절규하듯 바라보는 요즘 세상은 눈부신 허언虛言과 이기주의에 매몰된 함성, 믿을 수 없이 요란하기만 한 깃발들이 난무한다.

> 자고 나면 새순처럼 돋아나는
> 부신 말과 요란한 깃발들
> 경계가 모호할수록
> 주인이 많은 법인가
> 함성은 요란한데
> 어디를 둘러봐도
> 내 영혼 쉬어갈
> 풀밭 하나가 안 보인다
> 　　　―「요즘 세상」 부분

시인은 이같이 혼미해진 세태에서는 진실의 경계가 모호해지므로 세상을 좌지우지하려는 주인이 많아져서 "내 영혼이 쉬어갈 / 풀밭 하나가 안 보인다"고 한탄한다. 나아가 역설적으로 "사람이 너무 밝아 / 어두워진 세상"(「멀어지는 달」)이라 "달이 / 저만큼 / 멀어지고 있다"고 완곡하게 은유隱喩하는가 하면, 혼미해진 세상에서의 자신에게 시선을 돌리면서는 또 다른 역설을 한다.

> 세상이 혼미해진 탓인가
> 수십 미터 거리의 풍경은 보이는데
> 눈앞의 신문을 읽을 수가 없다
> 그렇다고 돋보기를 쓰면

먼 곳이 또 아득해지니
속수무책이다
이리될 줄은 생각지 못하고
젊은 시절 학생들에게
가까운 곳보다
먼 곳을 보는 눈을
가지라고 했던 말을
돌려받고 싶다
　　　　－「근황」부분

　원시遠視 현상에 빗대어 혼미한 세상을 희화화戱畫化하는 이 시는 요즘 세상이 가치관의 혼선을 빚을 정도로 혼란스러워 속수무책이라고 토로한다. 먼 곳은 보이지만 가까운 곳이 잘 보이지 않아 가까운 곳을 보려 하면 먼 곳이 안 보이는 혼란을 비켜설 수 없는 게 자신의 근황이기 때문이다. 세상이 혼미해진 것을 자신의 시력에 비춰보면서 오죽하면 교단 시절 학생들에게 먼 곳을 보는 눈을 가지라고 했던 말을 돌려받고 싶다고 하겠는가.
　이 같은 자기 성찰은 세태의 흐름과 연계해 "시간의 속도가 너무 가파릅니다 / <중략> / 앞만 보고 정신없이 달려오는 사이 / '내'가 보이질 않습니다"(「허전한 넋두리」)라는 좌절감에 빠지게도 하고, 극도의 자기 비하卑下와 자책自責으로도 이어진다.

산에서 산을 제대로 볼 수 없고
강에서 봐야 산이 제대로 보이듯
자기가 자기를 볼 수 없으니
거울에 비춰볼 수밖에

머리 가득 서리를 이고 있는
　　　거울 속 모습 보니
　　　고개를 돌리고 싶다
　　　　　　―「푸념」 부분

　하지만 시인은 자기 위안의 길도 찾아 나선다. "은비늘 물결 사이로 / 은근한 속정 내비치는 / 오래된 집 간장 같은 / 이야기 // 그 이야길 / 듣고 있으면 / 이상하게 / 엉킨 마음이 빗질이 된다"(「믿어도 될까」)는 대목이 말해주듯, 오늘의 세태와는 달리 오래된 집 간장 같은 이야기로 엉킨 마음을 가다듬게 되고, 자연의 질서와 순리에 겸허하게 다가서기도 한다.

　　　항시 말이 없고 젖을수록 생기가 도는 너는 인간과는 너무 멀어라.
　　　어김없이 오가는 계절의 순리에 맞춰 푸르러야 할 때 푸르고, 물들어야 할 때 물들고, 벗어야 할 때 미련 없이 벗어버리는 무량無量한 네 법 앞에 사람인 내가 부끄럽다. 말없이도 때 따라 푸르고, 누르고, 입고, 벗고, 자유로울 수 있는 너의 탈속을 닮을 도리가 없구나.
　　　　　　―「나무에게」 전문

　자신을 세속 사회의 속인俗人으로 낮추어 우주 질서와 계절의 순리에 묵묵히 따르는 나무를 부러워하고 닮고 싶어하는 심경을 진솔하게 떠올리는 시다. 나무의 '무량한 법'과 '탈속'을 닮을 도리가 없다는 것은 닮고 싶은 마음이 간절하다는 말에 다름 아닐 것이다.
　시인은 또한 자연뿐 아니라 "할머니 무릎 배고 듣던 / 흥부네 이야기 / 소록소록 숨 쉬고 있을 듯한 / 아늑한 저 계곡 / 시끄러운 세상 벗어두고 / 잠시라도 / 그곳에 가고 싶다"(「그곳에 가고 싶다」)고 향수鄕愁 속의 옛 고향 회귀를 꿈꾸면서 현실 초극의 길을 트기도 한다.

iii) 시인은 요즘 세상이 "눈 뜨고 코 베이는"(「무서운 서울」) 곳일 뿐 아니라, 극단적인 경우지만 코로나 팬데믹 시대를 소환召喚(지금도 크게 다르지 않지만)하며 "사람 만나 악수하지 않는 게 / 예의가 되고 / 가까이서도 입 다물고 / 고개 돌리는 게 인사가 / 되어 버린 세상"(「한 번도 경험 못한 세상」)이라고 단절과 소통 부재의 삭막한 시대를 안타까워하면서도 다른 한편으로는 이 같은 세상과 세태에도 마음을 따뜻하게 이끌어주는 사람들 때문에 희망의 끈을 놓지 않게 된다.

「무서운 서울」에서 전철을 탔을 때 젊은이들이 하나같이 눈 감고 자는 시늉을 하지만 "저들이 혹 눈 감고도 / 코 베어 갈 궁리나 하지 않을까 두려워 / 눈을 감을 수가 없다"든지, 「한 번도 경험 못한 세상」에서 "마스크 하나로 / 익숙한 입과 코를 가리고 / 수상한 세상을 / 아슬아슬 건너고 있다"고 정치적인 상황까지 끌어들여 근래의 현실을 풍사諷刺한다.

한 노인이 어린 손자에게 대구(大邱)를 한자로 大口(대구)라고 쓴다고 잘못 가르치는데 손자가 물고기도 입이 큰 물고기를 그렇게 부른다며 고개를 끄덕이는 장면을 그린 「식자우환識字憂患」에서는 "세상은 저만큼 앞서가고 있는데 / 입의 크기나 재고 있으니 / 눈이 내려야 할 계절에 / 비가 내린다"고 잘못 돌아가는 세태에 대해서도 우회하며 질타한다.

그러나 이런 어지러운 세상에서도 시인을 감동케 하고 흠모欽慕하게 하는 사람들이 없지 않고, 연민의 정을 자아내게 하는 사람들도 있어 희망의 싹을 보듬게 되기도 한다. 사소한 일에도 깨어 있는 양심을 저버리지 않는 사람, 하늘을 향해 고고하게 살아가는 사람, 그늘지고 소외돼도 묵묵히 선량하게 사는 사람, 따뜻한 세상을 꿈꾸며 기다리는 사람들이 바로 그들이다.

상큼한 오월의 아침
출근하는 사람들과
등교하는 학생들로 붐비는 시가지
아스팔트 길 한가운데 버려진
비닐봉지와 빈 우유 팩
누구 하나 관심을 보이지 않는다
차이면 차이는 대로
밟히면 밟히는 대로
그저 바쁘게 지나가는 사람들
하나같이 무심한데
책가방을 메고 가던 꼬마 녀석
모두가 모른 척 지나쳐 버린 그걸
주섬주섬 주워서는
저만큼 떨어져 있는 쓰레기통에 버리고는
아무 일 없었다는 듯 간다
아, 행함으로 세상을 밝히는
깨어 있는 양심의
저 섬광처럼 눈부신
뒷덜미!
―「한 감동」 전문

붐비는 아침의 러시아워 시가지 풍경을 바라보던 시인은 어린 학생의 선행善行과 그 뒷모습에 감동한다. 한길 한가운데 투기해 방치된 쓰레기를 무심히 지나치는 사람들과는 사뭇 대조적으로 쓰레기를 주워 거리가 떨어진 쓰레기통에 넣고 대수롭지 않은 듯 가는 어린 학생을 통해 우리 사회의 희망을 발견했기 때문이다.

그 어린 학생을 "세상을 밝히는 / 깨어 있는 양심"이며, 그 뒷모습을 "섬광처럼 눈부신 / 뒷덜미!"라고 예찬禮讚해 마지않는 시인의 마음 역시 감동을 자아낸다. 그야말로 "상큼한 오월의 아침"의 한 장면이 아닐 수 없다.

> 파란 하늘 아래
> 살가운 햇살
> 산처럼 넉넉한 정기 데리고
> 물처럼 맑은 바람 불어주는
> 한 그루의 정정한 조선소나무
> 그 아래 깃치고 살아가는
> 순백의 선학仙鶴 한 쌍
> 큰 날개 긴 다리를 가지고도
> 넓은 골 높은 나무를 넘보지 않고
> 짐짓 뚜벅뚜벅
> 하늘을 향해 산다.
> ―「학鶴―문몽식 선생님」 전문

'부처 눈에는 부처가 보인다'는 말이 있듯이, 이 시는 학처럼 고고한 사람(부인까지)을 그리고 있으면서도 그렇게 보는 마음눈 역시 학처럼 고고해 보이게 한다. 이 시에서 정정한 조선소나무는 푸른 하늘 아래서 햇살을 받으며 산처럼 넉넉한 정기와 함께 물처럼 맑은 바람을 불어주는 존재로, 그 크지 않은 소나무 아래 깃들어 사는 사람(부부)을 "순백의 선학仙鶴 한 쌍"에 비유한다.

그 정정한 조선소나무는 학처럼 사는 부부의 삶의 터전이며, 그 터전에서 능력과는 상관없이 "넓은 골 높은 나무를 넘보지 않"는 겸허한 절제의 자세로 오로지 하늘을 우러러 사는 모습을 그리고 있어 시인이 지향하는 바의 삶의 가치관을 시사示唆하기도 한다. 시인의 이 같은 마음눈에는

>   낡은 리어카에
>   폐지를 가득 싣고
>   힘겹게 비탈을 오르시는
>   등 굽은 할아버지
>   　　　　―「어느 오후」 부분

가 예사로 여겨질 리 없으며, 세상을 떠났지만 "6·25 반공포로 석방 때 / 정든 고향 부모형제 두고 / 자유 찾아 대한민국에 남"(「쓸쓸한 자유」)아 "머슴살이하며 장가들어 / 아들딸과 행복하게 살던 모습"(같은 시)도 잊힐 리가 없다. 더구나 자유를 찾아왔던 그 실향민失鄕民은 뻐꾸기 소리가 들리면 "고향 뻐꾸기 같다며 / 헐겁게 웃던" 모습이 떠오르니 그 곡진한 연민의 정이 어디 가겠는가.

　시인은 희망을 가지고 그리워하며 기다리는 사람이며, 그 기다림이 바로 행복이라는 깨달음에도 이른다.

>   기다릴 게 남아 있는 사람은 행복한 사람이다
>   설사 그 기다림이 기다림으로 끝나버린다 해도
>   저문 길목에 서서
>   보고 싶은 얼굴이 나타나길 기다리며
>   작은 소리 하나에도 귀를 열고
>   숨을 죽이는 사람은 행복한 사람이다
>   기다린다는 건
>   희망을 가지고 그리워하는 것
>   지금 비가 내려도
>   돌아갈 고향이 있는 사람은 행복한 사람이다
>   　　　　―「행복한 사람」 전문

기다릴 게 남아 있는 사람이 행복한 것은 '보고 싶은 얼굴'과 '돌아갈 고향이 있기' 때문이고, 기다린다는 건 '희망을 가지고 그리워하는 것'이라는 시인은 "설사 그 기다림이 기다림으로 끝나버린다 해도" 기다리겠다는 '기다림의 행복론'을 펴고 있는 셈이다.

iv) 시인의 적지 않은 시편들은 노년의 심경心境을 진술하게 내비치는 내면 성찰에 주어지고 있다. 희망을 저버리지 않고 세상을 바라보며, 사람들에 대한 흠모나 연민을 떠올리는 것도 근본적으로는 더 나은 삶과 깨달음을 향한 내면 성찰이 바탕을 이루고, 이 자성이 은밀한 추동력이 되어 주기 때문으로 보인다.

그러나 사람들의 삶이 별반 다르지 않듯, 노년의 자신을 들여다보는 시인의 심경이 회한悔恨과 무상감無常感에서 자유롭지는 않다. 세월의 흐름이 안겨주는 무상감은 "때 이른 가을빛은 누구의 부름을 받고 / 이리 바삐 오고 있는 것인지 / 물들어가는 은행잎을 / 멍하니 바라보다가 / 문득 거울을 꺼내 보니 / 주황빛 아우라가 / 은은히 번져 오는 그림 앞에 / 낯선 내가 서 있다"(「은행나무 아래서」)고 그리듯이, 심지어 '나'가 낯설어 보이게까지 한다.

서리 내리는 계절(늦가을)에는 "다 벗어버리고 / 아무도 찾지 않는 / 깊은 곳에서 / 마음 편히 외로워지고 싶은데 / <중략> / 어쩌자고 / 무심하던 하늘은 / 저리도 푸를까"(「상강霜降」)라고 푸른 하늘과 "날이 갈수록 / 작아지는 나"(같은 시)를 대비시켜 바라보게 한다.

> 비 한 번 내리니 이리 다 젖는 걸
> 그리도 가리고 살았구나.
> 빈껍데기 하나 움켜쥐고
> 속 젖는 줄 모르고 살았구나.

속수무책 젖고 있는 산과 들을 보며
　　부끄러운 나를 다시 본다.
　　　　　　　　　　－「비 오는 날에」 전문

　시인은 비가 내려 산과 들이 젖는 모습을 바라보면서 젖지 않으려고 가리고 살았던 지난날을 빈껍데기 하나 움켜쥐고 살았다고 돌아보는가 하면, 속 젖는 줄 모르고 살았다고 부끄러워한다. 자연 현상에 비기면 인간의 삶은 하잘것없는 일부에 지나지 않으며, 그 거대한 질서 속에 수렴될 따름이다. 이 부끄러움은 자신의 삶을 '헛발질'에 자나지 않았다는 데까지 비약한다.

　　헛발질만 해 온 70년
　　공통분모를 찾아 헤매다가
　　너그러운 시간 다 흘려보내고
　　알 수 없는 추상화 속에 서 있다
　　뚜렷한 가락이 실려 있는
　　묵직한 바람 속에 서고 싶은데
　　내 목소리, 내 걸음을 찾고 싶은데
　　비틀거리며 덩달아 흐르는 세상
　　고삐에 익숙한 사람들 틈바구니에서
　　저만큼 시가 멀어지고 있다
　　　　　　　　　　－「회고」 전문

　시인은 자신을 "공통분모를 찾아 헤매다가 / 너그러운 시간 다 흘러보내고 / 알 수 없는 추상화 속에 서 있다"고, 보편성 속에서 맴돌던 지난날을 아쉬워하며 알 수 없는 정황에 놓인 현실을 안타까이 들여다본다. 더 나은 삶을 향한 꿈꾸기와 그 지향이 시 쓰기라는 생각 때문일까.

시인은 "저만큼 시가 멀어지고 있다"는 비감悲感에 젖으며, "내 목소리. 내 걸음"(시)이 고삐(세속)에 익숙한 사람들 틈바구니에서 비틀거리며 덩달아 흐르고 있다고 돌아본다.

이 아쉬움은 "시의 가슴은 / 따뜻하고 순수하다는데 / 내 가슴은 차갑고 / 때가 묻었나 봐"(「요즘 나는」)라는 데로 옮겨가면서, 사람들 틈바구니에서 덩달아 흐르기도 했겠으나 따뜻하고 순수하지 못했기 때문이라는 자책감에 이르기도 한다. 하지만 그뿐만도 아니다.

> 나이를 더해 가도
> 철 따라 제 옷을 갈아입는 나무와
> 저마다 제 목소리로
> 맑은 노래를 부르는 새들 앞에서
> 아련한 기억의 미로 속을
> 헤매고 있다
> 가면 길이 된다는데
> 길을 못 찾고
> 빛바랜 기억 속에서 좌충우돌이다
> 　　　　　　－「요즘 나는」 부분

철 따라 제 옷을 갈아입는 나무와 저마다 제 목소리로 맑은 노래를 부르는 새를 떠올려봐도 나이가 들면서 시가 멀어지는 까닭을 알게 된다는 논리다. 자신을 나무나 새처럼 시와 가까워지지 않는 건 아련한 기억의 미로迷路 속을 헤매거나 빛바랜 기억 속에서 좌충우돌했기 때문이라 한다. 하지만 "갈수록 아득해지는 나의 시 / 따뜻한 눈길로 다시 만날 수 있을까"(같은 시)라는 희망을 내려놓지는 않는다.

시인에게 시는 가치관의 중심에 놓일 뿐 아니라 기억 속에 아름답게 자리매김하고 있다. 이 때문에 러시아의 상트페테르부르크 네바 강변,

독일 하이델베르크 고성 등의 해외 여행길에서도 시를 잃어가는 모습에 대해 안타까움을 금치 못한다.

> 어쩌자고 이리 비를 쏟아붓는지
> 이 장마에 상트페테르부르크 네바 강변에서 시를 읽던 사람은 지금 무얼 하고 있을까
> 빗속에서 더 빛나던 하이델베르크 고성古城, 괴테와 마리안느 폰 빌레마와의 사랑은 아직도 뜨거울까
> 타골의 예지가 빛나던 거리에 굉음을 쏟아내는 폭주족의 행렬을 보며 입이 붙어버린 인왕산은 무슨 생각을 하고 있을까
> 지루한 장마 끝에 빛나는 하늘을 손들어 반기는 플라타너스 저 몸속에는 푸른 시가 살아 있을까
>
> ―「시詩를 잃어버린 세상」 전문

시와 함께 떠오르는 기억 속의 네바 강변, 시인 괴테와 마리안느 폰 빌레마의 뜨거운 사랑, 시인 타골의 예지가 빛나던 인왕산 등은 시인에게 소중한 기억의 보고寶庫나 다름 없으므로 장맛비가 쏟아지는 상황에서 시를 잃지 않을까 우려하는 마음이 증폭될 수밖에 없었을 것이다. 더구나 이 같은 시를 향한 간절함은 장마 뒤의 플라타너스에도 "푸른 시가 살아 있을까"라는 생각에 미치게도 된다.

시를 열망하는 아쉬움은 자신을 제자리에서만 서성이는 "아둔한 광대"(「어떤 광대」)라는 자책으로 이어지게 할 정도이며, "헛발질만 해 온 70년"이라고 확대(과장)되기도 한다. 하지만 헛발질을 했다는 건 시를 열망하는 강도가 그만큼 높다는 역설로도 읽히게 한다. 이 열망은 "얼마나 지워야 / 이 굴레를 벗어나나"(「자성自省」)라는 데로 비약되기도 하지만, 궁극적으로는

> 질퍽한 눈길을
> 밤을 새며 걸어도
> 가슴에 들지 못하고
> 언저리를 서성이는
> 희망이라는 화두話頭
> 　　―「자성自省」부분

라는 대목이 암시하듯, 가슴이 들지 않는 희망이라는 화두를 집요하게 붙들려고 하기 때문인 것 같다. 「사는 법」에서의 "눈 감고 / 귀 막아야 / 편하다는데"라는 대목도 편하게 눈을 감고 귀를 막을 수 없다는 결기를 역설적으로 내비치는 경우라 할 수 있다.

　v) 시인은 늘그막에 자연의 품에 안기어 살면서 그 깊이와 비의에 다가가고, 세속 사회에서와는 판이하게 다른 평정심을 찾게 된다. 연악淵岳 산촌에서 "음악가가 없어도 / 철 따라 새들이 노래를 불러주고 / 화가가 없어도 / 자연이 아름다운 그림을 그려주는"(「산촌에 사는 행복」) 자연의 은혜와 축복과 행복감에 젖고 있다.

　더구나 코로나 팬데믹으로 세상이 어수선할 때도 이 산촌에서는 "코로나 광풍에 / 얼어붙은 전신주 위 / 이당以堂의 수묵화 속을 날던 / 참새 한 마리 앉아 / 아득한 세상을 / 우두커니 바라보"(「아침 풍경」)는 수묵화 속 같이 정적이 감도는 평온을 누리며 유유자적하는 여유도 가진다.

　산촌 생활은 "맑은 햇살 아래 / 청신한 산색이 / 그림처럼 두렷하고 / 금방이라도 / 푸른 물이 묻어날 것 같은 바람이 / 가슴을 씻어 주는 아침"(같은 시)을 맞게 해주는가 하면, 집에서 창밖으로 바라보는 주위의 원경遠景(풍경)마저도

청옥 같이
맑은 하늘
금오산金烏山 정기
맞아들이니
창밖은 그대로 한 폭의
시원한 그림
―「자연 읽기」 부분

으로 보여지게 한다. 이 그림은 우러르는 하늘과 언제나 우람하게 그 자리에 있는 산의 정기 때문이라고 믿는다. 이 자연의 품에서 지난날을 돌아보면서는 "어지러운 세상 / 문제의 답이 / 그 속에 다 있는데 / 우린 마냥 밖에서만 / 답을 찾고 있"(「자연 읽기」)었다는 깨달음에 이르며 자연 회귀를 기꺼워한다.

이 깨달음에는 "자신의 말로 / 작은 연초록색 잎 하나 / 움직이지 못하면서도 / 저마다 스스로 / 영장靈長이라며 / 목청을 높이는"(「자연의 깊이」) 세속 사회 사람들의 어리석음과 그 한계에 대한 성찰도 어우러져 있다.

조용히
숨어 있다가
세상의 잣대로
가늠할 수 없는 모습으로
슬며시 얼굴을 내미는
눈부신 빛과
아득한 깊이

모진

바람 불어도
남의 옷 입지 않고
묵묵히
제 가락으로 빛나는 자랑
누가 감히
흉내낼 수 있으랴
　　　　－「자연의 깊이」 부분

　시인이 느끼는 자연의 깊이는 세상의 잣대로는 가늠할 수 없겠지만, 조용히 숨어 있다가 슬며시 얼굴 내미는 '눈부신 빛'과 '아득함'으로 함축하고 단순화해 보여주며, 인간들과 대비해 어떤 악조건 속에서도 제 모습, 제가락으로 빛난다고 예찬해 마지않는다.
　자연의 신비神祕와 비의는 무궁무진하겠으나 시인에게는 비가 내리거나 눈이 내리는 경우만도 경이롭지 않을 수 없다, 메마른 땅에 내리는 비가 천금千金 같은 건 「생명의 비」에서 그리듯 "보이지 않던 / 산이 산으로 높고 / 강이 강으로 흐르"게 하며, '생명의 소리'를 들려주기 때문이다. 「눈 한 번 내리니」는 혼탁한 인간 세상과 숭고한 자연의 세계(순리)를 더욱 구체적으로 대비해 떠올린다.

눈 한 번 내리니
시끄럽던 세상이
거짓말 같이 조용해졌다
어느 정치가가
이 조용한 평화를 이룰 수 있을까
검고 푸르고 높고 낮은 세상이
순백으로 하나가 되었다
어느 화가가

이 깨끗한 그림을 그릴 수 있을까
숭고한 자연의 순리 앞에
새삼 내가 작아 보인다.
　　　－「눈 한 번 내리니」 전문

'검고 푸르고 높고 낮은' 세상에 '조용한 평화'가 오고 '깨끗한 순백의 하나'로 융화되기를 기구(祈求)하는 소망을 담고 있는 듯한 이 시는 흰 눈에 덮인 풍경 그림을 연상하면서 은근하게 정치 현실을 개탄하고 자연의 순리 앞에서 새삼 역할이 극히 미미할 수밖에 없는 자신을 들여다보는 자성으로 이어진다.

그런가 하면 「진실」에서 언급하는 바와 같이, 자연은 언제나 한결같이 제 모습, 제 역할로 "저마다 / 색깔이 달라도 / 다투지 않고 // 세상이 / 달아나도 / 그 자리에 있"는 '진실'의 귀감(龜鑑)으로 우러르며, 자연의 비밀(비의)을

사람들은
일이 뜻 같지 않으면
애꿎은 세월을
탓하지만
세상이 무슨 말을 해도
진실은 언제나
있어야 할
그 자리에 있다
　　　－「자연의 비밀」 부분

고 자연의 본성인 '진실'에 대해 일깨우기도 한다. 이 같은 자연에 대한 외경심이 그런 자연의 품에 든 마을의 한여름 긴 장마 뒤 풍경을 "골목

마다 아낙들이 모여 / 산과 강과 세상을 이야기하고 / 집집마다 창을 열어 / 옷가지며 이불을 말리는 얼굴이 / 해보다 둥글고 밝다"(「살다 보면 이런 때도」)고 묘사하게 했을 것이다.

　지연의 품에서 종심을 넘어선 시인은 「꽃은 봄에만 피는 게 아니다」에서 "아름다운 마음으로 보면 / 세상이 온통 꽃"이라며 여름에는 녹음이, 가을엔 단풍이, 겨울엔 눈 덮인 산과 들이 꽃이라고 말하고 있다.
　시인의 이 같은 아름다운 마음눈에는 자연의 품에 든 세상을 '꽃'으로 볼 뿐 아니라 '사랑'으로 보는 경지에 들게 한 것 같다. 사랑은 '어떤 상대를 애틋하게 그리워하고 열렬히 좋아하는 마음'이다. 종심을 넘기면서 세상을 아름다운 마음눈으로 바라보는 시인의 아름다운 경지에의 회귀를 부러워하지 않을 수 없다.

　　　종심從心의 언덕에서 돌아보니 모두가 사랑이다 맨날 보는 산 맨날 보는 들과 길도 사랑이고 답답하게 높기만 하던 금오산도 사랑이다 우기 속을 걷는 청청한 나무도 사랑이고 가뭄에 가물가물 넘어가는 잔디와 더위에 지쳐 있는 상수리나무에게 해를 가려주는 구름도 사랑이다
　　　　되돌아보는 회귀의 길엔 모두가 사랑이다
　　　　　　　　　　　　　　　　　　　　－「종심從心의 언덕에서」 전문
　　　　　　　　　　　　　　　　　　　　　　　　　(2024)

신라의 숨결과 향토적 서정
―유수근 시집 『고도의 꽃』

ⅰ) 유수근 시인은 수수한 향토적 서정 추구로 일관하면서 일상에서 마주치는 풍경이나 사물들을 재현하는 차원에 머물지 않고 내면 풍경을 투사한 마음의 그림들을 떠올려 보인다. 경주의 역사적 현실에 자긍심이 각별한 '천생 경주 시인'의 이 마음의 그림들에는 신라 고도古都 경주가 품고 있는 찬란하고 숭고한 얼이 그 중심에 자리매김하고 있으며, 시인의 발길이 방방곡곡으로 이어지면서는 다채로운 빛깔과 무늬의 정서들을 떠올리는 한편 베트남 참전參戰과 전쟁 기억이 녹아든 일련의 시에는 그 아픔과 트라우마를 넘어서려는 평화와 나라 사랑의 소망들이 곡진하게 스미고 번져 흐른다.

특히 이 시집의 무게중심에 놓이는 경주 시편들은 유적지들을 소요逍遙하면서 비의祕義에 감싸인 채 보이지 않지만 은밀하게 느껴지는 신라 천년의 숨결과 향기에 천착, 그 영원성을 노래하고 있어 주목된다. 동해의 해파랑길에서 전국의 고산준령, 명승지, 바다 너머까지 발길이 이어지는 여행 시편들도 삶의 파토스들을 다양하게 떠올리지만 궁극적으로는 형이상학적形而上學的인 길을 트고 깨달음에 이르는 도정道程까지 보여 주고 있다.

ⅱ) 시인은 경주에서 태어나 자라고 지금도 살고 있지만, 이 고도 사랑과 자긍심, 관심과 애착은 남다르다, 일상에서 마주치는 경주를 무심하게 바라보지 않으며, 언제나 그 이면裏面의 역사적 현실을 들여다보려 한다. 타임머신을 타고 아득한 옛날로 거슬러 오르듯 신라 천년의 숨결과 그 향기들을 가까이 끌어당겨 현실적인 삶에 투영해 품어 안으려고도 한다. 이 때문에 시인에게는 경주에 산재한 유적들이 신비와 비의에 감싸여 있으면서도 신라와 신라인들을 은밀하게 느껴지게 하거나 들리고 보이게도 하는 것 같다.

    경주의 유적지 고분들은
    보이지 않지만 느껴지는
    신라인들의 삶을 떠올리게 한다

    첨성대와 계림 숲을 지나
    반월성 석빙고 앞에서 바라보면
    천마총 위로 낯선 새들이 날아간다

    발길을 돌려 박혁거세릉,
    오릉에서 삼릉으로 가는 동안
    말방울 소리가 들리는 것 같다

    노송들이 지키고 서 있는
    경순왕릉을 거쳐 금오봉을 오르면
    화랑도의 기상이 하늘에 어른거린다

남산 노천박물관을 거닐며
신라 천년,
그 아득한 숨결에 안겨 본다

통일전 갔다가 서출지 다시 안압지,
어둠이 내리는 못물 위에는
그 옛날 그 신라의 별들이 떠 있다
―「경주를 거닐다」 전문

 경주의 여러 유적지를 거닐면서 다가오는 느낌을 다각적으로 떠올리는 이 시는 고분古墳들을 바라보면서 보이지는 않지만 느껴지는 신라인들의 삶을 사유思惟의 한가운데로 불러들인다. 특히 화랑도의 기상이 하늘에 어른거리며 말방울 소리가 들리고, 신라 천년의 숨결에 안기게 된다.
 이 시에서 각별하게 주목되는 대목은 어둠이 내리는 안압지 못물 위에 "신라의 별들이 떠 있다"는 구절과 "천마총 위로 낯선 새들이 날아간다"는 구절이다. 신라의 별들이 여전히 그대로 떠 있다는 '과거의 현재화'와 천마총天馬塚 위로 낯선 새들이 날아간다는 '현재의 미래화'는 '신라의 영원성'을 시사示唆한다고 할 수 있다.
 이 같은 묘사는 경주를 주제로 한 시편에 빈번하고 다양한 모습으로 등장한다. 「신라 고도 경주」에서는 "신라의 유적지는 어김없이 / 오랜 옛날의 숨결을 소환"해 주며, 그 "신령한 바람이 가슴에 안겨 온다"면서 아름답고 눈부시다고 그리고 있다. 또한 「서라벌 유적지」에서는 "천년이 가도 신라는 영원한 걸까 / <중략> / 때마침 날아와 지저귀는 새들도 / 신라 찬가를 부르고 있는 중일까"라고 노래한다.
 수막새를 통해 신라인의 미소를 최상의 상태로 승화해 예찬禮讚하는

「천년의 미소」와 경주에 피어 있는 꽃들에 그 '천년의 미소'를 포개어 바라보는 「고도의 꽃」은 간결하나 그중에서도 백미白眉로 보인다.

    반쪽 기와가 웃고 있다
    고도 경주의 수막새,
    그윽한 저 미소는 귀신도 물리친다

    찬란한 신라 천년의 첫 가람
    홍륜사 처마 끝 기와의 여인 얼굴,
    한결같은 미소는 시공도 넘어선다

    온전하지 않은 얼굴로나마
    신라 천년이 가고 다시 천년이
    오고 있어도 그 미소 그대로다
               –「천년의 미소」부분

    서라벌 고도의 꽃들은
    천년의 미소를 머금고 핀다

    그 은은한 향기는
    그 옛날을 불러오기도 한다

    발길이 닿는 곳마다 선연하게
    들리는 신라의 숨결

    고도를 감싸는 황금빛 들녘도
    그 꽃향기를 머금고 있다
               –「고도의 꽃」전문

시인은 「천년의 미소」에서 신라의 첫 가람 홍륜사의 처마 기와인 반쪽 수막새에 부조浮彫된 여인 얼굴의 그윽한 미소는 귀신도 물리치며 시공時空도 넘어설 뿐 아니라 신라 천년이 가고 다시 천년이 오더라도 한결같이 그대로일 것이라는 영원성에 무게를 실어놓는다.

게다가 「고도의 꽃」에서는 신라 천년의 고도 경주에 피어 있는 꽃들은 그 천년의 미소를 머금으며 그 은은한 향기는 찬란했던 신라와 그때의 그 숨결을 불러오고 들리게 하는 데만도 그치지 않는다. 오늘의 경주를 감싸고 있는 황금빛 들녘마저 그 옛날의 꽃향기를 머금고 있다는 비약적 예찬을 불사不辭하기 때문이다, 그야말로 수막새 미소의 지극한 떠받듦이 아닐 수 없다.

시인의 유적지를 향한 잦은 발길은 한결같고 하염없다. "다리가 아프도록 걷고 또 걷다 보면 / 타임머신을 타고 신라로 거슬러 오르다가 / 다시 현실로 되돌아"(「신라 소요逍遙」)오게도 하지만, 눈앞의 현실에 안주하지 않는다.

더구나 그런 현실 속에서도 "대릉원, 첨성대, 안압지, 반월성 / 어디를 가도 길가에는 / 왕들의 발자취를 비추듯 / 꽃들을 비추는 햇빛도 눈부시"며, "천마총 위의 / 하늘에는 천마가 날 것만 같"(「봄의 황리단길」)다는 환상에 젖는다."날이 저물자 노을도 스러지고 / 월성을 감싸고 도는 해자垓字에 / 초승달이 얼굴 내밀고 있"(「반월성」)는 모습과 조우遭遇하기도 한다.

유적지들을 찾아갈 때뿐 아니라 남산, 보문호 등 경주의 어느 곳에서 산책하더라도 신라를 흠모欽慕하는 마음가짐만은 어김없다. 새벽에 황성공원을 산책하면서 "김유신 장군이 / 북녘 향해 횃불을 들고 있"(「황성공원」)는 모습에 마음을 가져가며 "먼먼 신라 하늘이 / 점점 가까이 다가"(같은 시)오고, "화랑의 얼이 도도히 흐르는 / 천년의 향기"와 "신라인들의 숨결이 가까이 느"(「화랑의 얼」)껴지게 마련이다.

시인의 이 같은 경주 사랑과 애착은 백 년 만에 역사 속으로 사라지는 경주역(1938년 건립, 2021년 말 폐쇄)에도 내비쳐져 있다, 경주역에서 출발하는 마지막 열차에 올라 "고도의 차창 밖으로 / 고분들이 희미하게 물러"서고 "한 해의 끝자락 철길에는 / 수많은 추억들도 느릿느릿 멀어진다"(「마지막 경주역」)고 아쉬워하거나 목적지인 기장역까지 경주역이 아쉬운 듯 따라와 있는 것 같다고 느끼기도 한다.

iii) 시인은 끊임없이 가고 싶은 곳을 찾아 길을 나선다. 발길이 닿는 곳은 마음이 먼저 그곳에 가고 있기 때문일까. 사랑해 마지않는 경주에서 출발해 동해의 떠오르는 해와 파란 바다를 길동무 삼아 가는 해파랑길에서 고산준령이나 명승지, 바다 너머까지도 다채롭게 이어지며, 외부로 향한 길 나서기도 궁극적으로는 내면으로 되돌아오는 여정旅程이다.

지난 몇 해 동안 코로나 팬데믹 때문에 일상이 무너지고 단절되는 와중에도 동해안을 따라 망망대해茫茫大海를 가슴으로 불러들이며 나선 길은 포항 송도의 해파랑길에서 감포 해안의 해파랑길, 양남 바닷가의 횟집만일까. 송도에서 시인은 "지겹던 코로나 팬데믹도 / 수평선 너머로 물러서는 것 같"(「해파랑길」)은 느낌과 마주치고, 돌아와 "다시 경주 황리단길을 걸어도 / 해파랑길이 따라"(같은 시)오는 것 같은 환상에 젖을 정도로 떠오르는 해와 푸른 바다는 갑갑한 현실을 넘어서게 해준다.

　　감포 해안 해파랑길
　　해식동굴들이
　　파도 소리를 머금고 있다

　　<중략>

　　전촌의 용굴 너머로는

오늘도 솟아오른 해가 빚은
황금물결이 눈부시다

해식동굴들을 바라보노라면
바다가 삼키고 뱉는
영원의 숨결이 아득하다
　　　　－「감포 해식동굴」 부분

　이 시에서는 해파랑길의 솟아오른 해가 빚는 '황금물결의 눈부심'과 푸른 바다가 삼키고 뱉는 '아득한 영원의 숨결'을 떠올려 보인다. 그런 가 하면, 실외 마스크 해제되던 날 양남 어촌마을 횟집에 가서는 "수평선의 은빛 햇살을 받으며 / 회항하는 만선의 고깃배들 / 고소한 가을 전어 때문인지 / 모처럼 소주 맛도 달다"(「양남 밀양횟집에서」)고 기꺼워한다. 지겨운 코로나 팬데믹과 만선滿船의 고깃배, 고소한 가을 전어, 달게 느껴지는 소주 맛은 대척점對蹠點에 있음은 말할 나위가 없다.
　시인은 이같이 현실의 갑갑함에서 자유로워지고 싶은 열망을 안고 살아가기도 하며, 그 연장선상에서 떠오르는 해와 파란 바다를 길동무 삼아 가는 해파랑길을 나서게 되는 건 현실 속에서 가슴에 눈부신 황금물결과 아득한 영원의 숨결을 불러들이고 싶기 때문이기도 할 것이다.
　이 같은 길 나서기는 가족을 동반하는 경우 "한파 속의 해파랑길 따라서 / 몸도 마음도 따뜻하게 덥히려 / 가족과 함께 온천 나들이 간다"(「백암온천」)거나 "돌아오는 해파랑길 위의 밤하늘 / 별들도 상기된 모습"(같은 시)이라는 대목이 말하듯 화기애애한 가정에 방점傍點을 찍은 양상을 보인다. 그래서 가족을 향해서도 "딸들의 효심은 열차 시간표 같다"(「그윽한 쉼표」)고 기꺼워하고 감사의 마음도 잊지 않는 모양이다.

"끊임없이 움직여야 산다"(「선자령」)는 자신의 말을 입증이라도 하듯이, 시인의 발길은 오대산, 선자령, 대야산, 북설악, 청도 사리암, 칠연폭포, 천왕산과 얼음골, 화개장터, 통영, 광양 쪽비산, 항일암, 거제도, 남해, 다도해, 금산 보리암, 보길도, 중국 산동성으로 끝없이 이어진다. 그때마다 느껴지는 마음의 빛깔과 무늬들도 다채롭다.

> 하늘과 맞닿은 산꼭대기를 향해
> 무거운 그림자를 끌면서
> 오르고 또 오른다
> ―「대야산」 부분

> 깊은 산골짜기의 눈꽃 속에
> 어른거리는 선녀 모자의 숨결,
> 하지만 한파 속의 우리는
> 삶의 무게를 지고 가야 한다
> ―「선자령」 부분

이들 시편에서 볼 수 있듯이, 산을 오를 때는 대체로 삶의 무게를 의식하는 것 같다. 대야산 정상頂上을 향해 오르면서 하늘과 맞닿은 꼭대기까지 무거운 그림자를 끌면서 오른다고 느끼는가 하면, 한겨울의 눈 덮인 깊은 산골짜기에서는 선녀仙女 모자의 숨결이 어른거린다면서도 한파 속에서 삶의 무게를 지고 올라야 한다고 여기고 있다. 이 같은 삶의 무게는 타인들의 무거운 짐들을 바라볼 때도 마찬가지로 느낀다.

> 산동성이 눈앞에 다가올 때
> 그 무거운 짐들에 자꾸 눈이 가네
> 하지만 나설 때의 그 마음이고 싶네

그들도 나도 희망의 끈을 붙들고 있으니……
―「산동성 가는 길에」 부분

　중국 산동성으로 가는 여객선에서 장사꾼들이 싣고 가는 짐에 자꾸 눈이 가지만 나설 때의 마음에 담았던 '희망의 끈'을 그들뿐 아니라 자신도 붙들고 있다는 데로 마음을 옮겨가는 점은 지나쳐 보이지 않는다. 이 같은 심경心境은 우리나라 땅의 끝자락에서 "디디고 선 땅끝에도 하늘이 있는 것이다 / 바람이 조금 숙지고 밤이 맑아 별이 떴다"(「해남 땅끝에서」)라거나 "오늘은 내일을 향해 열리고 / 내일을 꿈꾸는 / 지금 여기는 보길도, / 낙엽들 사이의 꽃들이 눈부시다"(「보길도」)는 희망의 전언傳言을 동반하게 하는 게 아닐까.
　하지만 시인이 산사山寺에 이르거나 자연 앞에서도 마음이 가다듬어졌을 때는 사뭇 다르게 형이상학적形而上學的인 길을 트는 모습으로 바뀌며, 대상이 촉발하는 내면 들여다보기로 깨달음에 이른다.

　　　천태만상 변화에도 굳건한 해수관음상
　　　비단같이 펼쳐진 은빛 백사장,
　　　보리암은 온갖 고뇌를 굽어보면서
　　　사바 사람들의 염원을 끌어안고 있다
　　　　　　―「금산 보리암」 부분

　　　구름발치의 안국사는
　　　운무 속에서 아미타불, 아미타불
　　　염불 소리를 퍼 나르고 있다
　　　　　　―「칠연폭포」 부분

　　　세속의 번뇌와 망상을

죄다 내려놓고 싶다
일천여덟 돌계단을 천천히 오른다
— 「청도 사리암」 부분

   남해 금산의 보리암에서는 해수관음상과 보리암이 세속사회 사람들의 온갖 고뇌를 굽어보고 염원을 끌어안고 있으며, 안국사도 구름발치의 운무雲霧 속에서 염불을 퍼 나른다는 경건한 경지에 들게 한다. 나아가 사리를 모시고 있는 사리암을 향해 수많은 돌계단을 느리게 오르면서 세속의 번뇌와 망상을 모두 내려놓고 싶어지는 깨달음에도 닿는다.
   한편 시인은 「청마의 꿈」에서와 같이 "푸른 해원을 향한 청마의 깃발"에 발길이 붙들리기도 하고, 매화마을에서 "내 고향의 봄도 눈앞에 어른거린다"(「초봄 쪽비산 오르다」)거나 범종梵鐘 소리 뒤로하고 내려오는 산길에서 "내 고향의 봄도 환하게 다가온다"(「이른 봄날」)는 고향 사랑 의식도 내비치고 있다.

   iv) 시인의 일상은 잠이 잘 오지 않는 밤과 새벽의 기상起床과 산책, 꽃 가꾸기, 건강관리를 위한 헬스와 파크골프, 여가를 즐기는 바둑 등으로 채워지며, 시 쓰기와 사회봉사 활동에도 적잖은 시간을 할애하고 있는 것으로 보인다. 이따금 산행山行이나 여행길에 오르는 날이 아니면 일상의 리듬은 거의 일정해 보인다.
   밤잠이 적은 건 마음 비우려 하지만 "가만히 서 있어도 시간은 / 무정하게 제 갈 길만 가듯이 / 내 삶에는 브레이크조차 없는지 / 세월에 떠밀리듯 저물어 가고"(「초로草露」) 있으며 "언제 끝날지 모를 여정"(「새벽에 잠 깨어」)의 나이 탓일까. 그의 시에 "새벽 세 시쯤 잠이 깼다"(같은 시))는 구절 등이 더러 보이며, 잠 이루지 못하는 한밤이나 이른 새벽에는 달과 별이 반려伴侶이자 동경의 대상으로 등장하는가 하며 시를 쓰면서 지새기도 한다.

저 별은 뉘 별인지
나처럼 밤잠이 없는 걸까
아니, 밤이라야 반짝이지

달도 별도 보지 않으려
벽 쪽으로 돌아눕는다
그래도 따라온다

눈감아도 잠이 오지 않는다
달빛에 엎디어
별빛에 시를 써 본다
　　　　－「새벽에 잠 깨어」 부분

　이 시에서 밤이라야 반짝이는 별과 밤하늘의 달이 벽 쪽으로 돌아누워도 따라온다는 구절과 "달빛에 엎디어 / 별빛에 시를 써 본다"는 구절은 암시하는 바가 예사롭지 않다. 별이 자신과 동일시同一視되기도 하고, 그 별들을 또한 "모두가 하나를 위해 / 하나가 모두를 위해 / 희망을 안겨주는 삼총사"(「별 삼총사」)로 "언제까지나 우리에게 / 새 빛을 비추는"(같은 시) 것으로도 여겨시게 한다.
　이른 새벽 산책길에서는 "멀리서 들리는 완행열차 바퀴 소리, / 정적을 가만히 흔드는 미명, / 또 하루는 은밀하게 잰걸음"(「새벽달」)이라며 새날을 예비하고, 겨울 산책길에서는 "오로지 봄 전령들만 환한 표정들"(「봄 전령傳令」)이라고 새봄에 대한 기대감을 떠올려 보이기도 한다. 꽃밭 가꾸기는 마음의 봄에 대한 기대감의 또 다른 표현일지도 모른다.

여명黎明 무렵부터
자투리땅의 꽃밭을 가꾼다
날이 밝아 오듯
작은 생명에 불을 지피는
갖가지 풀꽃들
내 손길에 화답을 하는지
향기를 보낸다
세사世事에 찌든 나도
심호흡을 하며
새아침의 햇살을 기다린다
꽃들이 활짝 피어난다
　　　　-「꽃밭에서」 전문

　시인은 자투리땅에 꽃밭을 만들고 꽃을 가꾸는 건 생명력에 대한 외경심과 무관하지 않으며, 그 생명력의 절정인 꽃을 통해 세사에 찌든 자신의 새 활력에의 기구祈求와도 연계돼 있다고 할 수 있다. "인생 70부터 고목에도 꽃들이 핀다"며 "훌라후프를 더 빠르게 돌(「훌라후프」)"리는 것도 꽃밭 가꾸기와 같은 맥락脈絡에 놓고 볼 수 있다.

뿌린 씨앗에서 새싹이 트듯이
헬스장에서 일곱 해째 땀 흘리며
건강의 씨를 뿌린다

<중략>

100세 시대도 낯설지 않다
　　　　-「헬스」 부분

'공'을 뒤집으면 '운'이다
공이 운을 불러 주기도 할까

파크골프에 입문한 지 두 달째
열과 성을 다해 공을 친다
   −「홀인원」 부분

인생 여정의 설렘과 기대감,
짜릿한 티샷의 도전이 거듭된다
하지만 공은 마음을 비우면서
스윙 자세에 집중해야 적중한다

<중략>

쉽게, 단순하게, 멋있게
내일을 향해 공을 날린다
   −「파크골프」 부분

 짧게 부분 인용을 한 이들 시에는 시인이 헬스장과 파크골프장에서 건강을 위해 운동하는 모습과 그 기대감이 꾸밈없이 떠올라 있다. 「바둑」에서도 시인은 "노인들의 바둑 놀이는 / 놀음이 아니라 희망에 불 지피기다"고 희망에 불 지피기로써의 여가선용에 대해 진솔하게 언급하고 있다.

 v) 한편 일련의 시편들은 질곡桎梏의 고난으로 점철되기도 했던 지난날을 되돌아보는데 주로 주어지고 있다. 시 「세월」에서 회상하고 있듯이, 일제강점기의 유년 시절과 8·15 광복, 다시 6·25 전쟁을 겪었으며, 궁핍했던 어린 시절에는 보릿고개를 견뎌야 했다. 성장한 뒤에는 군대 체험

과 베트남 참전, 그 이후 사회생활을 하면서도 어쩌면 앞만 보고 잰걸음으로, 때로는 느린 걸음으로 지나온 세월이었을 것이다. 특히 청년 시절에 뜨겁게 체험한 베트남 참전의 기억과 그 트라우마는 도드라져 있다.

> 군복을 입고 있던 시절,
> 부산항에서 배를 타고 이국으로 갔다
>
> 삶과 죽음의 거리가 멀지 않던
> 베트남 전쟁터, 그 반세기 전이 선연하다
>
> 주마등처럼 스쳐가는 기억의 조각들,
> 저 하늘 구름의 맨살을 만져 보고 싶다
>
> 지워질 듯 지워지지 않는 트라우마,
> 여전히 나를 옥죄고 비틀기도 한다
>
> 하지만 오늘은 형산강 윤슬이 눈부시다
> 맑은 시 몇 구절을 떠올려 본다
> —「기억 속의 베트남전」 전문

생사生死의 갈림길을 넘나들 듯했던 베트남 전쟁터의 기억은 세월이 흐른 지금도 여전히 지워질 듯 지워지지 않는 트라우마로 자리잡고 있으며, 의식을 옥죄고 비틀기도 해 그 육화肉化로써의 다른 빛깔인 눈부시고 맑은 시를 쓰고 싶게도 한다.

오랜 세월이 흐른 뒤 베트남에 가서도 "세월이 흐르면 희미해질 줄 알았는데 / 오래된 기억이 마중물이 된 걸까 / 그때가 갓 배송된 택배 같다"(「친선교류, 베트남에 가니」)고 하는 대목과 "기억 저편에는 생생한 포성"과 "치열했던 메콩강 전투"(「베트남」)라는 구절이 되살아날 따름이다. 그뿐 아니라 한여름 모기들에 시달리면서도 그 전투의 기억이 생생해진다.

> 반세기도 전의 베트남 전선,
> 맹호부대 용사였을 때는
> 빗발치는 총알도 피했다
> 매복 작전은 매번 성공이었다
>
> 한반도의 한여름 밤인 지금은
> 작은 모기들과의 전쟁 중,
> 앵앵거리는 모기들은 겁도 없이
> 내 이마와 귀까지 무차별 공격한다
> 　　　　－「모기와의 전쟁」 부분

　전쟁의 무차별성을 모기의 공격에 빗댄 경우지만, 설령 승전의 기억이 선연하더라도 시인에게는 전쟁이 트라우마를 안겨주는 공포의 대상이었음은 분명해 보인다. 더구나 당시 산화한 전우들도 얼마나 많았으랴. 그 뜨거웠던 체험은 비록 어릴 때였으므로 참전하지는 않았지만 6·25 전쟁으로 거슬러 올라 호국영령을 기리는 애국심을 더욱 돈독하게 하는지도 모른다.

> 물러설 곳 없고 그럴 수도 없었던
> 1950년 다부동 전투,
> 낙동강엔 선혈이 낭자했다
>
> <중략>

역사는 물같이 흘러가지만
호국영령들의 기상 앞에
오늘도 태극기는 휘날리고 있다
　　　　　―「다부동에서」 부분

유월은 호국보훈의 달
충혼탑 앞에서
고개 숙이고 두 손 모으며
뜨겁게 산화한 영령들을 기린다
　　　　　―「다시 유월에」 부분

　시인은 아직도 남북이 대치하고 있는 휴전선에 들러서도 "판문점을 몇 번이나 뒤돌아보며 / 비핵화된, 우리의 소원 통일을 빌고 / 임진각에서 또 마음 아파"(「공동경비구역」)하며, 경주 황성공원의 참전선양비 앞에서는 "통일의 그 날은 꿈속에만 머물 것인지, / 눈을 들어 북녘 하늘을 바라보며 / 끓어오르는 애국심에 불을 지펴 본다"(「참전선양비 앞에서」)고 쓰고 있다.
　시인은 이제 칠순을 훌쩍 넘긴 노년의 삶을 살아가고 있다. 하지만 결기만은 굳건하다. "어디서 끝날지 모르는 길, / 이 길을 서두르지 말고 / 조신하게 가야 한다"면서도 "달리지 않고 멈추면 / 넘어지는 자전거처럼 / 나는 오늘 하루도 달린다"(「자전거처럼」)고 밝히고 있다.

두 주먹 불끈 쥐고 달려왔다,
그 세월이 잠깐 사이 같건만
칠순을 지난 지도 벌써 몇 해인가

무수한 발자국들이 빛 속에,

또는 어둠 속에서
보이다가 안 보이다가 한다

근심과 걱정 내려놓고 있으면
황혼 무렵의 가을꽃들이
낙엽들 위에 떨어져 내린다

비바람도 견뎌 온 젊은 시절이
기억의 저편에서 반짝인다
가고 오지 않지만 여전히 아름답다

서녘 하늘엔 붉은 노을,
이제 곧 별들이 뜨겠지만
비울수록 뭔가 그윽하게 차오른다
　　　　　　　　　－「황혼 무렵」 전문

　젊은 시절의 기억들을 반추하며 반짝이고 아름다웠다고 말하고 있지만, 낙엽 위에 떨어지는 가을꽃들을 넉넉한 마음으로 바라보고 있으며, 서녘 하늘의 붉은 노을이 지면 별들이 뜨고 "비울수록 뭔가 그윽하게 차오"르는 황혼의 여유를 그러안고 있다.
　이 마음자리에는 "언제 어디서나 / 달려가고 싶은 고향 / 노선버스는 한결같이 / 집을 오가게 해주지만 / 마음은 고향으로 실어간다 // 어김없이 고향은 나와 함께 / 노선버스를 탄다"(「노선버스」)는 본향 회귀 의식과 "새봄이 오면 / 강물도 한결 맑아지려나 / 벌써 활기찬 생명의 향연이 / 눈에 보이는 듯하다"(「고향의 강」)는 맑고 밝은 희망의 전언이 자리매김하고 있다.　　　　　　　　　　　　　　(2023)

유연한 사유와 깨달음의 세계
―이승권 시집 『귀띔』

ⅰ) 이승권 시인의 사유思惟와 상상력은 유연하다. 소박하고 담백하면서도 인생의 경륜이 쌓인 만큼 원숙하며, 순리順理에 따르려는 지혜와 체험이 부드럽게 녹아든 깨달음의 경지를 보여준다. 주로 내면 성찰에 초점이 맞춰지는 그의 시는 세월이 안겨주는 무상감無常感과 비애마저 자기 위안과 위무慰撫로 귀결되는 관용의 시선이 두드러지는 점도 돋보인다.

비움과 채움의 함수관계를 일깨우는 일련의 시는 비우고 내려놓음으로써 새롭게 차오르는 정신적 세계를 지향하면서 사랑을 축으로 베풀고 나누려는 미덕들을 떠올려 보이는가 하면, 오래된 추억들을 반추하는 시편들에는 토속적이고 따스한 정한情恨의 정서에 감싸인 그리움과 연민, 만남과 이별, 지난날로 회귀回歸하고 싶은 심경이 곡진하게 자리매김하고 있다.

언어 감각과 감성이 섬세하고 예민하며, 감정이입으로 대상을 의인화擬人化하거나 비유법을 적절하게 구사하는 기법과 현실을 바라보는 시선이 때로는 날카롭고 준엄峻嚴한 점도 이 시인의 덕목이 아닐 수 없다.

ii) 시인은 이 시집의 자서自序를 대신한 시 「근황」에서 "나도 모르는 내 안의 나 / 놓아주어야 할 때가 된 것"이라고 자신의 내면을 성찰한다. 이 자성自省은 까닭 없이 답답하고 피로해서 검진檢診을 해도 별 이상이 없어 "갸우뚱 몸살"할 정도지만, 피할 수 없이 저절로 변하는(늙어가는) 자신을 느끼기 때문으로 보인다.

그 변화는 "싱싱하던 양팔도 늘어지고 / 피곤한 허리"에다 "답답한 가슴에 두통까지 오면 / 여름날의 찬란했던 일들 생각하지만 / 들국화가 짓는 마지막 미소가 왠지 서글프다"(「가을의 걱정들」)는 비감悲感을 대동한다.

가을에 몸져눕는 갈대들이 환기하는 이 같은 비애의 감정은 자신을 위무하듯 "어차피 이제 누워야 한다는 것을 알기에 / 찬 별빛 스치는 밤에는 / 화장 지운 단풍나무 곁에서 / 듬성듬성 사라지는 머리카락 / 손갈피로 쓰다듬"(같은 시)게도 한다.

  버스 타고 단말기에
  휴대폰 무료 앱을 대면
  울리는 기계음 '사랑합니다'

  <중략>

  십 년만 더 젊었을 적만 같아도
  들어도 싫지 않던 말이

  한물갔다는 말로 들려
  왠지 서운해지고
    ―「고맙다 해야 하나」 부분

그러나 나이가 들면 같은 말이라도 서운하게 들리는 경우가 없지 않게 마련이다. 일흔다섯 이후 시내버스를 무임승차(대구시의 경우) 하면 '사랑합니다'라는 기계음이 단말기를 통해 흘러나온다. 시인은 그 말을 들으면서 고맙다기보다 서운해진다고 진솔하게 토로하고 있다.

하지만 「은퇴」에서는 자신을 "창공이 그리운 수사자"와 "소슬바람에 퇴출당한 / 낙엽"에 비유하면서도 "영화 같은 한 시절이 구름 위에 걸린다"고 세월의 순리에 순응하면서 "옛날의 영광 그리며 / 쓸쓸히 세운 낡은 발톱 / 멀리는 튀지 않게 조용조용 눌러 깎는"가 하면, 「가을 대화」에서는

> 억새 같은 내 머리카락들
> 나도 가을이라고 속삭인다
>
> 그래 그랬지
> 짙푸른 초록의 시절엔
> 밀치며 자리다툼도 했겠지
>
> 지금은 힘없이 나가떨어져 뒹굴지만
> 눈 안의 하늘이 얼마나 눈부셨던지
> 　　　　　　－「가을 대화」 부분

라고, 억새같이 자신의 빛깔 바랜 머리칼의 '말없이 속삭이는 말'에 귀 기울이며 머리칼들이 자리다툼까지 하는 눈부시던 때를 회상回想하기도 하고, 뒤통수가 서늘할 정도로 몇 안 남은 머리칼을 가을 나무에 빗대어 "혼자 남겨진 나무의 이마는 / 추위에 옹이가 점점 깊어지겠지 / <중략> / 참빗 같은 나무그림자는 / 자꾸만 따라온다"고도 그린다.

낡은 앨범에서 발견한
풍성한 머리숱의 윤곽은
앨범 덮은 한참 후에도 뚜렷하다

푸른 시선 속 꽂혀 있는 사진 속 한 사람은
사십쯤 되어 보이는 얼굴로
백두산 천지 따라 미소를 지었다

그간 강산이 바뀌기를 몇 번
패기는 먼지 되어 날아갔고
구두는 지구를 몇 바퀴나 돌았는지
바닥마저 닳았다

몸 안에서 수천 번의 분열
일어나 죽고 다시 생기던 세포는
이제 뼛속마저 헐거워졌다

눈 씻고 봐도
사진 속 저 사람 나인 게 분명하다

한때는 불상에 낀 먼지도
먼눈으로 닦아준 적 있었으니
그깟 눈꺼풀 좀 무거워졌다 해서
뭐 그리 대수인가
　　　　　－「정지에 들다」 전문

비애의 느낌들을 더욱 구체화해 보이는 이 시는 서른 해 전쯤 사십대 때 자신의 사진을 들여다보면서 역시 자기 위안으로 귀결되는 감정들을 진솔하게 떠올린다. 강산이 몇 번 바뀌는 동안 지구를 몇 바퀴를 돌 만큼 부지런했으며, 몸 안의 세포가 수천 번 생멸生滅을 거듭했다는 사실이 기껍기도 하기 때문일 것이다.

더구나 "젊은 날 술 너무 많이 마셔 / 칠순을 앞둔 생일이어도 / 딱 한 잔씩만 하라는 의사의 말 / 말복에 우는 매미 울음과 다르지 않다"(「창공의 시」)는 결기決起와 "먹구름 몰려가는 하늘에도 / 머지않아 흰 구름 몰려올 것 알기에 / 거두어들일 알곡 같은 시 / 몇 편 더 쓸 일로 나 즐거워진다"(같은 시)는 대목은 늘그막에 시의 길을 걸으면서 보태진 "맑고 높은 정신"(같은 시)의 지향에 힘입고 있는 듯하다.

인생의 가을에 접어든 시인은 겨울을 맞이하면서는 또 다른 생각에 젖는다. 겨울 산책길은 어둡기 전까지 서둘러야 하고, 잠들 곳을 찾아 배회하는 새들도 예사로 보이지 않기 때문일 것이다. 그러나 겨울은 어둡기 전에 남은 일들을 정리해야 하는 짧은 해가 섭섭하게 하면서도 그간의 수고에 대한 감사의 마음으로 돌아보게도 된다.

햇볕 따스하게 내리는
겨울 낮 오후 네 시
산책은 어둡기 전에 서둘러야 했다

파인 주름 사이로 파고드는
따스함에도
머잖아 산 그늘은 내려와
가는 길 만만치 않음을
알려주겠지

하늘은 뿌연 거울
잠들 곳 찾아 배회하는 새들

기쁘기도 슬프기도 한데

오고야 말 저녁을 위해
남은 일들을 정리해야 하는
짧은 해는 못내 섭섭하고

걸어온 만치 저릿해진 발
그동안 수고했다고
아랫목에 밀어 넣는다
　　　　 -「겨울 산책」 전문

　시인이 자기 위안을 하는 가운데 겨울이 지나면 다시 봄이 오겠지만, 만성피로증후군을 앓아야 하는 자신처럼 "춘곤증 앓는 벤자민에게도 / 수액 달아 줄 때가 되"(「간병」)었다며 "그만 내려놓지 못한 이 짐은 / 조금씩 불편해지기 시작하면서 / 내가 나를 우대할 때가 된 것을 알"(「경로 우대석」)게 되는 것도 세월이 안겨주는 느낌에 다름 아닐 것이다.

　iii) 사람들은 한 치 앞의 운명運命도 모르는 채 끊임없이 욕망을 채우려 하며 일상을 살아가게 마련이다. 하지만 현명한 삶은 채우려고만 하기보다는 비우고 내려놓는 지혜를 동반한다. 비우고 내려놓아야 그 자리에 새로운 것늘이 채워지고, 낮추어야 높아질 수도 있다. 게다가 가지려고만 하지 않고 가진 것을 베풀고 나누는 미덕이 더불어 살아가는 세상을 아름답고 살 만한 곳으로 만들어 주기도 한다.
　시인은 수족관 속 광어의 운명을 떠올리면서 인간을 운명으로 바꾸어 바라본다. 그렇게 바라보기만 할 뿐 아니라 언제 죽으면서 식탁에 오를지도 모르는 광어에게 한 치 앞을 모르는 자신의 일(운명)을 물으면서도 살아 있는 '오늘'에 고마워한다.

자신을 두고 흥정하는 줄도 모르는
횟집 수족관 광어에게
한 치 앞의 일을 묻는다

<중략>

머리 잘릴 시간을 눈앞에 두고도
한가로이 쉬고 있는 담담한 모습
애처롭도록 한 방향인 두 눈
운 좋으면 오늘을 무사히 넘길지도 모른다

세상살이 다 그런 거라고
알고도 모르고도 가로막는 유리벽

그냥저냥 오늘을 살기 위해
빼끔빼끔 마시는 물이 그저 고맙다
　　　　　　　　－「일상생활」 부분

　횟집 수족관 속의 광어는 고객이 흥정하면 죽을 운명이지만 살기 위해 바다에서처럼 한 방향으로 두 눈을 뜨면서 그냥저냥 고마워하듯 빼끔빼끔 물을 마신다. 운이 좋으면 오늘을 무사히 넘길지 모르지만 죽음은 예정돼 있다. 그런데도 한가로운 모습이 답답하고 애처롭게 보이는 건 인간의 운명과도 다르지 않기 때문이기도 할 것이다.
　횟집의 투명하지만 "알고도 모르고도 가로막는 유리벽"은 사람들이 일상으로 타고 내리는 엘리베이터 속과 별반 다르지 않다. 마치 벌들이 꿀을 따서 벌집을 드나드는 행위처럼 일용日用할 양식을 마련해서 하나의 통로(엘리베이터)를 통해 각기 다른 집으로 드나들게 된다.

일용할 하루치 양식을 든 벌들이
　　엘리베이터에 오른다

　　들어가는 곳은 여러 곳 익숙한 통로는 하나다

　　가끔 낯익은 벌들끼리 인사를 해도
　　따온 꿀은 각자의 곳간에 채워졌다

　　<중략>

　　위아래가 트이지 않아 그나마 다행
　　남의 방귀 냄새 안 맡아도 되는
　　아무튼, 옆 하나는 트인 여기가 내 집이다
　　　　　　　　　　－「벌집에 들다」부분

　아파트를 벌집에, 사람들을 벌에 비유해 일상을 그린 이 시는 현대인들의 단절斷切된 삶을 같은 통로를 거쳐도 들어가는 곳은 나눠지고 "따온 꿀은 각자의 곳간에 채워"질 뿐이며, 아파트는 위아래가 트이지 않지만 옆 하나(유리벽)는 트여 있다고 그리고 있다.
　단절과 개인주의에 익숙해진 현대인들의 삶을 다른 사람들의 악취를 맡지 않아도 되게 "위아래가 트이지 않아 그나마 다행"이며 "옆 하나는 트인 여기가 내 집"이라고 묘사하는 점은 곧이곧대로만 읽지 않게도 한다. 현대인의 이 같은 삶의 모습이 「생업」에서는 가족주의로 묘사된다.

　　풀릴 듯 풀리지 않는 일상에
　　게슴츠레 뜨는 눈

　　겨우 먹고살기 바쁜 하루여도

재롱둥이 새끼들 생각 하나 보다

　　　기다림은
　　　날게 죽지 접는 저녁까지 이어지고
　　　운 없는 물고기 기어이 덥석 물고서야.
　　　집으로 가는 해오라기
　　　　　　　　　－「생업」 부분

　물고기를 잡는 해오라기와 겨우 먹고살기 위한 생업生業에 바쁜 사람들을 포개어 묘사한 이 시는 가족(자식)을 먹여 살리기 위한 해종일의 일이 "풀릴 듯 풀리지 않는 일상"이기도 하고, 운 없는 물고기 덥석 무는 '약육강식弱肉强食'의 행위와도 같다는 인식에서 비롯된 것 같다.
　구피가 먹이 주는 사람을 알아차리는 모습에 착안한 「시들해진 꿈」은 코로나 팬데믹으로 답답하고 시들해진 삶을 "물 벽 하나를 사이에 두고 / 어느새 너와 나는 / 감정의 온도 닮아 갔다"고 그리며, 집합금지 명령 어기지 않으려 배달 음식 시켜 먹고 바이러스 때문에 배탈이 난 속을 다 비워야 했던 때를 상기하면서

　　　오욕 내려놓아야 한다는 성현의 말씀도
　　　시들시들 기어가는 지렁이에게는
　　　모진 고문이었을 것

　　　속이 올바로 차야 마음도 비울 수 있다는
　　　또 다른 진실 앞에서
　　　시든 팔뚝에 주삿바늘 꽂고
　　　배달의 혼 흘려 넣는다
　　　　　　　　　－「비움과 채움」 부분

고, 속이 올바로 차야 마음도 비울 수 있다는 사실을 환기喚起한다. 시인은 이 사실을 "또 다른 진실"이라고 말하고 있는 저의는 거꾸로 비워야 새롭게 차오를 수 있다는 사실을 말하려 하기 때문이 아닐까. 아무튼 이 시는 비움과 채움의 함수관계를 일깨우고 암시하는 것으로 보인다. 다른 한편 덜 채움이 채움을 향한 기다림의 여지를 갖게 해 예찬하는 시도 간과할 수 없다.

열이틀 달은 지금을 넘어
머잖아 마저 부풀 생각에
귀밑까지 환하게 씻은 얼굴이다

기다려 볼 며칠이 더 남아 있어
너를 바라보는 일은
마냥 즐겁다
　　　　　-「덜 채움의 미학」 부분

꽉 찬 보름달보다 열이틀 달을 "귀밑까지 씻은 얼굴"이라는 묘사나 곧 보름달이 되기까지의 여지餘地를 마냥 즐거워하는 여유도 이 시인의 덕목이 아닐 수 없다. 나아가 시인은 "아무리 귀하고 맛있는 음식 일지라도 / 입에 들었다가 몸 밖으로 나오면 / 더러워진다"(「평등에 대하여」)는 사실과 먹은 음식은 온몸의 피를 돌리기는 마찬가지여서 "천박함도 고상함도 / 뒤섞여 어울려야 세상인 것을 / 결국엔 서로 거름이 되는 것을"(같은 시)이라고 환기하면서 더불어 살아가는 세상의 미덕을 완곡하게 일깨운다.

iv) 적지 않은 시편들을 통해 시인은 마치 타임머신을 타듯 지난날로 되돌아가거나 지금 여기에서 지난날의 추억들을 젖은 시선으로 소환하기도 한다. 이 경우 현실에서와는 사뭇 다르게 토속적이고 따스한 정한情恨의 정서에 감싸인 그리움과 연민, 사랑의 세계를 떠올리며, 만남과 이별을 애틋하게 노래한다. 그 중심에는 어머니가 자리잡고 있으며, 가족과 친지들도 다채롭게 등장한다.

　이 시집의 표제시로 어머니가 남긴 은비녀를 매개로 한 「귀띔」을 비롯해 「꿈, 달이 흐르는」, 「물가의 발장난」, 「보리밭에서」, 「봄, 유전되다」, 「타임머신」, 「쑥길」 등은 어머니를 주제로 한 시들이다.

　토속적인 정취가 물씬한 「꿈, 달이 흐르는」은 소년(중학생) 시절 집을 떠나 자취생활을 하면서 어머니 보고 싶어 달밤에 이십 리 산길을 걸어 귀가하던 추억을 그리고 있으며, 「물가의 발장난」에서는 "지금 그리운 건 / 희망 품은 고요 속에 / 등 두드려 주던 어머니 손길"이라고 어머니를 그리워한다.

　그런가 하면, 「보리밭에서」는 춘궁기春窮期인 사월에 첫아들로 태어나 "엄마의 마른 젖을 움켜쥐고 / 보리숭늉에 옹알이를 배웠"던 기억과 연계해 현실 속에서도 "삶이 뒤엉킬 때마다 / 여기저기 짧은 비명 솟구쳐도 / 보리밭 품속은 풋풋하다"고, '어머니 품속=보리밭 품속'을 등식화해 보인다.

　　복사꽃 피는 날
　　문득 그리워지는 건
　　그 옛날 엄마의 봄날

　　<중략>

　　그 젊은 날에도 지금의 나처럼
　　손끝으로 아지랑이를 찍어
　　키 작은 꽃씨들

장독대 둘레에 뿌렸을 엄마

　　웃는 얼굴
　　엄마 닮은 꽃들도
　　나도 따라서 웃는다
　　　　　　─「봄, 유전되다」 부분

　어머니의 봄날을 복사꽃 피는 날로 바라보기도 하는 이 시에서는 봄날에 장독대 둘레에 키 작은 꽃씨를 뿌려 꽃 피우는 것도 어머니의 봄이 유전遺傳됐다고 보고 있다. 피어난 그 꽃들이 어머니의 웃는 얼굴을 닮아 꽃들도 나도 따라 웃는다고 하는 묘사는 시인의 아름다운 마음을 들여다보게도 한다. 이 같은 시인의 마음자리는 저승의 어머니에게 고도로 발달한 사진술로 갓난아기 시절의 자기 모습을 보내고 싶어하는 데까지 진전된다.

　　엄마 옆에 나란히 눕힌 갓난아기
　　내 모습을
　　우주 너머로 떠난
　　엄마에게 찍어 보내 드릴까

　　웃는 내 모습 보시고
　　엄마는 얼마나 좋아하실까
　　　　　　─「타임머신」 부분

　또한 「쑥길」은 성묫길이 나를 이끌어 성묘省墓하러 갔다가 언 땅을 비집고 올라온 첫 쑥(햇쑥)들을 뜯어와 끓인 쑥국을 먹고 곰의 걸음으로 꽃비 마중 나가 보려 하는 마음을 그리고 있다. 이 시는 어머니를 쑥과 마늘을 먹으며 고난을 이긴 웅녀로, 쑥국을 먹은 자신을 곰으로 그리는

가 하면, 성묘하러 가는 것도 성묫길이 이끌어 갔다고 표현해 시적 묘미를 돋운다. 어머니를 주제로 한 시 가운데 「귀띔」은 시적 묘미가 가장 돋보이는 것 같다.

꽃상여 등에 업힌 엄마 하늘 문까지 배웅하고 와서 서랍 속에 꼭꼭 숨겨둔 은비녀. 어쩌다 서랍 문 당겨 보면 아픈 허리 다 나았냐고 물어보는데

언제나 내 응답은 예나 지금이나 끄덕이는 고갯짓

울먹해진 내 눈가를 재빨리 읽어버린 은비녀는 앗! 흙빛 얼굴이다. 앞뜰 단풍나무 붉게 물들기가 몇 번째인지, 잊어버린 내가 하늘 안부 묻는다

나 따라갈 하늘길. 언제 열리냐고 아직 멀었냐고 은근슬쩍 물으면 그렇다는 말 대신 하얗게 웃는 은비녀
　　　　　　　　　　　　　　　　　　　　　-「귀띔」 전문

이 시는 서랍 속에 소중하게 간직하고 있는 어머니의 은비녀(유품遺品)를 의인화擬人化하면서 대화를 주고받는 것으로 그리고 있다. 서랍을 열면 어머니의 화신化身(또는 분신分身)이라고 봐도 좋을 은비녀가 화자에게 "아픈 허리 다 나았나"고 묻고 화자는 한결같이 고개를 끄덕인다. 그렇지 못한 낌새를 알아차린 은비녀는 놀라서 흙빛 얼굴이 된다. 세월이 흐르면서 잊어버리곤 하던 화자도 화답하듯 하늘 안부를 묻는다. 이 같은 묘사 중에서도 화자가 자신의 하늘길이 아직 멀었느냐고 물으면 은비녀가 그렇다고 하얗게 웃는다는 대목은 백미白眉로 읽힌다.

아버지에 대해서는 「섶다리」에서 "섶다리는 언제나 땀 젖은 적삼 // 지게 진 아버지의 등짝 닮아서 / 나풀나풀 걸어오는 / 어린 나비에게 / 꽃 꿈 한 자락 깔아준다"고, 섶다리를 아버지의 등짝 같다고 묘사하고

있으며, 할아버지 제삿날에는 궁핍하던 시절의 이팝꽃을 떠올리며

> 화들짝 핀 이팝꽃에서
> 나 어릴 적에 들일 나가시던 할아버지
> 헐렁한 허리춤이 보인다
>
> 오늘은 할아버지 제삿날
> 그득 올린 나물과 고기반찬 사이
> 만개한 이팝꽃 한 가지 얹어 둔다
>
> 이밥은 고사하고 보리밥이라도
> 고봉으로 차려 드렸다면
> 가시는 길에도 기운 차리셨을 텐데
> ―「제삿날」 부분

라는 아쉬움에 젖기도 하고, 어린 시절 산수 숙제 풀어주고 공작새 자수를 잘 놓던 고모의 조양공원 묘소에서는 "무덤 앞에 공작새 깃털 같은 / 한 묶음 제비꽃으로 피었다"(「제비꽃 피다」)고 연민을 끼얹는다. 가족 묘지에 있는 사촌동생에게는 "사무치게 그리운 우리 어머니 아버지께 / 나 잘 있다고 안부 전했냐고 묻자 / 측백나무잎 흔드는 손짓"(「천명」)이라고 본다.

어린 시절 고향 옆집에 살던 소녀(순기)가 코로나 감염感染으로 세상을 떠난 심경을 "그리움 가득한 시어를 들고 / 나 오늘도 이리저리 건너 걷는다"는 「순기가 먼저 갔다」, 하늘나라로 간 친구를 그리워하며 "꽃도 별도 너를 닮았나 싶어 / 갸웃갸웃 살핀다"는 「서산 친구」도 같은 맥락의 시다. 이 같은 마음자리에는 한결같이 깊은 사랑이 자리잡고 있다.

훨훨 퍼져 나갈 사랑을 두고
이루어지기를 바라는 마음 가득
지펴지는 모닥불 온기에
우리는 무릎을 맞대고 둘러앉는다
　　　　　　　－「염원」 부분

마른 명태를 뭉근하게 뜯을 때
비로소 알게 되는

머리부터 꼬리까지 다른 맛
　　　－「사랑, 알아갈수록 깊어지는」 부분

　사랑을 축으로 하는 가까운 사람들과의 관계를 "무릎을 맞대고 둘러앉는다"는 구절이나 알아갈수록 깊어지는 사랑을 마른 명태를 뭉근하게 뜯을 때 비로소 알게 된다는 대목은 깊은 사랑과 그 확산을 은연중에 예비하고 있는 것으로 보았기 때문일 것이다.

　v) 인생의 경륜이 깊은 시인의 시유와 상상력은 유연하고 다채롭다. 섬세하고 예민한가 하면, 아주 준엄하고 날카로울 때도 있고, 깨달음의 세계를 부드럽게 펼쳐 보이기도 한다.
　"단풍이 저리도 고운 이유는 / 깊이 알 수 없는 고뇌의 흔적일 수도 있겠다"(「멍」)는 원숙한 사유의 한편으로는 "잠시 어둡던 내 십자 미간 한가운데 / 찾아온 달빛 향기가 있어 / 빽빽하던 주름도 펴지고 마는"(「손녀의 미소」)이라는 표현이 그렇듯이 소박하고 담백하다. 시인은 현실 너머로까지 상상의 날개를 펴기도 한다.

　　　나 지금 그대의 뒷모습이

아름다워 보이는 건

어쩔 수 없이 Y인 나의 염색체가
X인 너를 보고 있기 때문이다

Y인 내가 X인 그대와
뒤바뀐다면
그대는 나를 어떤 눈으로 볼까
-「엉뚱한 상상」부분

  그대의 아름다운 모습을 예찬하면서 서로 뒤바뀌게 될 경우를 상상해 보지만 "그대는 나를 어떤 눈으로 볼까"에 초점이 맞춰져 있는 이 시는 엉뚱한 상상이 아니라 생명공학의 관점으로 자기 성찰을 하는 경우라 할 수 있다. 꽃을 바라보면서는 또 다르다. 예민하고 섬세한 감성이 두드러지면서도 인생을 관조하는 사유의 깊이가 부드럽게 떠오른다.

분홍색 한 송이 붉은색 세 송이
베란다에 핀 장미
참 예쁘다

〈중략〉

창밖에 부는 바람과
내리는 빗줄기를 내다보다
나뭇가지와 나누던 눈빛으로
가지 몇 틔웠다

창문에 비치는 별을 보고

가끔 손을 내밀어
운명을 받아들이기로 했다

가두어 놓은 사람들
가시를 품고도 원망하지 않으며
웃는 얼굴 드러내듯
만족이란 꽃 몇 송이 피웠다
　　　　-「꽃의 길」부분

　장미를 바라보며 자신의 내면으로 시선을 돌리기도 하는 이 시는 베란다의 장미뿐 아니라 바람과 빗줄기, 별까지 끌어들이면서 기실은 자신의 내면 풍경을 떠올려 놓고 있다. 가시를 품고도 웃는 얼굴을 드러내는 건 장미를 빗댄 내면의 꽃 피우기로 읽힌다.
　그러나 시인의 현실을 바라보는 시선은 준엄하며 날카롭다. 「아픈 팔」에서는 고무나무 가지를 마사토 화분에 꽂아 심어 잘 자란 뒤 그 고무나무에서 분가한 새끼 나무가 "평수 큰 집 차지하고 / 어미보다 더 너른 잎 달았다고 // 초췌해진 어미나무 곁에서 / 저 잘난 채 거들먹거린다"고 비판하는가 하면, 권력에 눈먼 정치인을 향해서는 더욱 강도 높은 비판批判의 화살을 날린다.
　"귀 막고 사는 우리 앞에서 / 입 마른 사람은 또 거짓말을 한다"(「토룡의 반란」)거나 "있어도 없고 없어도 있는 것인 양 / 여러 법칙을 들먹거리지만 / 애초부터 꼬리는 하나다"(「꼬리」)고 전제하고

잘린 꼬리를 핑계로 슬금슬금
도망갈 눈치인 정치꾼
왜 자꾸 뱀눈을 닮아가는지
나, 이제야 알겠다

담장을 넘겠다는 흉계로
꼬리에 꼬리를 무는 소문만 무성해질 뿐

칼날 좀 휘둘렀다고
여러 개 꼬리를 가진 건 아니다

〈중략〉

일생에 꼬리를 자를 수 있는 건
단 한 번뿐이라는 사실

—「꼬리」부분

을 적시하며 그 잘못을 준엄하게 일깨운다. 현실을 바라보면서 뿐 아니라 역사적 현실을 바라보는 시각도 마찬가지다. 가야 고분 앞에서 순장殉葬된 옛사람들을 떠올리면서는 "짓눌려오는 무소불위 권력에 / 눈코 막혀 / 영원한 그늘 속으로 끌려간 / 애처로운 영혼들 // 둥근 봉분 위에 솟구쳐 오른 / 한 그루 소나무는 / 천년을 뚫고 오르는 한맺힌 검은 손"(「순장」)이라며, "그림자 반경만큼 뿌리 깊은 나무가 / 손목 슬그머니 잡아끈다"(같은 시)고, 무소불위無所不爲의 권력에 대해 질타한다.

그러나 시인의 인생 경륜이 그렇듯이, 세상을 너그럽게 관조하고 끌어안는 관용과 깨달음의 미덕이 그중에서도 돋보인다. 신라 고승 원효元曉의 '모든 것은 마음이 만든다'는 사상을 반추하는 「일체유심조一切唯心造」와 「밤나무 등불」, 오래된 문경 희양산의 봉암사 기둥에 천착한 「설법 듣는 기둥」은 그 대표적인 예다.

감로수와 해골 물이 다르지 않다고 했다

<중략>

커다란 운명 지고 태어난 그 밤나무 밑은
세상 등불 밝히는 선자의 거처
비릿한 밤꽃 냄새 진동한다

이틀 전 고인이 된 초등 친구
지금쯤 어느 하늘에서 머물고 있는지
나 슬쩍 원효에게 물어보는데

여문 밤송이 저절로 벌 듯
하늘 올려다보며 그냥 잊고 살라 한다
　　　　　　　　－「일체유심조―切唯心造」 부분

해골 물도 감로수도 퍼마신 밤나무는
때 되면 아무 탈 없이
꽃을 피워 밤송이를 벌린다

<중략>

원효를 만나러 가야 하는 길에서
원효는 없는데

우듬지에서 떨어진 밤송이가
아둔의 정수리를 친다
화끈한 등불이 켜진다
　　　　　　　　－「밤나무 등불」 부분

「일체유심조一切唯心造」는 세상을 떠난 초등학교 친구를 애석하게 떠올리다 감로수처럼 해골 물을 마시고 난 뒤 깨달았다는 원효의 사상 '일체유심조'를 그 친구에게 비추어 반추하는 시다. 세상 등불 밝힌 원효의 거처를 밤나무 아래라고 여기는 시인은 진동하는 밤꽃 냄새와 여물어 벌어지는 밤송이를 통해 '모든 것은 마음이 만든다'는 깨달음(관조)에 이르기도 한다.

「밤나무 등불」은 그 연장선상의 시로 밤나무가 해골 물도 감로수도 퍼마시고 꽃을 피우고 밤송이가 여물어 벌어지게 한다고 원효의 화신으로 비약하는 상상력을 펴고 있다. 원효를 만날 수는 없지만 그 사상은 밤송이로 변신해 아둔한 정수리를 치고 화끈한 등불을 켠다는 발상이 돋보인다.

기둥이 되기 전에는 하늘을 받치고 죽어서는 법당法堂을 바친다고 봉암사 기둥을 예찬하는 「설법 듣는 기둥」은 오랜 세월 물소리 바람 소리에 큰스님 설법 섞어 들어 수천 년을 더 견딜 통통한 종아리라고 묘사한다. 그 공덕功德을 우러러 "고승 대덕 결사 때도 늠름하게 버텨 / 꿋꿋하게 받쳐 든 저 기둥"이라며, "희양산이 저리 밝은 것은 / 여기 봉암사가 있기 때문"이라고도 한다.

이 세 편의 시는 시인의 정신적 지향과 세계관을 포용하고 있으며, 인생의 오랜 경륜과 지혜에서 우러나는 원숙한 사유와 깨달음의 경지를 보여주고 있다는 점에서도 주목된다.

(2023)

사랑과 연민의 투사와 확산
―원용수 시집 『무지개 여행』

ⅰ) 원용수 시인은 삶과 세상을 성찰省察하는 시선과 가슴이 따뜻하고 그윽하다. 사랑과 연민憐憫을 키워드로 가장 가까운 부모나 가족뿐 아니라 다른 사람들과 하찮은 사물들에까지 이 같은 내면(마음)을 투사投射하고 확산한다. 한결같이 이 투사와 베풂은 시인과의 수직관계나 수평관계, 멀고 가까움에도 아랑곳없이 그 경계마저 허물어 버리는 양상으로 진전된다.

더구나 물 흐르듯이 유연하고 원숙하며 진솔眞率한 언어들이 그런 미덕美德들을 푸근하게 감싸 안고 있어 내용과 형식이 자연스럽게 어우러지는가 하면, 상호상승하는 시너지 효과를 빚고 있기도 하다. 이같이 시인과 시가 부드럽게 융화되어 그 일체감이 두드러져 보이는 것도 시인의 변함없는 진정성이 언제, 어디서나 관류貫流하기 때문으로 보인다.

ⅱ) 시인의 가슴은 너그럽고 훈훈하다. 그 바탕에는 어김없이 내리사랑이 자라잡고 있으며, 그 사랑의 훈기를 불러들이고 가슴에 녹여 자신

의 사랑과 연민憐憫으로 되살려 발산한다. 내리사랑의 본보기는 어머니
와 아버지, 할머니의 사랑이며, 그 두터운 그늘이다. 그중에서도 어머니
는 사랑의 화신化身 같으며, '뒷면 없는 거울'로 여겨지기도 한다. 어머니
가 남긴 거울은 변함없는 내리사랑의 상징으로, 자기희생을 감내하는
모성母性과 그 사랑은 영원한 그리움의 대상으로 자리매김하고 있기 때
문이다.

    뒷면 없는 어머니는
    나를 비추는 거울입니다

    감기 다 나았제?
    옷 따시게 입고 다니거라

    맑고 따뜻한 눈이
    엄마를 봅니다
    엄마는 나를 봅니다

    어머님이 보고 싶으면
    어머니가 남긴 거울을 봅니다

    엄마는 여전히 늙지 않았는데
    나는 자꾸 늙어갑니다
               ―「면경」 전문

  어머니의 유품遺品인 거울(면경面鏡)을 매개로 모성을 반추하는 이 시
에서는 '어머니의 거울=어머니'라는 등식을 만들면서 세월의 흐름에도
한결같은 어머니의 사랑을 기리고 그리워한다. '어머니가 남긴 거울'이
곧 '뒷면 없는 어머니'이자 '나를 비추는 거울'이며, 그 '나를 비추는 거

울'이 '어머니의 사랑을 비추는 거울'로도 그려져 있다.

　이 때문에 어린 시절의 '엄마'의 눈과 같이 '나'의 눈도 "맑고 따뜻"해지며, 그 '엄마'를 보고 싶으면 그런 눈으로 거울(엄마)을 보지만 그 시절의 '엄마(거울)'는 "여전히 늙지 않았는데 / 나는 자꾸 늙어"간다는 아쉬움에도 젖는다. 늙어가는 '나'가 어린 시절의 '어머니'를 '엄마'로 부르며 그때의 사랑을 "감기 다 나았제? / 옷 따시게 입고 다니거라"라고 표현하면서 시적詩的 묘미를 강화해 보이기도 한다.

　어머니의 사랑에 대한 이 같은 그리움과 연민은 자신의 몸이 약해져도 "막내 튼실하게 키우려고 / 일곱 살까지 젖 먹였던"(「숭늉」) 기억과 그 사랑 때문에 "일흔이 넘은 아들이 / 젖 대신 마시는 숭늉"으로는 "마시고 마셔도 / 채워지지 않는 그리움"(같은 시)에 빠져들 수밖에 없다.

고기반찬은 할아버지와 아버지만 드신다

가족에게 단백질을 먹이려는 어머님 배려로
밥식혜는 가족 모두 먹는다

붉고 비리지 않다
구수하고 들큼하다

어머니 맛이 난다

돌아가신 지 갑년이 지났어도
어머니 맛은 그대로다
　　　　　　　　　—「밥식혜」 전문

　가부장제家父長制 사회에서의 어머니의 사랑(배려)을 떠올리는 이 시는 그 살뜰한 지혜를 예찬하고 기리는데 주어져 있다. 세월이 흘러서 먹는 밥식혜도 어머니가 만들어 줄 때와 같이 여전히 붉고 비리지 않으며 구수하고 들큼한 단백질 음식으로 "어머니 맛"이라고 여기고 있을 뿐 아니라 어머니가 세상 떠난 지 예순 해가 지나도 "어머니 맛은 그대로"라며 어머니를 흠모한다. 이 흠모는 연민과 무관하지 않으며, 타인을 향해서도 거의 그대로 이어지게 마련이다.

시「못난이 사과」에는 어머니에 대한 그리움이 오롯이 전이轉移돼 있다. 영천 재래시장 난전에서 "못난이 사과 한 접"을 펼쳐 놓고 파는 할머니가 시인의 눈에는 "어머니 같은 할머니" 같아 보인다. 그래서 눈길 주는 사람마저 없는 그 사과들을 흥정도 하지 않고 몽땅 사게 되며, 그 할머니도 시인(화자)에게 "아들 같다며 웃으신다"니 은연중의 이심전심以心傳心일는지도 모른다.

> 아뿔싸! 집에 오니
> 빛깔 좋은 사과 한 상자 아내가 사 두었다
>
> 옛날 후포장에서
> 해묵은 감자 못 팔아 고생하시던
> 어머니 생각에 사 왔으니
> 두 말 말라는 당부에
> 못난이 사과를 물끄러미 바라보던 아내가
> 엄마같이 웃는다
>
> 오늘은 운 좋은 날인가 보다
> 어머니 같은 분을 두 번이나 만나서
> —「못난이 사과」부분

시인은 오랜 옛날 시장에서 감자가 제대로 팔리지 않아 고전하던 어머니가 떠올라 '못난이 사과 한 접'을 사서 집으로 돌아오니 아내가 '빛깔 좋은 사과 한 상자'를 이미 사 놓았다. 난전에서 산 사과와는 품질이 대조적이겠지만 아내가 "엄마같이 웃는다"니 시인의 어머니에 대한 심경이 어떠한가를 짐작하고도 남음이 있다. 더구나 그 '못난이 사과'들을 물끄러미 보다가 웃는 아내를 '엄마'같다고 느끼는 데만 그치지 않는다. 난전 할머니와 함께 "어머니 같은 두 분을 두 번 만나서" 운 좋은 날이라고 생각하는 연민과 사랑의 마음자리가 그윽하다.

이 시집의 표재시이기도 한「무지개 여행」은 대구 근교의 산과 강을 배경으로 떴다가 사라지는 무지개를 바라보면서 어머니와 아버지를 그리워하는 마음을 환상幻想에 실어 부각시킨다. 금호강과 초례봉을 잇는 무지개 속의 어머니와 아버지는 한복 차림으로 되레 '나'를 보고 싶어 강을 밟고 걸어온다고도 그린다.

    초례봉에 걸린 무지개 속 한복차림 노부부
    금호강 밟고 걸어오신다
    자세히 보니, 어머니와 아버지다

    너 보고 싶어 왔다고
    산소에도 안 오고 요즘 어디 아프냐고
    오늘 보니, 지팡이 짚어야겠다, 하신다

    나 초등학교 3학년 때 그린 무지개 그림
    안방 벽에 붙여 두었던 그 그림
    어머니 아버지는 내가 그린 그 무지개 올라타고
    저승 가셔도 여행 다니신다니

그 흔한 제주도 여행도 못 보내 드린 게
　　후회로 남아 가슴이 뭉클
　　글썽이는 내 눈물에도 살포시 내려앉으시는 두 분

　　좋아하시던 고향 무정 노랫가락
　　일곱 마디 곡 다 끝나기도 전에
　　굽은 등 편 무지개는 훌쩍 사라지고

　　물어볼 말이 아직 많은 나
　　비 그친 오늘도
　　금호강둑 서성인다

　　　　　　　　　　　　　─「무지개 여행」

　이 시에서 어머니와 아버지의 사랑은 "산소에도 안 오고 어디 아프냐고 / 오늘 보니, 지팡이 짚어야겠다, 하신다"는 구절이 말해 주듯, 운신이 힘들 정도로 나이가 들어 다소 무심해진 자신을 되돌아보며, 그 지극한 사랑에도 효도를 잘하지 못한 회한悔恨으로 글썽이는 눈물에 어머니와 아버지가 무지개를 올라타고 내려앉는 모습으로 그리게 했을 것이다.
　그 어머니와 아버지의 모습은 화자가 초등학교 3학년 때 그려 안방 벽에 붙여 두었던 무지개 그림을 올라타고 저승으로 갔으며, 여전히 그 무지개를 타고 여행 다닌다고 상상하는 마음은 그야말로 애틋하다. 이쯤 되면 두 분이 좋아하던 노래를 채 다 부르기 전에 무지개를 타고 떠나 무지개 뜨던 강둑을 서성이게 하는 건 당연지사이기도 하다.
　부모와 같이 조모祖母의 자비 역시 두터운 그늘을 드리워 준다. 시인은 겨울 저녁에 언 못 위를 거닐며 가끔 비명을 지르는 거위가 얼마나 물이 그리울까를 우려하며 연민을 보내는「수성못 거위」에서는 할머니가 언젠가 했던 "머지않아 얼었던 연못이 녹을 거다"라는 말을 배치한다. 역시 내리사랑의 훈기를 불러들이고 가슴에 녹여 발산하는 경우에 다름 아니다. 그 다음의 묘사는 더욱 곡진하고 미묘한 여운餘韻을 안겨준다.

> 훈훈한 할머니 말에
> 추위 깃든 겨드랑이 접는다
>
> 언 물 위에 비친 산그림자도
> 거위의 노란 부리에
> 조금씩 뜯기고 있다
> ─「수성못 거위」부분

　iii) 시인의 마음자리는 언제나 따뜻하게 열려 있다. 평소 마주치는 사물들을 지나쳐보지 않고 그런 내면(마음)을 투사해 바라본다. 시인의 말대로 '사는 맛'은 "쓴맛, 매운맛, 단맛 / 한통속인 게 / 우리네 사는 맛"(「사는 맛」)이지만, 그 사는 맛은 어떻게 변용하고 승화시켜 다스리느냐에 따라 적잖이 달라지게 마련이다. 시인은 그 이치理致를

> 제 몸이 더워야
> 남에게 베풀 수 있다는 듯
> 먼 길 걸어온 봄바람이
> 일찍 잠 깬 나비 등에 올라탄다
> ─「손난로」부분

고, 봄바람을 끌어들여 환가喚起해 보인다. 아파트 마당에 만발한 매화梅花가 "선생님, 손길 따뜻해요 / 선생님은 옛 모습 그대로예요 / 매화가

가슴에 안겨 온다"며, "우리 이야기 더 나누자 / 매화야, 며칠 더 머물러 다오."(「매화 사랑」)라고 따뜻한 마음을 내비친다. 봄바람도 '선생님'(화자)도 따뜻하기 때문에, 더 구체적으로는 봄바람뿐 아니라 매화를 반기는 화자의 손길(또는 마음)도 변함없이 따뜻하기 때문에, 매화가 만발하는 걸까. 상대적으로 매화가 더 피어 있기를 바라는 화자의 마음도 이 시의 표제가 말해 주듯 '매화 사랑' 때문인 것 같다. 다음의 시도 비슷한 맥락으로 다가온다.

우산을 그녀에게 기울인다
그녀와 함께 움켜진 손이 따뜻해진다

<중략>

우산 속 그녀를 집까지 데려다주는 동안
나는 흠씬 젖어도 좋다

어깨와 어깨는 밀착
우산 천정 두드리는 비의 연주에
이대로가 좋다! 이대로가 좋다!
　　　　　　　　　―「낮꿈」 부분

　이 시에 그려지듯, 가까워진 사람과 사람 사이의 온기는 그 이상이다. 설령 낮에 꾸는 꿈속에서라도 빗길의 우산 속에서 마주잡은 손이나 밀착된 어깨에서 느껴지는 따뜻한 온기는 비에 젖어도 좋고, 우산을 두드리는 빗소리마저 좋을 수밖에도 없지 않겠는가. 시인은 사람과 사람 사이의 온기를 간절히 바라고 그리워하기 때문일는지 모른다. 그렇다면 가족 사이에 교차하는 온기는 어떠할까.

맨 아래 가지엔 마주보는 내외
그 윗가지에 화가인 맏딸
그 윗가지에 평론가인 둘째딸
맨 윗가지에 과학자인 막내아들

구름이 비를 몰고 와도
회오리바람에 휘감겨도
서로 밀어주고 당겨주며
내일을 짊어진 일꾼들 끄덕없다

밑동이 튼튼하게 받쳐주니
땡볕 나라 풀밭 세상에게
그늘 나누어주기에 바쁘다
　　　　　　—「가족나무」부분

나무에 빗대어 대견스러운 가족 관계를 그리고 있는 이 시에는 화자 내외가 밑동에서 마주보며 받쳐주는 자녀들이 서로 밀고 당겨주는 유대감紐帶感이 공고해 내일을 짊어질 것이라는 믿음으로 가득 차 있다. 게다가 같은 가족이지만 두 딸은 화가와 평론가이며, 아들은 과학자로 "땡볕 나라 풀밭 세상"에 그늘을 나누어 주기 바쁠 것이라는 믿음도 충만해 있다. 시인의 내리사랑은 이같이 어머니와 아버지, 할머니의 사랑과 깊이 연계돼 있다고도 볼 수 있다.

　시인에게는 수직적인 내리사랑뿐 아니라 수평적인 사랑도 거의 같은 빛깔을 띠고 있다는 점도 간과할 수 없다. 너그러운 아내를 어머니 같다고 묘사한 바도 있지만, 아내를 향한 마음은 다음의 시에 한결 곡진曲盡하게 떠올라 있다.

손이 발을 씻긴다

회혼 날이라
아내를 의자에 앉히고
나는 그 앞에서
난생처음 남의 발 씻긴다

육십여 년
여섯 식구 돌보느라
장마당 누비느라
좁고 예쁘던 발
껄끄러운 마당발 되었구나

철없이 굴던 지난날 참회로
갈라터진 발 문지르는데
도리어 내 손이 말갛게 씻겼다

결국, 발이 손을 씻겼다
―「부메랑」전문

    회혼回婚을 맞아 육십여 년 가까이 가족을 뒷바라지해 온 아내에 대한 심경을 낮고 겸허한 자성으로 떠올려 보이는 이 시는 아내에 대한 은근하지만 공고한 사랑의 깊이를 떠올려 보이는 경우다. 육십여 년 만에 처음으로 아내의 발을 씻긴다고 하지만, 기실은 그간의 마음이 함축된 사랑을 고백하는 것으로 읽히게도 하기 때문이다. 더구나 "철없이 굴던 지난날 참회"로 거칠어진 아내의 발을 씻기는 자신의 손이 말갛게 씻긴다는 표현은 지극히 겸허한 사랑의 메시지에 다름 아니라고 봐야 할 것이다.

시인의 이 같은 마음자리는 외부로도 거의 가감加減 없이 확산된다. "미세먼지 자욱한 아침"에 "용두토성 다람쥐 배고프겠다"며 "나는 공기청정기라도 있지만 / 마스크도 없는 다람쥐는 어쩌나"(「자라는 걱정들」)라고 걱정하며, 땡볕을 받으며 높은 가지에 탈 듯이 매달려 있는 감을 쳐다보면서는 "조금만 더 낮은 가지에 매달렸다면 / 고깔이라도 씌워줄 텐데 / 가장 높은 가지 끝 차지하고 앉은 / 네 운명이 위태롭구나"(「상석의 운명」)라고 자신의 손길이 미치지 못하는 부분에 대해 각별히 안타까워한다.

시인이 투사하는 따뜻한 마음은 소쩍새 울음소리를 "첫날밤 솥 작다 / 소박맞아 운다"거나 "솥작솥작 소박데기도 / 아기 하나 갖고 싶다고 / 저리도 운다"(「소쩍새」)고 듣게 하는가 하면, "유리에 비친 새가 / 자기인 줄도 모르는 콩새는 / 부리에 불이 난다 // 속이 까맣게 탄다"(「눈먼 사랑」)고 마음 아파한다.

시인의 연민은 사람(타인)들을 향할 경우 더욱 뜨겁다. 「석탄박물관에서」는 광산에서 일하다 세상을 떠난 형님이 '검정 땀' 흘리며 일하던 사진을 태백석탄박물관에서 처음 본 심경을 서사적敍事的으로 절절하게 그린 시로 읽힌다.

자식 오남매 광산 부근엔 얼씬 못하게 하고
어머니 면회 오시면 출근 않고
검정 장화 검정 작업복 숨기고
돼지고기 실컷 대접하던 형

어머니 병원비와 생활비 모으던 검정 땀
검정 옷에 검정 땀에 검은 인생 사신 형

진폐증으로 환갑 전에 작고하신 형

>   형님의 검정 땀 먹던 가족들
>   박물관 앞에서 길을 잃습니다
>   ―「석탄박물관에서」부분

중복날 발송인도 밝히지 않고 택배로 보낸 홍도 한 상자를 받고 질녀가 발송인인 걸 알아내 세상 뜬 형님 얼굴과 홍도처럼 방실방실 웃는 질녀 얼굴을 떠올리며 "안견의 무릉도원도 화폭"이라고 보는「홍도 한 상자」도 같은 맥락의 시다.

ⅳ) 한편, 시인은 노년의 삶에 순응하며 관조觀照하듯 일상을 너그럽고 여유롭게 향유享有한다. 노인들과 어울리거나 가족과도 함께 파크골프를 즐기고, 산골짜기를 찾거나 헬스클럽을 드나들며, 젊은 사람들과도 노소동락老少同樂하는 여유도 가진다.

노년에도 파크골프를 즐기는 걸 "팔순에 나머지 공부라, / 죽는 날까지 따라다니겠구나!"(「나머지 공부」)라며, "그렇다 / 저승 문 앞에서라도 / 나이스 샷! / 박수 받고 싶다"(같은 시)거나 더욱 천진난만한 장난기가 발동해

>   고의가 아니고 우연인데
>   내 공이 숲속에 외로이 앉아 있으면
>   여자 공이 살짝 찾아와서
>   키스에 포옹까지
>
>   기분 좋다고 말을 할까?
>   아니지, 참아요
>   주먹 키스라도 할까?

아니지, 참아요

　　골프공의 장난기
　　쨍, 콩콩
　　그냥 따라 웃는 거지
　　　　　―「골프 신사도」 부분

라는 선정적煽情的인 감각이 작동되는데도 그 장난기를 골프공의 몫으로 돌리면서 절제節制의 미덕을 저버리지 않고 "그냥 따라" 즐거워하기도 한다. 골프의 이 같은 '짜릿한 즐거움'도 결코 신사도를 벗어나게 하지도 않는다.

　노년을 즐겁게 보내라고 딸이 선물로 사 준 골프채를 경기장에 두고 점심식사를 하러 식당에 와서 안타까워하는 노인과 함께 경기장에 가서 찾아와 "얼굴에 웃음꽃 핀 여사에게 / 나는 주먹악수로 축하해 주었다"(「주먹악수」)는 대목이나 시 「꼬두바리에게 금메달을」도 신사도 발휘의 모습을 오롯이 보여 준다.

　시인은 「꼬두바리에게 금메달을」에서 학생 때 우등생이었고 젊을 때는 각종 대회의 금메달리스트였으며 가장으로도 금메달감인 한 노인이 서른두 명이 참가한 18홀 경기에 꼴찌를 하는 것을 보고 "금메달이 머릿속으로 가슴속으로 / 몇 번이나 들락거렸겠나?"라고 상상하면서도 "비록 시합은 꼴찌라도 / 연세와 친화와 에티켓을 합하면 / 저 어른도 금메달감"이라고 추킨다. 그런가 하면, 가족과의 골프는 경기 내용과는 상관없이 즐거움 그 자체다.

　　할아버지 공은 그린 부근에
　　엄마 공은 그린에
　　할머니 공 빗맞아 피식 웃어도

잘했다고 포옹하고 안마까지

<중략>

할아버지와 할머니는 힘이 가지다
그래도 오늘은 천당에 온 기분이다
　　　　　　　　―「가족 골프」 부분

그린 위에 사뿐히 내려앉는 공
애미야, 잘한다

깃발을 지나 오비 되는 손자공
힘차서 좋다
홀인원이 아쉽다

파보다 몇 타를 더 쳐도
깃발까지 가지 못하는 할머니 공

주먹 쥐고 기다리다
쟁그랑 소리 들리면 모두 짝짝싹

시도 때도 없이
오비 되는 할마버지 공
아이고 저런 저런
　　　　　　　―「화해」 부분

이 두 시에서도 읽게 되듯, 가족이 함께하는 골프경기는 잘 치고 못 치고를 떠나 "천당에 온 기분"을 안겨 주며, 화해和解와 화합에 다름 아

313

니라는 생각을 해 보게 한다. 시인의 마음자리는 고산골에 이르러 "골짜기 전체가 커다란 학교"이며 "공룡공원 용두토성 / 쌈지공원 주상절리는 학습장 / 꽃과 나무 바위와 냇물은 선생님 / 바람은 고산골 교장 선생님"(「고산골학교」)이라고 자연을 스승이라고 예찬하게 하며, "아득히 높은 하늘 / 꿈의 칠판처럼 걸려 있다"(같은 시)는 우러름도 소환召喚해 온다.

또한 「러닝머신」에서의 "누군가 손 잡아 주지 않아도 / 걷다가 달리다가 되돌아오는 길 // 낮달이 축하한다"는 표현도, 사십대에서 오십대까지의 토끼띠 동갑同甲을 친구로 여기면서 "젊을 땐 어려 보여서 / 치놀고 싶더니 / 나이 들수록 젊어지려고 / 내리 놀고 싶다"(「띠동갑」)고 하는 표현도 이 노시인다운 천진성을 드러내 보이고 있다.

ⅴ) 하지만 사람들은 누구나 별반 다르지 않듯이, 시인도 삶의 애환에서 자유로울 수만은 없다. 가까이나 멀리 자유롭게 나들이(여행)를 할 수 없는 코로나 팬데믹 시대에는 더욱 그럴 수밖에 없을 것이다. 게다가 세월의 흐름은 붙잡을 수도 없지 않은가.

시인은 이제 "티 없어 동안이던 얼굴에 / 저승꽃 피어 노티가 난다"(「검버섯」)는 말을 들어야 하며, 검버섯 제거 시술을 권유받게도 된다. 그러나 동안童顔도 조상(DNA) 덕분과 부모의 음덕으로 여겨 온 탓에 곧바로 "아차! 불효로다 / 부모님이 주신 음덕도 못 지키다니"(같은 시)라는 자성(순응)에 이르기도 한다. 뿐 아니라 피부 노화老化로 얼굴에 피는 검버섯을 검은 대륙으로 그리는 바와 같이 거시적 시각도 저버리지는 않는다.

지난겨울 파크골프에 빠져
자외선에 얼굴 노출시켰더니

피라는 꽃은 안 피고
아프리카 모로코 이집트 지도가
얼굴에 그려졌다

해외여행 가려다 코로나로 못 가는 곳이
내 얼굴에 나타나다니
그냥 두면 알제리 남아공도 그려지겠지
　　　　　　　　　—「검버섯」 부분

　일상에서도 시인은 크고 작은 파토스와 마주치지 않을 수 없다. 살아가면서는 일상의 애환들을 넘어서야 한다. 난감한 일을 겪어야 할 때도 있는 게 세상살이이기 때문이다. 가장 가까운 가족 사이의 애환도 그의 시에서는 거의 마찬가지 빛깔을 띤다.

　요즘 아내가 흑변 본다고 딸에게 알렸다

　아빠가 엄마 속 얼마나 태웠으면 흑변이요?

　속 지지리 태워 흑변이라니!

　병은 아니고 헬리코박터 제균 치료제 탓이래도
　딸아이는 막무가내

　더 큰 비밀을 간직한 게 아빠와 엄마 사이인데
　너, 뭘 안다고?

　고 녀석 내 편인 줄 알았더니……
　　　　　　　　　—「난감한 사건」 전문

이 시를 곧이곧대로 읽기보다는 에둘러 읽어야겠지만, 딸이 아버지보다는 어머니를 더 생각하는 것만은 어쩔 수 없을는지 모른다. 가부장제 사회에서는 어머니가 아버지 때문에 속을 태우는 경우가 많으므로 어머니처럼 여성인 딸의 입장에서는 그런 기우를 할 수도 있다. "고 녀석 내 편인 줄 알았더니……"라는 마지막 구절은 딸을 야속해 하기보다는 일종의 투정과 익살이며, 다분히 역설을 담은 희화적戲畵的 표현이라 할 수도 있다.

한편 「구름길」에서 묘사되는 것처럼, 주차장에 세워 둔 자동차의 흠집을 애써 지우며 "생의 전반부는 상처 내는 일이 많았고 / 후반부는 상처를 지우는 일이 많았다"는 기억을 되새기지만, "앞으로 얼마의 상흔 더 남기고 / 얼마의 흠집을 더 지워야 하나"라는 비애에서도 자유롭지는 않다. 나아가 "구름 등 밀고 오르는 상엿길 / 문풍지처럼 가벼울 수 있을까"라고 세상 떠날 때를 지레 염려하게 되기도 한다.

"주머니에 주머니를 넣고 / 구름 열쇠까지 넣어 둔다"(「껍데기」)는 대목이나 "주머니가 주머니를 잃으면 / 빈 주머니만 남을 걸 안다"(같은 시)는 구절도 얼마 남아 있을지 모르는 여생餘生에 대한 관조와 순응의 암시로 읽힌다. 시인은 세월의 흐름을 느긋한 달관達觀의 시선으로 감싸안으며, 처연하게 받아들이기도 한다.

　　사륵사륵 흘러내리는 모래시계 소리
　　달빛 아래 돌배나무 마주하고 서면
　　나 살아 있음을 알리는 달빛 신호다

　　육십에 퇴직하고 백수까지는 많이 남았다고
　　만만디로 산다던 인생, 하마 희수라며
　　몸 안에 가둔 모래시계가 달의 무게에 눌려
　　비탈길 내려가는 속도가 빠르다

할 일은 많고 시간은 없고 길은 멀고
마주치는 달빛은 포근하고
백 살까지 산다던 계획은 몇 년 더 살지 모르니
이제 남은 시간 돌배나무 손잡고 걸어야 한다

보이는 초침도 남은 인생도 사륵사륵

잡아둘 수도 없는 시곌랑
거꾸로 차고 사륵사륵
돌지 않는 물레방아 뒤쪽쯤 가서
달빛에 취해 옷고름 사각사각 풀어 볼까나
—「달의 비탈」 전문

희수喜壽(일흔일곱 살)에 느끼는 심경을 담담하게 풀어낸 이 시는 '모래시계', '돌배나무', '달빛', '달의 무게', '시계 초침', '돌지 않는 물레방아', '옷고름' 등을 끌어들이면서 서정성이 짙은 은유隱喩의 아름다움을 떠올려 보인다.

이 시에서 모래시계 소리는 살아 있음을 알려 주는 달빛을 받으며 돌배나무 아래 서 있는 화자에게 시간의 흐름을 완만하게 일깨운다. 하지만 내면으로 길항拮抗하는 성황으로 선이되는 모습으로도 읽는다. "몸 안에 가둔 모래시계가 달의 무게에 눌려 / 비탈길 내려가는 속도가 빠르"다고 느끼는 절박함이나 "할 일은 많고 시간은 없고 길은 멀고"라는 대목이 바로 그러하다.

이 때문에 시인은 '돌배나무=나'라는 등식(공동체의식共同體意識)을 만들어 "이제 남은 시간 돌배나무 손잡고 걸어야 한다"고 생각하면서도 시계를 거꾸로 차고 돌지 않는 물레방아 뒤쪽쯤에 가서 달빛에 취해 옷고름을 풀어보려 하는 생각에 닿기도 하는 것 같다.

  화자는 새벽 다섯 시 반에 하릴없이 첫차를 타고 어렵게 살아가는 아주머니나 노파 등 다른 사람의 무거운 짐 운반(첫차에 올리는)을 도우며 즐거워하고 "특별한 볼일도 없는 사람이 / 왜 첫차를 탔느냐고 / 묻는 사람이 없어서 좋았다"(「첫차」)고 하는 까닭은 어디에 있는 것일까. 희수를 넘긴 삶을 또 다른 시각으로 들여다보게 하는 대목이 아닐 수 없다. 이 대목에다 '시인의 말' 맨 끝의 "아기처럼 티 없이 웃어 보자. 기어가는 아가로 돌아가자."는 두 문장을 포개놓고 그 암시의 공간을 적잖이 들여다보기도 했다.

(2021)

4

적막과 꿈의 서정적 변주
―박주영 시집 『꿈꾸는 적막』

ⅰ) 박주영은 쓸쓸하고 외롭고 상실감에 젖어 있지만 사람들과 더불어 살아가려는 마음자리가 포근하고 따스한 시인이다. 외딴섬과 같이 적막寂寞하고 그늘진 데서 자유롭지 않을수록 그 비애悲哀나 아픔 너머의 온전한 사랑의 세계를 지향하고 꿈꾸며, 소외된 사람들과 함께 그 꿈의 세계에 이르려는 인간애人間愛와 애틋한 연민憐憫도 남다르다.

그의 시는 다채로운 무늬와 빛깔을 띠는 것 같으면서도 그 내포內包에는 한결같이 잃어버린 사랑을 회복하고 더 나은 삶으로 나아가려는 서정적 자아가 감싸 안고 있는 소망들로 채워진다. 이 때문에 어떤 풍경이든 시인과 마주치기만 하면 그런 내면內面과 겹치면서 다분히 주관화되고 내면화된 풍경으로 변용되게 마련이다.

시인의 발길은 가까운 곳의 나들이로부터 산과 바다, 전국의 명승지와 해외로까지 이어진다. 하지만 떠돌다 돌아와 깃들 곳은 '혼자 사는 집'이다. 반복되는 일상에서 벗어나 가까이나 멀리 가더라도 거기서 느끼거나 깨달은 마음만 데리고 돌아오게 되며, 길들어진 적막 속에서 그리 대단치도 않은 조짐과 낌새에도 위안을 얻고 스스로 위무慰撫하기도 한다.

 ii) 시인은 길을 나서면서 마주치는 풍경들을 서정적 자아와 젖은 감성感性으로 그려 보인다. 가고 싶어 마음먹고 가는 길에서 마주치거나 가서 만난 풍경이든, 우연히 조우한 풍경이든 시인의 내면이 반영된 풍경으로 빚어진다. 이 때문에 그의 풍경들은 대상을 있는 그대로 그리기보다는 내면이 은밀하게 반영되고 겹치는 모습으로 떠오른다.

 지리산 연곡사 가는 길에 수령樹齡이 오래된 연리지와 마주치면서는 "제 안의 물기 모두 버려도 / 죽어도 못 버리는 가지 끝의 / 달근한 향내"(「지리산 연리지連理枝」)에 마음 빼앗긴다. 나무와 다른 나무의 가지가 서로 붙어서 나뭇결이 하나가 된 채 오랜 세월 한결같은 모습으로 제자리에 있는 이 연리지가 홀로된 시인에게는 '달근한 향내'로 다가온다.

 연리지의 그런 자태는 달근한 향내뿐 아니라 그 나뭇결의 들리지 않는 숨소리까지 아찔하게 느끼게 하면서 시인이 가려는 길을 이끌어주는 길잡이가 돼주기도 한다. 한편, 홀로된 소외감을 대상(꽃)에 이입해 드러내 보이는 「숲실마을에서」는 일정한 거리를 두고 대상을 바라보며 묘사하고 있는 것 같으면서도 꽃의 소외감이 그 자체의 것이라기보다 화자의 내면 풍경으로 읽힌다.

  산수유 숲속에 끼어든
  매화나무 한 그루
  예쁘기는 산수유에 비할 바 아니지만
  사람들 눈길 빼앗겨 풀죽어 있다
  샐쭉해진 꽃잎이 사람들 지날 때마다
  바람을 핑계로 파르르 아양떨지만
  산수유꽃이 노랗게 잡아당기는

숲실마을 맨 안쪽까지 발길이 닿는다

산수유 숲속에 갇힌 매화나무
그 어깨에 불만 잔뜩 걸친 채
바람하고만 두런두런하는 것 같다
—「숲실마을에서」 전문

산수유 군락지인 경북 의성군 사곡면 숲실마을의 봄 풍경에 착안한 이 시는 꽃 나들이를 하는 사람들이 더 예쁜 매화에는 아랑곳없이 산수유꽃에만 눈길을 주는 장면을 화자의 심경을 은밀하게 투사해 들여다본다. 무리 지어 대세를 이룬 산수유나무숲에 이방인異邦人처럼 끼어 있는 매화나무 한 그루는 외롭고 소외될 수밖에 없는 건 당연하겠지만, 시인은 그런 정황에 놓인 매화나무의 더 예쁜 꽃에 마음 끼얹으며 각별한 연민을 보낸다. 샐쭉해진 매화가 바람을 핑계로 파르르 아양떨고, 불만이 많아도 지나치는 바람에 하소연하는 것도 화자의 마음을 이입하고 반영하기 때문으로 보인다.

그런가 하면 「나를 그리다」에서는 더욱 구체적으로 화자의 마음을 떠올려 보인다. 열차의 차창 너머 보이는 젊은 남녀의 밝고 맑게 다정한 모습을 부럽게 바라보면서 그들이 불러일으키는 아련한 지난날을 젖은 마음으로 회상回想한다. 까칠했던 당시의 자신에게도 "처음으로 잡아끌어 내어 준 사람"이 있었으므로 "그 사람 앞에만 푼 내 웃음 / 그때의 내 웃음이 저렇듯 맑았을까"라는 생각에도 이른다.

그 젊은 연인戀人들은 시인에게 "갑자기 눈앞에 어룽거리는 한 사람 / 오래 잊었던 그 날, 그 시간이 / 파노라마처럼 밀려"오게 하고 있다. 그래서 그들 때문에 되살아난 지난날에 대한 애틋한 그리움을 반추하게 되고, 부러운 시선으로 그들이 알아차리지 못해도 마음속으로 두 젊은이에게 '화이팅'을 보내지만, 이는 자신을 향한 '화이팅'이기도 한 것 같다.
　지난날에 대한 이 같은 심경은 「기억을 묻다」에서와 같이 "그는 없고 기억만 쌓여 있는 강가"에서는 달개비, 마름, 궁궁이 같은 것들도 눈물에 떠다니고 "내가 그를 납작 엎드려 배웅"하던 기억까지 반추하고, 보일 리 없지만 "침묵의 강이 범람하는 내 몸 더듬는"다는 환상에도 젖게 된다.

> 그 봄 끝 무렵 정방사 갔다
> 금수산 자락에 풍경 소리 데리고
> 좌정한 극락전을 오르는데
> 깔고 앉은 죄의 무게 탓일까
> 몇 칸 안 되는 돌계단도 버겁다
>
> <중략>
>
> 부처님 앞에 엎드리니
> 그제야 숨소리가 가지런해진다
> 울울하지 말고 언제든 오라는
> 스님의 머리카락 한 올까지 짚는 번뜩임에
> 머리에 이고 온 보따리도
> 남김없이 풀어놓는다
> 찔레 넝쿨 걸러 낸 듯 가벼워지고
> 차 한잔에 마음 따스해진다
> 　　　　　　　　―「정방사」 부분

　시인은 마음 울적해 봄의 끝자락에 산사(정방사)를 찾아 나선다. 그 산사에는 "풍경 소리 데리고 / 좌정한 극락전"이 있고, 자신의 마음을 고뇌에서 벗어나게 해 줄지 모르는 부처님과 스님이 있기 때문이다. '풍경 소리'와 '극락전'은 세속世俗의 번뇌를 정화하고 깨달음에 이르게 해 줄 거라는 믿음 탓이겠지만, 화자는 극락전으로 오르는 몇 개의 '계단'마저 '죄의 무게'로 버거운지 모른다는 생각도 한다. 이 자성을 대동한 경건하고 겸허한 자세는 예사로 보이지 않게 한다. 이 대목은 정방사를 찾는 화자의 마음자리를 선명하게 시사하고 있기 때문이다.

실제로 극락전의 부처님 앞에 엎드리니 숨소리가 가지런해지고, 머리카락 한 올까지 짚을 정도로 자신을 꿰뚫어 보는 혜안慧眼을 가진 스님의 자상하고 너그러운 배려에 속마음까지 다 풀어놓게 만든다. 더구나 정방사에 찾아온 보람이듯, 마음이 가지런해지는 평정平靜을 찾게 될 뿐 아니라 스님의 자상한 베풂으로 무겁게 얽혔던 마음이 가벼워지고 따스해지게 된다. 이 시는 내면 풍경을 에둘러 떠올리는 마음의 그림 같기도 하다.

시인의 발길은 산과 바다로 이어지고, 보고 싶은 풍경을 향하게도 된다. 봄비 내리는 대구 근교의 팔공산은 순환도로 가의 봄꽃들이 마음 끌어당겨서 한낮에 가게 되고, 비 내리는 날 해거름에는 무거운 마음을 떨쳐내고 싶어 "지글지글 지져대는 땡고추 넣은 부추전에다 / 알싸한 소주 한 잔을 곁들이면 / 불쏘시개 매운 내에 눈이 뒤집"(「화해」)히게 해 줄 것 같은 그 맛집을 찾아 깃들게도 하는 산이다.

> 철쭉이 마음 당기는 팔공산 순환도로
> 한낮에 봄비가 내리다 말다 한다
> 건드리면 화다닥 불꽃으로 번질까
> 빗물이 간간이 제동을 걸어도
> 아랑곳하지 않는다
> ―「풍경」 부분

봄철이면 팔공산 순환도로 가에는 어김없이 벚꽃, 매화, 철쭉꽃 등 온갖 봄꽃들이 흐드러지게 핀다. 시인은 그런 꽃들이 피어날 즈음 마음 추스르기 위해 그곳을 찾는다. 일시에 폭발하듯 피는 철쭉꽃들을 건드리면 화다닥 불꽃으로 번질까 봐 오다 말다 하는 빗물이 간간이 제동을 걸어도 아랑곳하지 않는다고도 한다. 시인이 "내 마음에도 투명한 숨결 가진 / 푸른색 꽃대궁이 돋아나면 좋으련만 / 봄비에 속절없는 내 마음이 젖는다"는 비애는 봄철의 철쭉꽃 같은 삶을 동경憧憬하기 때문임은 말할 나위가 없다.

  박수근의 그림 같은 그레이 톤을 깔고
  해거름에 비가 내린다
  이런 날은 팔공산 움막식당이 제격이다
  지글지글 지져대는 땡고추 넣은 부추전에다
  알싸한 소주를 곁들이면
  불쏘시개 매운 내에 눈이 뒤집힌다
  눈물, 콧물 멈추지 않아 헉헉거려도
  가랑비 내리는 팔공산 안고
  '카악'하는 그 맛은 어떤 뜨거움에 비길까

  <중략>

  볼이 빨간 친구야
  언짢은 기억들은 내려놓고 멋지게 둥글어지자
  덜컹거리는 덧문은 신경 쓰지도 말자
  종잇장 같은 얇은 사랑을 앓던
  그때 우리의 순수를 기억하자구나
  꾸역꾸역 기어드는 빗소리는
  그만 집으로 돌아가라는 신호다

그레이 톤이 블랙 톤을 내모는구나
　　　　　—「화해」 부분

　언짢은 기억들 때문에 우울한 친구와 자신의 심중心中과 그 일탈을 진솔하게 내비쳐 보이는 이 시는 식당 옆자리에서 비관의 말들로 떠들어대는 젊은이들이 외롭고 허기져서 그렇다고 여기듯이 자신들의 그런 마음을 땡고추 곁들인 부추전의 눈이 뒤집힐 정도의 매운맛과 알싸한 소주로 바꿔 보려는 자기 위안에 주어진다고 볼 수 있다.
　박수근의 그림 톤을 끌어들이기도 하는 이 시는 '현실'을 '덜컹거리는 덧문'에, 기억하고 싶은 '순수'(지난 시절)를 '종잇장 같은 얇은 사랑'에 비유하고 있어 그 심중을 짐작해 보게 하며, 그런 비유와 함께 '그레이 톤'과 '블랙 톤'의 대비를 통해서도 시적 묘미를 돋우는가 하면 '멋지게 둥글어지자'고 포용包容과 관용寬容의 메시지를 내비치기도 한다.
　시인이 외롭고 우울한 현실을 뛰어넘고 싶은 간절한 마음은 "천사의 날개는 내 가슴 높이에 있다 / 한껏 날아올라 본다 / 만만치 않은 세상에서 한 번쯤은 / 튀어 올라 내려다보고 싶었다"(「동피랑」)는 비상의 꿈에 이르게 하며, 이름 모를 벌레 한 마리가 기어가는 모습을 보고서도 "적요의 저 온몸이 필기체다 / 벌레 한 마리 회벽 아래 기어가며 / 그만의 시를 쓰고 있다"(「적요의 저 온몸이 필기체다」)고 에둘러 자신의 내면 풍경을 은유隱喩하게도 하는 것 같다.

　iii) 박주영 시인의 일련의 시는 더불어 살았고, 살아가는 사람들을 그러안듯이 자신 가까이 끌어당기는 이야기에 빈번하게 주어진다. 그 빛깔은 대체로 어둡고 내포는 주로 연민과 안타까움이다. 고등어 반찬으로 늦은 저녁 식사를 한 뒤 발겨먹어 뼈만 남은 고등어를 보며 어머니의 모습을 떠올리는 「사리」는 아버지의 빈번한 일탈에도 일곱 남매를 헌신적으로 키웠던 어머니의 생애에 대한 회한悔恨을 절절하게 풀어낸 시다.

> 어머니는 뼈만 남은 고등어처럼 야위어도
> 우리 남매는 쑥쑥 자라면서
> 저마다의 시간으로 자맥질하느라
> 깁스한 어머니의 마음을 읽지 못했다
>
> <중략>
>
> 어머니의 한 많은 평생이
> 얼마나 가팔랐을까
> 이젠 하늘에서 빈집을 내려볼 어머니
>
> 아, 입만 있는 것들
> 입밖에 없는 것들
>
> 엄마가 돌아가시던 그 날에
> 만져지던 그것이 사리였구나
> ―「사리」 부분

"자동차 소리, 바람 소리, 문 여닫는 소리, 아이 울음소리, TV 소리, 쌀 씻는 소리, 전화벨 소리, 시계 초침 소리, 개 짖는 소리, 책장 넘기는 소리, 물 흐르는 소리, 변기 물 내리는 소리, 도마 소리, 뉘 집 싸우는 소리, 웃음소리, 자판기 두드리는 소리 // 그러나 이젠 어머니 목소리는 없습니다"라고, 이 세상엔 온갖 소리가 넘치고 있지만 어머니의 목소리는 없다고 절규하는 「사십구재」도 그렇지만. 이 시에서 일곱 남매가 "깁스한 어머니의 마음을 읽지 못했다"는 구절과 "아, 입만 있는 것들 / 입 밖에 없는 것들"이라는 대목은 자책으로 가슴 에이게 하는 회한의 절규다. 오죽하면 돌아가실 때 그 몸에서 만져지던 것이 뒤늦게지만 '사리'였을 거라고까지 여겨지게 되겠는가.

　시인은 혈육뿐 아니라 가까운 사람이나 일상에서 만나는 낯선 사람들에게도 이 같은 마음을 끼얹는 건 거의 마찬가지다. 「다리」에서는 탑승할 열차를 기다리며 선로(레일)를 바라보다가 저혈압으로 쓰러진 친구의 불구가 된 다리를 떠올리고, 열차가 종착역에 도착할 때까지도 줄곧 같은 생각만 하고 있었을 정도다.

> 여전히 선로를 때리는 빗줄기
> 길고 무거운 열차를 거뜬하게 받아주는
> 저 실한 다리처럼 친구의 다리도
> 튼실해지면 얼마나 좋을까
> 막무가내 잠자고 있는 저 다리
> 어느덧 종착역이다
> 　　　　　　　—「다리」 부분

　특히 사람들이 무심하게 지나칠지도 모를 소외되고 그늘진 사람들에 대한 따뜻한 연민은 일련의 시에 도드라지게 아로새겨져 있다. 세찬 바람이 부는 초봄의 담모퉁이의 행상을 바라보면서 그 세찬 바람을 "저 행상의 뜨거운 심장 소리"이고 "아직도 겨울과 한통속"(「행상」)이며, "저 나뭇가지 눈 풀리는 소리 / 슬며시 들려주고 싶어진다 // 곧 사월이다"(같은 시)라고 히는 시인의 따뜻한 마음자리가 아름답다.

> 대구 수성도서관 뒷길 모퉁이에
> 자그마한 좌판을 깔아 놓은 할머니

상추 댓 바구니, 풋고추 두어 됫박이 전부다
오가는 사람 누구도 눈여겨보지 않는 한나절
꼬박꼬박 조는 할머니 앞에
난데없이 스타렉스 한 대가 밀고 들어온다
자라처럼 움츠려 온몸으로 좌판을 끌어안는 할머니
그 기슭에 몸이 기울어지면서도 필사적으로
놓지 않는 좌판에서 미끄러져 흩어지는 풋고추들
먼지 풀썩 날리며 쏜살같이 달아나는
자동차 꽁무니를 노려보던 할머니
뭉개지지 않은 고추와 상추를 애지중지 보듬으며
-천하에 몹쓸 것
다시 쪼그리고 앉아 중얼거리는 푸념이
무심한 바람 소리에 실려간다

적막하기 그지없는 길모퉁이다
—「적막 –어느 길모퉁이」 전문

역시 길모퉁이에 조그마한 좌판을 깔아 놓고 상추와 풋고추를 파는 할머니의 가파른 세태 속의 애환을 그린 시다. 난전 상인이라기에도 너무나 보잘것없이 상품이라고는 "상추 댓 바구니와 풋고추 두어 됫박이 전부"인데 찾아오는 고객마저 거의 없다. 하지만 할머니에게는 그 상추와 풋고주들이 생계를 잇게 해주는 '생명줄'과도 같이 소중할 것이다. 고객도 없어 졸고 있는 할머니의 좌판에 밀어닥친 자동차는 날벼락 같을 수밖에 없다. 시인은 그 장면을 연민의 시선으로 그리고 있다.

자동차는 운전 실수로 그런 상황을 빚었겠으나 할머니가 온몸을 움츠리며 필사적必死的으로 좌판을 끌어안아 봐도 풋고추들은 흩어지고 만다. 다행히 풋고추들이 뭉개지지는 않아 애지중지 보듬으며 안도하게 되지만 자동자 운전자는 쏜살같이 달아나 버린다. 시인은 이 정황을 담담하게 그리면서도 요즘 세태에 대한 비판과 기층민을 향한 휴머니티를 끼얹는다. 할머니의 "천하에 몹쓸 것"이라는 말은 시인의 말로도 들리며, 할머니의 푸념이 무심한 바람소리에 실려간다는 대목도 세태를 향한 시인의 연민 때문이라 할 수 있다. 그래서 이 한때의 풍경이 "적막하기 그지없는 길모퉁이"로 각인刻印됐을 것이다.

빈 유모차를 끌고(의지해) 가는 할머니가 조그마한 몸피에 등까지 꼬부라져 땅바닥이 유모차를 끌고 가며 유모차만 저 혼자 가는 것 같다고 묘사한 「빈 유모차」, 장맛비와 벼락에도 하염없이 공원 팔각정 아래 우두커니 앉아 소일하는 노인을 그린 「장마 1」도 오늘날의 노인 문제에 착안한 시로 보인다. 시인은 노인 문제 못잖게 실직하거나 하릴없이 떠도는 기층민에 대한 관심도 적지 않다.

> 이른 아침 공원에
> 어제 본 저 사내 여전히 그 자리다
> 고요를 흔들어대며 부르는
> 노래 또한 거기다
> 한 많은 이 세상이 야속하다고,
> 야속하다고 불러대는 노래
> 바로 어제 그거다
> 엉덩이 옆에 세워 둔 소주병이
> 장단 맞추듯 흔들리고 있다
>
> \<중략\>
>
> 발화한 저 사내의 고뇌,
> 참 사연이 붉겠다
> ―「홍역」 부분

이 시는 날마다 이른 아침부터 공원에서 세상이 야속하다는 노래를 반복해서 부르고 소주병을 비우는 사나이와 마주쳐야 하는 안타까움을 그리고 있다. 세상 타령의 노래와 소주로 달래는 그 고뇌(괴로움)를 유추하며 "참 사연이 붉겠다"고 표현했지만 이 '붉음'이 내포하고 의미를 생각하게 만든다. 이 시에서 "엉덩이 옆에 세워 둔 소주병이 / 창단 맞추듯 흔들리고 있다"는 표현이 그렇듯이, 그의 시에는 이따금 해학諧謔이 곁들여져 그 넉살 이면裏面의 슬픔이 더욱 짙어 보이게 한다.

　　　대구 중앙초등학교 담벼락을 끼고 돌면
　　　저만치 화랑공원 벤치에 그가 얹혀 있다
　　　특유의 삐딱 자세,
　　　니코틴의 유혹에서 벗어나려고
　　　꼬나문 전자담배로
　　　아쉬움을 달래고 있다

　　　나는 딱, 아흔아홉 살까지만 살끼다
　　　에고 샘요 쪼매만 더 보태 보시지예
　　　뭐할라꼬, 고거 마 됐다

　　　허허허허……
　　　하하하……

　　　흰구름이 웃음소리 따라 흘러간다
　　　그 웃음소리 따라 아흔아홉 살까지 살 거라던
　　　그를 무심한 흰구름이 떠메고 흘러간다
　　　　　　　─「엽서 ─문인수 시인」 전문

　몇 년 전 76세를 일기로 세상을 떠난 문인수 시인과의 대화 몇 토막도 곁들여 그 특유의 모습 몇 부분을 부각하고 있다. 화랑공원은 그의 집 부근으로 자주 소일하던 곳이고, 벤치에 얹히듯이 삐딱하게 앉던 게 그의 버릇에 가까우며, 건강 때문에 이따금 전자담배를 피우던 그였다. 시인은 그의 그런 만년의 모습을 그렇게 그리고 있다. 이어서 등장하는 대화는 그의 모습을 해학적이면서도 더욱 선명하게 떠올려 보인다. 경상도 사투리로 나누는 것도 그렇고 웃음소리도 그렇다.

하지만 그 넉살과 덕담德談도 유효하지는 못했다. 아흔아홉 살까지만 살 거라고 넉살을 부리던 그는 그보다 스물세 해를 앞당겨 세상을 떠났다. 시인은 그때 함께 웃던 웃음소리가 흰구름 따라 흘러가고, 무심한 흰구름이 그를 떠메고 흘러간다고 허무와 무상감無常感을 다시 정색하며 읊고 있다. 박주영다운 시다.

ⅳ) 봄은 생명의 계절이다. 겨우내 숨죽이고 있던 나무와 풀들이 생기를 되찾고, 개구리를 비롯해 겨울에는 보이지 않던 동물들도 겨울잠을 털고 나오거나 새로운 활기를 회복한다. 그중에서도 봄이 돌아오면 봄꽃들은 다투듯이 일제히 피어나 생명력을 뽐낸다. 설중매雪中梅나 동백, 야생화인 눈새기꽃, 노루귀꽃 등도 잔설殘雪 틈으로 피어오르며 새봄을 알리기도 하지만, 잎보다 먼저 피는 봄꽃들은 이른 봄에 그 절정으로 치닫기도 한다. 시인은 그런 꽃들의 개화를 총질이나 폭죽 터트리기로 회화화戱畫化하고 있다.

> 총 소지가 불법인 이 나라에
> 웬 총성이 요란합니다
> 봄밤이 들썩들썩, 합니다
> 개나리 목련이 앞다퉈 요란하더니
> 매화도 질세라 폭죽을 터트립니다

벚꽃이 바짝 무릎 발을 세우더니
마구잡이로 총질을 합니다

범법자들이 야단법석인 봄밤입니다
계절에 충실한 범법자들끼리
하나의 언어로 봄밤을 아우릅니다

나 혼자만 목마른 봄밤입니다
—「봄밤」전문

 개나리, 목련, 매화, 벚꽃 등 봄꽃들이 무리 지어 피어나는 봄밤을 시인 특유의 감각으로 그리고 있는 이 시는 그 꽃들을 계절에 충실한 범법자들로 야단법석 하나의 언어로 봄밤을 아우른다고 표현하고 있다. 재미있는 발상이요 기발한 상상이다. 하지만 시인에게 범법자로 보이게 하는 이유는 다른 데도 있다. 희화적인 표현이지만, 봄꽃들이 야단법석이어도 "나 혼자만 목마른 봄밤"일 수밖에 없기 때문이다. 이 같은 비애는 "안을 수 없는 봄이 내 몸을 밀어"(「봄이 아프다」)내기 때문에 커지기도 한다.

아무도 모른다
내 가슴이 얼마나 뜨거운시를
연초록 가슴 부둥키고
돌 틈새로 목숨 내밀고 있는 건

누군가 불덩이 같은 가슴
비집고 들어와
머뭇거리지 않고
서성대지 않고

숨기지 않고

내 생애에 불을 댕겨
　　　　　―「풀잎」부분

　풀잎에 빗대어 자신의 내면(심중)을 표출하고 있는 듯한 이 시는 왜 혼자만 목마르고 봄이 자기의 몸을 밀어냈는지 그 까닭은 밝혀 주는 것 같다. 아무도 가슴(불덩이 같은 가슴)이 얼마나 뜨거운지 모르고, 알아 주며 불을 댕기는 사람이 없기 때문이라는 발언으로 보인다. 이같이 외따롭고 시들한 삶은 "이틀, 또는 사흘이 지나도 / 빵(먹다 남은 빵)은 그 자리에 있다"(「이틀, 또는 사흘」)고 하는 대목도 여실히 말해 준다. 또한 「쑥부쟁이」에서는 아주 오래된 바지에 지퍼를 달고 마주 짝 맞춘 지퍼가 제대로 작동되는 걸 보면서 짝이 없이 살아가는 상실감이 "내 허기를 꿀꺽꿀꺽 삼키며 / 아, 그와 맞물려 / 나도 기꺼이 깊어지고 있다"는 환상 속으로 들어가기도 한다. 이 역설적 표현은 그러고 싶다는 갈망渴望을 뒤집어 놓은 말일 것이다.
　시인에게는 목마르게 하는 대상은 다가오지 않지만 섬뜩하게 하는 그 반대로 경계의 대상인 침입자도 있다. 화분에 물을 주다가 발견한 지렁이가 그 예다. 홀로 사는 집 안에 그 지렁이가 아무도 모르는 "바스트 웨스트 사이즈를 넘어 / 어쩌면 팬티 색깔까지도" 훔쳐보고 있었다는 것이다. 게다가 그 지렁이는 "내 안의 날숨과 들숨까지 지켜보는 / 눈 중의 하나에 지나지 않을지도"(「침입자」) 모른다는 생각에 섬뜩하다고도 한다.

　　언젠가 먼 곳 우듬지 나뭇가지에서
　　고운 소리 뽐내던 새 한 마리가

문득 기억을 가로질러 날아옵니다

그 작은 새에게 홀리고
그곳의 한적한 풍경에 다시 이끌려
석 달 열흘쯤 붙어살까 하고
꾸려 간 짐을 풀었습니다

겨우 초저녁인데 짙게 깔리는
산그늘이 흡사 나를 끌고 가는
저승길의 광목천 같았습니다
영혼을 흔들어대는 바람 자락 같고
어이없는 날에 꾼 꿈과도 같았습니다

명쾌하지 않은 길이 내 생의
끝자락을 흔들어대는 것 같아
쫓겨나듯이 열흘 만에
두고 갔던 세상으로 돌아왔습니다

환한 새소리가 따라왔습니다
저 맑고 고운 새소리는
경건하고 눈부신 문장 같습니다

「귀가」 전문

    하지만 시인은 일상에서 벗어나 마음 끌리는 곳에 가서 살아보고 싶어도 여의치는 않다. 한적閑寂한 풍경에 이끌려 석달 열흘쯤 붙어살까도 생각했던 곳도 초저녁 산그늘이 저승길의 광목천 같고 삶의 끝자락을 흔들어대는 것 같아 고작 열흘 만에 "두고 갔던 세상으로 돌아"온다. 다만 그 풍경 속의 나뭇가지에서 지저귀던 새소리가 따라오고, 환하고 맑고 고운 그 새소리는 "경건하고 눈부신 문장" 같다고 여겨지게 한다. 결국 시인은 두고 갔던 세상으로 되돌아와 자신만 살지 않으면 통째 빈집이 되는 집에서 혼자 산다.

    저 혼자 저무네
    저 혼자 동트네

    혼자 밥 먹네

    혼자 연속극 보네

    혼자
    웃네
    우네

    내 속의 빈집
    빈 벽

    혼자 묻네

    대답하네

    아, 혼자……

    저 혼자 동트네
    저 혼자 저무네
        ―「빈집」 전문

그의 시로서는 이례적으로 행갈이를 급격하게 한 간결한 문체에다 경쾌한 리듬을 빚으며 어휘의 반복 효과도 극대화하고 있는 이 시는 박목월의 초기 시를 연상케 할 정도로 이미지가 산뜻하다. 그 때문에 이 시는 쓸쓸하고 외지고 처연한 일상을 노래하면서도 그 빛깔이 반전反轉되는 느낌을 안겨준다.

시인의 일상은 외지고 쓸쓸하더라도 그리 대단하지도 않은 것이 마음을 밝게 하고 위안해 주는 경우도 없지 않다. 「긴기아」에서 잠든 사이 "햇볕 받지도 못한다고 퉁퉁거리던 / 키 작은 긴기아가 / 아기 젖망울 같은 꽃을 달고" 향기를 풍기고 있고, "그 몸이 쏟아낸 이 향기, / 부시게 햇살 들어오는 / 유리창을 배경으로 / 온 집안을 행진하는 중"이라고 즐거워한다. 이 긴기아의 향기는 열흘간 머물다 돌아온 한적한 곳에서 집까지 따라온 "경건하고 눈부신 문장"의 새소리(한상과 환각)와 환상적인 짝을 이루고 있는 것 같기도 하다.

v) 시인의 관심과 발길은 다채롭게 이어진다. 가까운 곳의 나들이나 국내 사찰 등 명승지 찾아 나서는 건 물론 해외 여행길에 오르고, 미술품 전시장이나 문학과 예술의 향기가 마음을 끄는 곳도 찾는다. 이끌리는 곳이 적지 않고, 홀로 사는 외로움과 그 적막 때문인지도 모른다.

포르투갈의 유럽 대륙 땅끝마을 까보다로까의 인상을 그린 시 「까보다로까」에서 시인은 그 나라의 서사시인 키모링스가 "땅이 끝나고 바다가 시작되는 곳 / 기쁨과 슬픔이 만나는 곳"이라고 예찬해 끌렸지만, 찾아간 날 "거대한 폭력" 같은 비바람 때문에 실망했다고 진솔眞率하게 쓰고 있다. 비바람이 맨발로 튀어나와 "한 조각 땅도 볼 수 없는 늪에 빠진 기분"이었고, "비바람에 몸이 밀리면서 / 품에 안은 기념증명서가 현기증을 일으"킬 정도였다고도 한다.

프랑스 파리에 들렀을 때는 날씨가 화창했기 때문일까. 포르투갈에서와는 사뭇 대조적이다. 에펠탑과 센강의 밤 풍경을 묘사한 「에펠탑」은 이 탑의 별빛을 치고 오르는 화려한 밤옷(조명)이 사람들 꿈에 날개를 달아준다고 칭송稱頌했다. 에펠탑의 환상적인 조명 불빛에 센강의 밤물결도 덩달아 가슴을 적시며 흐른다고도 했다. 감정과 수식을 절제하며 간결하게 묘사했으면서도 화려하고 환상적인 에펠탑과 센강의 밤 풍경을 상승과 하강의 이미지로 아름답게 노래하고 있다.

밤 열 시,

별빛을 치고 오르는 에펠탑

화려한 밤옷 차림이

사람들 꿈에 날개를 달아준다

어둠의 어디를 찔러서

저런 환상적인 빛을 내는지

센강 밤물결도 덩달아

사람들 가슴을 적시며 흐른다
―「에펠탑」 전문

이탈리아의 로마에 들러서는 한 유적지遺蹟地에서의 느낌과 트레비 분수에 동전을 던지면서 영화 '로마의 휴일' 주인공이 소망을 빌며 세 개의 동전을 던지던 정황과는 대비될 수밖에 없는 첫사랑의 비애를 드러낸다. 오천년 저쪽과 이쪽(지금)에도 그대로 보존되고 있는 한 유적(구체적으로 밝히지는 않음)이 안겨주는 생각과 느낌을 담은 「그늘-로마에서」는 아득한 예나 지금이나 그대로인 여성의 원초적인 본능을 관능적官能的인 시선으로 묘사하고 있다. "흔들리는 홍등을 재우고 / 위태롭게 달라붙은 / 몸 깊은 여자 / 오천년 저쪽에서 / 아랫도리를 벌리고 있"으며 "오천년 이쪽 사람들에게 / 말을 건네고 있다"는 묘사는 인상적이다.

> 트레비 분수에서 긴 호흡을 하고
> 동전을 던지려 하는데
> 친구가 팔을 잡아당겨
> 두 닢 더 얹어 주며 셋을 던지란다
>
> 하나는 로마에 다시 오고
> 둘은 지금 애인과 이별하며
> 셋은 첫사랑이 찾아오는
> 염원이 담겼다나
> 분수 복판에 정확하게 던졌다
>
> 허지만 잃어버린 첫사랑은
> 그림자까지 지워져 버렸고
> 동전 셋쯤에는
> 꿈쩍도 하지 않을 것도 잘 안다
>
> 트레비분수도 어쩌지 못할
> 잃어버린 첫사랑은
> 접착될 일도 없이
> 떨어진 문짝 같다는 걸 안다
> ―「첫사랑」 부분

로마의 트레비 분수에 소원을 빌며 동전을 던져 넣으면 성취되는 줄로만 알고 마음을 가다듬고 동전 한 닢을 던지려 하자 동행한 친구가 동전 두 닢을 보태주며 세 닢을 던지라고 일러준다. 세 닢의 동전을 던지면 로마에 다시 오고 지금 애인과 헤어지며 첫사랑이 찾아오는 염원이 이룬어진다고 전해 오기 때문이다.

하지만 분수 복판에 동전을 정확하게 던졌으나 되살아나는 비애에 젖을 수밖에 없게 된다. 첫사랑은 돌아올 수 없는 데로 떠나버린 데다 "그림자까지 지워져 버렸"기 때문이다. 그래서 그 심경을 첫사랑이 다시 달 수도 없는 "떨어진 문짝 같다"고 토로한다. 더구나 소원을 담은 동전 세 닢을 던지긴 했지만 그 분수도 어쩌지 못할 것이라는 사실도 알고 있어 되레 첫사랑에 대한 그리움만 더욱 간절하게 해준 셈이다.

> 루브르 박물관이 끌어안고 있는 아프로디테가
> 두 팔을 잃어버린 채 눈인사를 한다
> 그 두 팔 내력이 궁금해 잠시 발이 묶인다
> 관심 끌고 있는 비너스는 평소 느낌 그대로다
> 르네상스 시대의 보티첼리는 특유의 감각으로
> 여체의 아름다움을 형상화해 눈부시다
> '비너스의 탄생' 앞에 사람들이 몰려든다
> ―「발자국 ―유럽명품조각전」 부분

대구 이동전으로 열린 '유럽명품조각전'을 관람하면서 가장 인상 깊었던 아프로디테 조각상과 보티첼리의 '비너스의 탄생'에 대한 소감을 축약해 묘사한 대목이다. 이 시에서 두 팔이 훼손된 아프로디테가 "눈인사를 한다"고 끌어당겨 상상하는 건 잃어버린 두 팔의 내력에 대한 궁금증보다는 그리스 신화에 등장하는 아름다움과 사랑의 여신 아프로디테에 대한 관심과 흠모가 앞서 있었기 때문으로 보인다.

토티첼리의 '비너스의 탄생'에 대한 각별한 관심과 눈부심 역시 같은 맥락脈絡이다. 시인이 이 작품에 대해 "보티첼리는 특유의 감각으로 / 여체의 아름다움을 향상화해 눈부시다"고 말하고 있기도 하지만, 그리스 신화의 아프로디테에 해당하는 비너스가 평소 시인이 마음속으로 상상하던 그대로였고, 그 형상을 보티첼리가 아름답게 보여줬기 때문이었을 것이다.

　　시인은 가까이 지내는 화가의 이미지나 감명 깊게 읽은 소설에 대한 느낌을 시로 형상화하는 경우도 더러 있다. '강정희 서양화전'이라는 부제가 붙은 「천국, 또는 지옥」은 이 화가의 면모를 나름으로 그리면서 그림에 대해 "어둠의 터널 지나 희미한 불빛 속에서 만나는 황홀한 천국, 빛살무늬가 마구 쏟아지는……"이라고 그려 놓고 있다.

　　　태백산맥을 굽이굽이 힘들게 넘으니
　　　덜컥 와 안기는 태백산맥문학관
　　　작가는 보이지 않고 탑처럼 쌓인 원고들
　　　그 옆에는 소품들이 옹기종기 모여 앉아
　　　내 발걸음도 스캔하는 것 같다
　　　작가가 검은 머리칼에 서리 내릴 때까지
　　　빚고 다듬은 열 봉우리의 『태백산맥』,

　　　<중략>

　　　과거와 현재가 공존하는
　　　민족 분단의 아픈 역사가
　　　큰 물줄기로 가슴을 파고든다
　　　　　　　　　　　　―「태백산맥」 부분

태백산맥에 자리잡고 있는 태백산맥문학관에 이르러서는 탑처럼 쌓인 원고 더미에 눈길이 먼저 간다. 이 눈길은 작가가 젊은 시절부터 노년에 이르기까지 각고로 쓴 열 권 분량의 대하소설『태백산맥』(조정래 지음)에 대한 외경심 때문이며, 그렇게 빚고 다듬은 대작을 열 봉우리의 산으로 바라보기도 한다. 게다가 과거와 현재가 공존하는 민족분단의 아픈 역사가 큰 물줄기를 이루는 장엄한 서사敍事리고 보는 건 우리나라가 그 전망이 밝지 않은 세계 유일의 분단국가로서의 아픔이 진행형이기 때문일 것이다.

　이 시집의 맨 뒤에 실린 두 편의 시,「대구라는 섬」과「참 이상한 나라의 중심에 대구가 있다」는 지난 몇 년 동안 겪어야 했던 코로나 팬데믹의 첫 해인 2000년 이른봄의 아픔을 서사적인 육성에 담은 시다.「대구라는 섬」은 갇힌 육지의 섬 같았던 대구에서의 불안, 공포, 소통 부재에 초점이 맞춰져 있으며,「참 이상한 나라의 중심에 대구가 있다」는 이웃 사람들의 잇단 죽음, 확진자確診者가 많다는 이유로 대구를 폄훼貶毁하더라도 동요하지 않고 대처하던 시민들의 모습, 전국 의료진의 헌신적인 봉사 등을 다각적으로 떠올리며, 마스크를 벗고 포근한 햇볕을 받아안고 싶었던 간절한 소망을 떠올리고 있다.　　　　　　　(2024)

분방한 서정적 은유와 내면 풍경
— 권순우 시집 『꽃의 변신』

ⅰ) 권순우의 시는 분방奔放한 발상과 상상력으로 대상을 주관화主觀化하면서 시인의 감정을 이입移入한 내면 풍경들을 떠올린다. 낯익은 풍경들마저 낯선 듯 신선감을 자아내게 하는 그의 시편들은 마주치는 세계를 자아화自我化하거나 특유의 재구성으로 변용變容된 풍경들을 보여 주며, 부드러운 서정적 언어를 구사하는 것 같으면서도 시적 묘미를 강화하는 은유隱喩에 무게를 싣고 있다.

시인의 삶을 들여다보는 시선과 마음자리가 겸허謙虛하고 안일安逸을 자제하는 자성自省에 주어져 있지만, 종교적 신앙을 바탕으로 한 이상세계理想世界 추구와 더 나은 삶 꿈꾸기로 나아가는가 하면, 어떤 사물이든 인간의 반열로 가깝게 끌어당겨 우화적寓話的으로 그리면서 사랑과 연민憐憫의 휴머니티를 포개어 놓는 점도 특징이다.

한편 일련의 시편들은 토속적인 복고적復古的 정서를 불러들여 그 풍경과 그 공간의 사람들에 대한 그리움을 애틋하고 절절하게 묘사하며, 그런 정서의 연장 선상에서 자신을 처연하게 성찰하면서 추스르기도 하고, 새세대를 향한 '내리사랑'과 따스하고 자상한 배려를 진솔하게 드러내 보이기도 한다.

현실을 바라보는 시선에도 무상한 세월의 흐름에도 한결같은 질서 속에 놓여 있는 세상의 이치理致와 순리順理에 대한 깨달음의 지혜들이 깃들어 있고, 그 결과 무늬들을 너그럽게 끌어안는 실천 덕목들도 은은하게 자리매김하고 있다.

ⅱ) 시인은 낮은 자세로 일상의 안일을 저어한다. 그 염려와 우려는 '안일의 무게'를 기우杞憂하는 데 주어지며, 겸허한 삶을 지향하는 시인의 마음자리를 시사示唆하는 것으로도 보인다. 「좁다」라는 시에서 버리려는 책상이 엘리베이터에 들어가지 않자 사서 같은 엘리베이터로 들여온 사실을 환기喚起하면서 "문이 왜 좁아진 것일까"라고 회의한다. 나아가 그 책상이 자신의 '안일의 무게'에 눌려 "펑퍼짐해진 것 아닐까?"라는 생각에도 이른다. 이 같은 염려와 우려에서 비롯되는 시인의 '어지럼증'은 책상이 더 커지거나 엘리베이터 문이 더 좁아졌을 리 없어, 앞날의 삶에 대한 겸허한 태도에 기인하는 것으로 보이게 한다.

> 마지막 날 신께서
> 아담의 갈비뼈로 빚었다는 나
> 유통기한은 얼마쯤 남았을까
>
> 내가 나온 하늘의 문
> 나 들어갈 때 좁아지면 어쩌지
> 　　　　　-「좁다」 부분

'아담의 갈비뼈 하나로 빚었다는 여성'으로서의 여생餘生을 겸허하게 성찰하는 이 시는 '하늘의 문'이라는 대목이 암시하듯, 기독교적 신앙을 받들면서 버리려는 책상을 통해 언젠가 삶을 마감해야 할 자신을 낮은 자세로 들여다보는 데 주어져 있다. 신이 빚은 뒤 거둘 때까지 그 '유통 기한'을 안일하지 않게 살아야겠다는 심경을 "내가 나온 하늘의 문 / 나 들어갈 때 좁아지면 어쩌지"라는 염려와 우려로 표현하고 있지만, 그 '좁은 문'을 온전히 들어가고 싶은 열망을 에둘러 말하는 것으로 읽힌다.

　시인은 그 '좁은 문'을 향해 펑퍼짐하지 않게 삶을 담금질하는 방법의 하나로 시의 길을 지향한다. 「어리호박벌」에서 그리고 있듯이, 홀로 꿀을 찾아 떠도는 어리호박벌처럼 시의 세계에 다다르기 위해 "이 시집 저 시집 무작위로 갈아"타는가 하면, "동가식서가숙東家食西家宿"한다. 그러다가 "알 수 없는 안개 바다에 / 익사할 뻔한 내 두 더듬이 / 깊은 숨 내쉬고 밭은 숨 들이"쉬는 때가 있다고 하더라도, "별꽃 수놓은 밤하늘 찾아 / 숨비소리 내려놓으려" 오리처럼 지속적으로 헤엄쳐 간다.

　이 시에서 '별꽃 수놓은 밤하늘'은 시인이 꿈꾸는 세계이며, 보이지 않는 물 밑에서 부단히 발동작을 하는 오리처럼 헤엄치는 건 그 세계에 이르려는 탐색과 추구의 연속 행위라 할 수 있다. 「자화상」에서 그리듯 타인의 시는 그 세계로 나아가게 하는 자양분인 "맛있는 끼니"다.

　　　이 틈 찌꺼기 뽑아 먹는 악어새처럼
　　　시인 묵객들이 남긴
　　　감정의 편린들 건질 수 있다면
　　　맛있는 끼니가 될 거야

　　　내 몸 빠져나간 정신의 무리
　　　울산 앞바다에 놓아준 돌고래 재돌이 되어
　　　남태평양쯤 가서 푸른 별의 무늬
　　　검은 등피에 새겨넣었을까
　　　　　　　　　　　　　－「자화상」 부분

시인은 시의 길을 한껏 낮은 자세로 걷는다. 텍스트로 선택된 시를 쓴 시인(묵객墨客)들이 '악어'라면 자신은 '악어새'로 악어의 이빨 틈에 낀 찌꺼기(감정의 편린)를 건질 수 있기를 바란다. 하지만 이 겸허한 마음자리에는 자신의 '정신의 무리'가 멀고 넓은 바다에서 검은 등피에 '푸른 별의 무늬'를 새겨넣는 돌고래와 같이 이상적인 세계로 나아갈 수 있기를 바라는 소망이 은밀하게 포개어져 있다. 그 마음자리에는 시인을 따르고 시인들과 자신이 상생相生하려는 공동체의식이 작용하고 있기도 하다.

이 같은 시적 지향과 추구는 「늦부지런」에서와 같이 '코뚜레=노트북'이라는 등식等式을 통해 그 코뚜레가 "그늘에 젖은 나를 길들이려" 하며, "몸피 자르르한 속살도, 날뛰던 눈빛도 / 순한 눈빛으로 바꾸어 놓"(같은 시)고, "둥근 못물 굽도는 백로 쫓"게도 한다는 것이다. 이 때문에 시인은 시 안에 갇혀 "붉은 콧물 훔치며 책상 앞에 앉으니 / 겨울 아침이 바"쁠 수밖에 없다. 시의 길 가기는 이같이 '붉은 콧물'(코피)을 훔치게 할 정도로 고될지라도, 그 '늦부지런'이 지속적인 시 단련의 고삐를 늦추지 않게 추동推動한다. 이 배움의 자세는

    까까머리 학생 시절로 되돌아가려고
    매주 수요일 10시의 나는
    타임머신에 올라탄다

    <중략>

    기계충 번진 까까머리
    빨간 옥도정기 듬성듬성 바른다
        –「어제도 숙제 오늘도 숙제」 부분

는 대목에서 읽게 되는 바와 같이, 매일 숙제를 하듯 시 쓰기에 열중하고, 그 숙제를 힘겹게 해서 매주 하루는 시 수업을 하러 가는 성실성으로 이어진다. 더구나 까까머리 학생 시절로 되돌아가려고 타임머신에 탄다거나 기계충 번진 까까머리에 옥도정기를 바른다는 건 시 쓰기뿐 아니라 삶에 대한 치열성治熱性과 그 험난한 과정들을 드러내 보이는 은유라 할 수 있다.

시 수련과 추구의 과정을 떠올리는 이 일련의 시편들은 시인이 일상에서 '안일의 무게'를 염려하고 우려하는 차원을 넘어서서 끊임없이 더 나은 삶을 꿈꾸고 지향한다는 사실도 은근하게 암시暗示한다. 시는 궁극적으로 더 나은 삶, 더 나은 세계를 향한 꿈꾸기이며, 시인이 말하는 '좁은 문'으로 들게 하는 초월超越에의 지향이기도 하기 때문일 것이다.

iii) 시인의 '늦부지런'은 일상의 길 나서기에도 어김없이 반영된다. 시인이 자주 조우遭遇하는 일상의 풍경들은 '늦부지런'에 힘입어 다채로운 양상의 결과 무늬들을 떠올린다. 낯익은 풍경들도 낯설게 빚거나 그 연원에 천착하는 시편들은 형이상학적形而上學的 길 트기로써의 더 나은 삶 꿈꾸기, 종교적 신앙을 뿌리로 한 이상세계 추구, 역사의식을 투영한 휴머니티 등 다양한 빛깔을 띠고 있다. 그 풍경들은 대부분 재현된 풍경들이 아니라 시인의 감정을 반영하고 투사投射한 풍경들이다.

봄이 돌아온 대구의 수성못 풍경을 노숙한 뒤 갓 이발하고 세면을 한 것처럼 "도루코 면도날로 갈대 수염 밀어내고도 / 관자놀이 펄펄 뛰는"(「수성못 이발사」) 모습으로 생동감 넘치게 그리면서, 인격까지 부여하는 시인의 감정을 이입해서 떠올린다.

주둥이 날갯죽지에 묻은 흰 오리배는
오수에 눈먼 거위의 춘정에

상화동산 매화나무더러 얼른 꽃 피라 한다

미세 먼지 농도 68 따위 알아도 모른 체
비누 거품 지느러미 붓질하던 금잔디
초록 속잎 틔우라고 낙화를 노래한 건
삼라만상이 그믐달로 이울 무렵
시비詩碑 속 독락당에 은거한 상화도 알기 때문이다

<중략>

배 젖은 물오리는 나비넥타이 매고서야
봄나들이 나온 상춘객을 맞는다
―「수성못 이발사」 부분

　못물 위의 오리배, 못둑의 상화尙火동산과 시비, 매화나무와 금잔디, 나들이 나온 상춘객賞春客을 끌어당겨 유기적으로 묘사한 이 시는 대상을 신선하게 주관화하고 있어 시적 묘미가 돋보인다. 오리배가 주둥이를 날갯죽지에 묻었다던가 오수午睡에 눈먼 거위의 춘정春情과 같은 희화적戱畵的 표현, 매화나무에게 꽃 피우기를 채근하는 오리배와 붓질하는 금잔디, 시비 속 독락당獨樂堂에 은거하는 상화, 나비넥타이를 맨 오리 등의 서정적 묘사는 시인의 내면을 투사한 은유적 심상心象 풍경들이다.
　그런가 하면, 서울의 한 거리를 묘사한 「율곡로에서」는 "계동 공간 사옥은 건축계의 거장 김수근의 자취다"라며, "낯설지 않은 백남준의 비디오아트 퍼즐 맞추기를 끝낸 듯" 그 구조가 "건축에 문외한인 내게 느낌표를 선사한다"고 언급하고 있으며, "정주영 회장이 소 몰고 군사 분계선 넘던 / 현대사옥 후원이 담장 너머 한눈에 들어"오는 걸 기꺼워하고, "붉은 석류 아래 이를 잡는 까치 두 마리는 / 김기창 화백 솜씨다"

라고 거리 풍경들을 예사로 보지 않고 그 연원까지 거슬러 올라 짚으며 바라본다.

  시인의 서정적 자아는 "소피보러 나온 새벽별 / 제라늄 화분에 물 주려고 밑동 살펴보니, / 제 발등 핥으며 / 저승사자 처분만 기다린다"(「하늘 접안」)라거나 "기쁨 선사할 꽃에게 / 달려온 노을은 / 무학산 봉우리 너머 / 하늘 항구에 접안할 듯 / 붕붕거린다"(같은 시)는 아름다운 묘사를 낳고 있으며, "늪도, 주걱턱 활짝 벌리고 하품할 때가 있다"(「괴정리, 늦가을」)거나 "오백 살 먹은 소나무가 / 구름 끈을 입술로 풀어낸다"(「운문의 길」)는 자연(사물)의 의인화擬人化로 시인 특유의 표현과 그 묘미를 증폭시킨다.

    마지 올린 법당에서
    어젯밤 꿈 이야기 풀어놓는데
    꽃살문에 앉은 나비가 눈썹달 시샘한다

    느티나무에 걸린 청사초롱 쫓아왔느냐고 묻자
    210자 해인도 등에 지고
    돌계단 한 층 한 층 날아올랐다 한다

    어디서 온 나비냐고 다시 묻자
    횡경막 싸고도는 만첩청산에서 이끼 낀 부도 어루만지다
    저승길 둘러보다 왔다 한다

    일찍 해 지는 매화산 버리고
    이번엔 어디로 갈 거냐고 되묻자
    푸른 파도치는 동해로 가겠다 한다

<중략>

땅거미에 젖은 국화 분 결 벗어 둔
신발 끈을 나비가 풀고 있다
- 「홍류동, 시월」 부분

　법당法堂에서 부처에게 공양供養을 올린 뒤 간밤의 꿈 이야기를 반추하는 이 시는 불교에서 말하는 '제행무상諸行無常'과 장자莊子의 '나비'를 연상케 하며, 삶의 깊이 들여다보려는 시인의 내면 풍경을 은유적으로 떠올리는 것으로도 읽힌다. 나비가 이끼 낀 부도를 어루만지면서 저승길 둘러보던 만첩청산萬疊靑山에서 해인海印을 등에 지고 매화산(홍류동) 절의 돌계단을 날아올라 법당 꽃살문에 앉았지만, 다시 동해로 떠난다는 서사敍事를 감정이입을 통해 풀어낸다.
　하지만 시인은 왜 그 나비가 눈썹달을 시샘하고, 자신이 벗어 둔 신발 끈을 풀고 있다고 여기고 있는 것일까. 아마도 모든 현상이 시시각각으로 생성生成되고 소멸하면서 언제나 변할 수밖에 없다는 무상의 진리에 대한 깨달음을 나비에 빗대어 다소는 반어적 어법으로 말하는 것이 아닐까. 「운문의 길」도 비슷한 맥락의 시다.

카멜레온처럼 변신의 귀재라 해도
천당과 지옥을 번갈아 들 수 없음에
나 변복하고 운문사 드는 길

뒤뜰 선돌 바위에게 무심을 배워
무겁던 마음마저 내려놓고
운문사 나서는 길

저녁 예불 종소리에
어린 꽃나무들 발목 시려 올까
떠돌던 내 방랑의 삶에도
이제 대님을 묶는다
─「운문의 길」 부분

역시 산사山寺를 배경으로 한 이 시에서는 '무심無心'의 경지를 지향하는 마음의 움직임을 은유에 기대어 떠올린다. 남이 알아보지 못하게 평소와 다른 옷을 입고 운문사雲門寺에 들어 절 뒤뜰에 서 있는 바위에게 '무심'을 배운 뒤 무거운 마음 내려놓고 나오는 시인은 자신뿐 아니라 어린 꽃나무들도 저녁 예불禮佛 종소리에 발목 시려 올까 저어하는가 하면, 방랑하던 삶에도 "대님을 묶는다"는 결의決意를 내비친다.

신성神聖한 '운문의 길'을 들어설 때 변복變服한다는 건 평소와 다른 외양이 아니라 그런 마음가짐을, 삶에 대님을 묶는다는 건 몸을 가둔다기보다 정신의 매무새를 가다듬는다는 뉘앙스로 다가온다. 시인은 형이상학적인 '신성한 길 나서기'로 그 경지에 이르는 깨달음을 드러내 보인다고 할 수 있다.

한편 시인은 「별들의 귀향」이라는 시에서 "유골 작업을 하던 유학산 산등성이 / 들었다 놓는 저울추에 / 뼈들의 무게가 얹혀 있다"는 다분히 추상적인 언어(은유)로 운을 떼면서 6·25 한국전쟁의 참상을 단적으로 일깨운다. 역사의식을 바탕으로 한 이 시는 처절한 참호 전투의 흔적을

인민군과 국군이 함께 든 구덩이
죽고 죽이던 참호 속
순간의 분노와 증오심은 무게를 내려놓고
넓적다리뼈 서로 포개었다

<중략>

이유 없이 달아올랐던 적개심이
유유한 낙동강 강물에
닳은 별빛
헹구고 있다
　　　　－「별들의 귀향」부분

고 묘사한다. 국군과 인민군이 치열하게 죽이고 죽던 참호 속의 유골遺骨들이 한 구덩이에 포개져 있는 모습을 "순간의 분노와 증오심은 무게를 내려놓고 / 넓적다리뼈 서로 포개었다"고 본다. 또한 낙동강 전투에서 서로 죽이고 죽던 싸움(육박전肉薄戰)은 "이유 없이 달아올랐던 적개심" 때문이었으며 그 적개심이 이젠 "유유한 낙동강 강물에 / 닳은 별빛 / 헹구고 있다"고도 들여다본다.

이 같은 지극히 인간적인 관점은 앞에서 언급한 '제행무상'이나 '무심'과 궤를 같이하며, 민족적 비극을 승화해서 바라보는 경우에 다름 아니다. 서로 적이 되어 싸우는 것을 '순간의 분노와 증오심'이나 '이유 없는 적개심' 때문으로 보는 건 그 동족상잔同族相殘의 비극에 천착穿鑿해 그 본질을 꿰뚫어 보는 탓이며, 피아彼我가 서로 넓적다리 포개고 적개심을 강물에 헹구는 화해의 모습으로 승화시켜 바라보는 것도 '제행무상'과 '무심'의 관점과 무관하지 않아 보인다. 시인이 피아 할 것 없이 모두 별들이며, 궁극적으로는 본향本鄕으로 회귀한다고 보는 관점도 그 때문일 것이다.

ⅳ) 권순우의 시에 두드러지는 특징은 분방한 발상과 상상력에다 어

떤 사물이든 인간의 반열로 끌어당겨 들여다보고, 그 세계를 자아화하거나 감정이입을 한 풍경으로 묘사하며, 다각적인 은유의 옷을 입히는 언어 구사력이 능란하다는 점이다.

그 예를 들자면 끝이 잘 안 보일 정도다. "지붕 사래 끝, 귀면와鬼面瓦가 / 서울 길 가로막은 코로나바이러스를 / 송곳니로 잘근잘근 깨물고 있다"(「도깨비, 추석」), "후투티는 몬드리안이다 / 수미상관법을 아는 화가의 눈치"라며 "몬드리안보다 우아하게 / 펼친 날개는 검은 줄무늬 데칼코마니 // 털붓 꽁지 세우고 깝죽거린다"(「황금비율」)는 묘사 등이 그렇다.

"뭉게구름 핀 상고머리 목둘레에도 / 흰 스피커가 걸려 / 김 씨 막내딸 혼사 알리는 / 면도날 같은 이장 목소리에 / 뚝뚝 거품 꽃 지고 있다"(「목련나무 이발소」), "밑동 굵은 후박나무가 달빛을 이고 / 어물쩍 불러 세운 사립문 앞에서 / 한 남자 굴렁쇠를 굴린다 // <중략> // 후박나무 밑동 달빛에 베이듯이"(「굴렁쇠 남자」) 등의 묘사 역시 마찬가지다.

구불거리는 물뱀의 수로
방죽 길에 오른 가을이 내 오른쪽 팔을 낀다

방아깨비와 삐삐가 짝짓기하는 논두렁
사마귀는 톱니바퀴 손으로 나락을 벤다

배롱나무 줄기 타고 오른 칡넝쿨이
백일홍꽃 배부르게 따먹고 목젖 벌린 선하품

익모초 겨드랑이에 긴 침 꽂은 청벌은
쓴 가을볕 뒷맛 또한 달다며 이구동성이다

내가 사는 세상 정치판은
먹고 먹히는 먹이사슬과 다르지 않아
죽간 닳도록 시경을 읊은 억새 공자는
유려한 달관의 붓질이다

내 갈 길 깝치다
오늘 허수아비가 되고 보니
수로 문리 트이듯 시정에 빠진 나는
가창 하늘 하현달 지는 줄 모른다
　　　　　　－「물꼬, 트이다」 전문

　시인의 상상력은 거침이 없고, 종횡무진으로 번지고 퍼진다. 모든 자연이나 사물을 가까이 끌어당기고 밀기도 하며, 내면으로 끌어들이고 내면을 바깥으로 확산하기도 한다. 수로水路에 물뱀이 구불거리는 장면에 착안해 '물뱀의 수로'라고 명명하며, 방죽길에 완연해진 '가을'을 마치 사람처럼 화자의 오른쪽 팔을 끼는가 하면, 논두렁에도 차오르는 풍요를 방아깨비와 빼빼가 짝짓기를 하는 것으로 그리는가 하면, 손발이 날카로운 사마귀를 톱니바퀴 손으로 익은 나락을 베는 모습으로 그린다.
　배롱꽃 질 무렵의 칡넝쿨을 그 꽃을 배부르게 따먹고 목젖까지 보이도록 선하품을 하는 것으로, 익모초 겨드랑이를 빠는 청벌이 가을볕 달다고 입을 모은다고, 가을뿐 아니라 방아깨비, 빼빼, 사마귀, 칡넝쿨, 익모초, 청벌 할 것 없이 모두가 인격이 부여된 사람 반열로 끌어당겨져 있다.
　하지만 정작 인간 세상으로 눈을 돌리면서는 정치판을 먹고 먹히는 먹이사슬 같다고 비판적인 시각으로 바라보는 반면, 가을바람에 일렁이는 억새를 "죽간 닳도록 시경을 읊은" 공자(현자賢者)로 "유려한 달관의 붓질"을 한다고 보고 있다. 이런 정황에서 화자도 갈 길을 재촉하지만 '허수아비'일 수밖에 없어진다. 그러니 수로 문리 트이듯 시정에 빠져 가는 시간인들 안중에 있을 리 없다. 이 경우 다분히 자조적自嘲的인 현실 비판을 풍요로운 가을 풍경에 대입해 아프게 떠올리는 시로, 이 시인의 시적 특성의 일단을 보여 준다고 할 수 있다.

시인의 이 같은 언어 구사력과 분방한 상상력은 "낮달이 망초꽃에 들 무렵 / 바퀴에 흙 묻은 화물차가 / 산 옆구리를 치고 달려갔다"(「망각곡선」)는 표현과 "건들장마 뒤따라가다 / 거머리에 물린 단발머리 아이는 / 붉은 다리를 끌고 / 무심코 가 닿은 벽오동역"(같은 시)과 같은 표현을 낳고 있으며, '코로나19'에 발목 붙잡혀 서울로 역귀성逆歸省도 하지 못하고 고향집 어머니를 보듯 치자꽃을 보며 "누마루 빗장뼈에 닿아서도 / 칼자루 빙글빙글 돌리며 곱사등이 발목 잡던 하얀 꽃"(「도깨비, 추석」)이라는 생각도 하게 됐을 것이다.

한편, 시인은 예술에 대한 생각(체험)을 드러내 보이는 일련의 시에서도 특유의 언어 감각을 보여 준다. 조희룡의 '매화서옥도'를 "굴뚝 연기 속살 드러낼 때 / 엷은 묵즙 스며든 화선지 / 어슷 썬 연근 구멍 사이로 붓방아를 찧듯 / 날려 보낸 눈송이들"이라고 그리면서 "벼루 밑창 열 개를 구멍 낸 세한도보다 / 간송 미술관 수장고 문틈으로 세상을 기웃거리는 / 매화서옥도가 나는 좋았다"(「매화서옥도」)고 단정하기도 한다. 또한 대구가 낳은 서양화가 이인성의 그림에 대해서는

현해탄 건너온 고추잠자리
흙 색깔로 부는 피리에 앉을 때

단숨에 내리긋는 선 끝에서
스케치를 끝낸 남편 옷을 벗겨주던

그의 아내가 된 나는

'경주 산곡'에 가고 싶었다

서른아홉 요절한 수평선 붉어서
까치놀은 서럽게 지고
　　　　－「이인성의 거울」 부분

라고, 마치 그의 아내가 된 듯한 시각으로 그림 속의 '경주 산곡'을 곡진하게 동경하며, 마흔 살도 되기 전에 요절한 그의 생애를 애달파한다. 러시아 출신 화가 마르크 샤갈의 그림을 서울 인사동 전시회에서 감상한 뒤 구입한 판화(복사판일 것) 한 점을 두고도 "꽃바구니 앞에 선 나부와 신랑이 붕 떠 있는 청색 / 그날의 신비는 혼자 보고 받아온 두루마리 그림"(「디아스포라의 슬픔」)이라고 신비화하면서 샤갈의 생애를 기린다.

염소 기르고 농사짓던 러시아 떠나
파리를 떠돌다 건너간 미국에서
팔레스타인을 여행하다 그는
자신이 이스라엘 백성임을 깨달았다 한다

다윗을 모델로 뿌리내리지 못한 조국에 대한 향수로
그의 손을 잡은 '벨라'는 공중을 날고 있다

미디어아트 볼 때 색채가 화려할수록
눈물은 몽환적인 떠돌이의 애환

사각의 판화가 모서리를 허물고 있다
　　　　　　　－「디아스포라의 슬픔」 부분

시인은 환상의 세계를 신비神祕스럽게 그린 작품으로 유명한 샤갈의 우수 어린 향수鄕愁에 마음 끼얹으며 그 비애를 부각시킨다. 러시아에서 태어나 주로 프랑스 파리에서 활동했지만 이국을 떠돌았던 그의 그림에 '벨라'가 손을 잡고 공중을 나는 장면에 눈길을 주면서 "몽환적인 떠돌이의 애환"이라고 풀이하고, 그 디아스포라(특정 민족이 살던 땅을 떠나 다른 곳에 옮겨 사는 집단)의 한 사람으로서의 애환이 그림의 사각 모서리가 허무는 것으로 바라본다.

자신의 방을 '적막의 섬'이라고 여기는 시인은 「달방」이라는 시에서 자신의 한계는 클레멘티의 '소나티네 12'이며, 야단을 펼쳐 자신이 부치는 전은 '아들의 클라리넷 G단조'라든가, 베토벤의 음악을 떠올리며 "바이올린 소나타 9번 크로이처는 / 젖은 속눈썹일지도 모른다"든가 "범어도서관 가는 길 / 현악 4중주 16번을 끝으로 / 주름진 뒷덜미가 서늘하다"(「피서」)고 클레식의 세계를 시에 접맥시켜 자신의 느낌을 포개어 보이기도 한다.

v) 권순우 시의 또 다른 특징은 토속적이고 향토적인 '복고적 정서'를 아름답게 승화해 반추反芻하고, 그 공간의 사람들에 대한 그리움과 연민을 애틋하고 절절하게 그리는 점이다. 하지만 또 한편으로는 그런 정서의 연장 선상에서 '지금 / 여기'에서의 자신을 추스르기도 하고, '내 리사랑'과 따스한 배려의 모습을 진솔하게 드러내 보이기도 한다.

옛날의 비슬산 국시(국수)집을 떠올리면서 "항아리가 건네는 배불뚝이 인사에 / 지렁이 쪼아 먹던 수탉 / 붉은 볏, 흔든다"든가 "장독에 올려 둔 국시물 마시려고 / 허기진 별은 / 무릎걸음으로 기어 온다"(「가락」)는 표현과 "문설주 곁으로 걸어 나온 고무함지가 / 꽃을 품더니, 연밥까지 품었다"(「다강산방」)는 묘사에는 그리움 속에 자리매김한 토속적인 정서가 미만彌滿해 있다.

게다가 이 같은 복고적 정서의 공간에는 "달그림자 밟으며 휘파람 불던 동네 아이들 / 문득문득 그리운 걸 보면 나도 어지간히 늙은 게지"(「나를 소환하다」)라는 회한悔恨에 잠기기도 하고, "날 두고 떠나 감감무소식인 너 / 종아리 둥둥 걷고 달려오지 않으련"이라고 '옛날의 자신'(너)을 소환해 보기도 하며, "똬리 버리고 서울로 달아난 금순이 / 물동이에 보름달 이고 돌아올까"(「가락」)라는 친구 생각도 자리잡고 있다. 그렇다면 그리움 속에 자리매김하고 있는 '똬리'는 어떤 모습일까.

    빡빡이 된장 넣고 싸는 호박잎 쌈
    왼손가락 뜨거워도
    임금님 수랏상 부럽지 않았다

    시렁 위로 옮겨온 넝쿨 향기
    호박 마차 타던 신데렐라를 흔들어 깨웠으니
    무엇이 더 부러우랴

    기름칠하던 솥뚜껑 들추자
    무자치 뱀이 있어, 더 반짝이는 은하수

    지금은 어느 하늘 별꽃 아래
    가르마 고운 어머니
    곡옥처럼 잠들어 계실까
                    -「똬리」 전문

그 똬리 속에는 호박잎 쌈을 싸 먹던 "호박 마차 타던 신데렐라"가 있었고, 그 신데렐라(자신)를 흔들어 깨우던 향기와 반짝이는 은하수銀河水, "가르마 고운 어머니"가 있지 않은가. 이 그리움의 정서에는 더할 나위

없이 마음만은 풍요로웠던 그 시절의 자신과 친구, 특히 어머니를 소중하게 여기는 마음이 담겨 있으며, 어머니가 별꽃 아래 곡옥曲玉처럼 잠들어 있기를 염원하는 마음 또한 곡진하게 저미듯 깃들어 있다.

특히 그 어머니는 애틋한 그리움 속 연민의 대상이다. 아버지가 자신이 태어나기도 전인 6·25 한국전쟁 때 산화한 뒤 "청상에 홀로 키운 새끼 가을볕에 단물 들 때마다 / 눈물은 폭포로 흘러서 비틀거리는 골목"(「쓴꽃」)을 떠올리게 하며, 무덤의 씀바귀꽃을 어머니로 환치換置해 "엄마 손끝이 / 또 피려고 날리는 하얀 솜털"로 바라보면서 추위에 언 발돋움을 한다고 여기고, "명년 봄에도 오실 어머니를" 마중하고 싶게도 한다.

할머니에 대한 그리움도 거의 마찬가지다. "십 리 길 이고 간 보리 팔아 / 안계장 난전에서 사다 준 꽃신"을 솔갈비 긁다가 찢어져 할머니가 꿰매 주던 기억을 반추하는 「꽃신 속으로」는 "반세기 건너와 내 책상 위에 날개를 접고 있다"며, 그 "꽃신 속 / 은줄팔랑할머니나비를 / 나 이제나저제나 부르고 있다"고 노래한다.

하지만 그렇다고 시인은 '지금 / 여기'를 우울하고 무겁게만 여기지는 않는다. "첫 시집 날개에 담아둘 얼굴 / 흑백의 배경이 된 건 해운대 백사장 // 찍혀진 사진 얼굴 주름 지우고 나니 / 보리밭에서 책보 껴안고 / 상여집 지나온 내가 거기 서 있다"(「뽀샵하다」)고 스스로 위안慰安한다. 나아가 자신을 "만월 먹고 그믐 이고 살아가다가 / 아침저녁으로 변하는 공작새"(「웃음의 미학」)라며, "햇살 냄새 잔뜩 머금은 빨래들은 / 공작의 나르시스를 위해 / 방 안으로 걸어 들어온다"거나 "척척 개어지는 달빛이 / 아코디언을 켠다"(같은 시)고도 한다. 온 길 만큼 가야 할 길이 있는 '반환점'을 돈다는 생각 때문일는지도 모른다.

　　해 뜰 무렵 산에 오른 나는 활엽수림 지나

침엽수림에 이르러 관절 녹슬지 않도록
무릎에게도 한 쌈의 침밥을 먹인다

<중략>

손에 손 잡은 솔수펑에서 나머지 한 손으로
되짚어 제자리 돌아온 칡꽃도 싸리꽃도
춤추자 손을 내민다
-「반환점」 부분

 건강을 지키기 위해 이른 아침에 등산登山(또는 산책)하면서 바라보는 주위도, 들여다보이는 자신도 아침 기운에 상응相應하는 분위기다. 무릎에 침을 놓는 건 관절의 원활을 위해서이고, 칡꽃도 싸리꽃도 춤추자고 손을 내미는 건 자신의 마음에 그렇게 비치기 때문이라는 점을 간과하지 말아야 한다.
 '내리사랑'은 「꿀꿀꿀」에서 "수서발 SRT 타고 내려온 / 막내아들 내외"가 "집 밥 한 끼도 안 먹은 양 소리"를 듣는 모성애母性愛의 희화화로 그려지고, 손자손녀를 향해서는 그보다도 농도가 한결 짙은 빛깔로 떠오른다.

설쇠러 오는 손자 손녀 맞으려고
백자항아리는
달 없는 하늘에 앉았다

개밥바라기 별만 내일이 설이라며
주고받는 계란 꾸러미

온몸으로 먹구름 밀고 가는 달항아리는
흰 우주정거장이다
  ―「섣달 그믐」 부분

섣달 그믐날 설쇠러 오는 손자 손녀를 기다리는 자신을 백자항아리에 비유하고 그 보이지 않는 달항아리를 온몸으로 먹구름을 밀고 가는 것으로 그리고, 백자항아리인 자신이 결국은 "흰 우주정거장"이라는 은유가 범상하지 않으며, 할머니의 심중을 곡진하게 보여 준다고 할 수 있다.

분가한 우주네가 겨울방학을 맞아
우주의 외가인 나의 집에 왔다

우주를 우주에게 물려주었으니
난 이제 우주 밖이면 된다고 했는데
우주가 와서
나 또한 우주의 일부가 되었다
  ―「빛의 곳간」 부분

역시 특유의 은유가 돋보이는 이 시는 손자의 이름이기도 한 '우주'라는 어휘를 다각적으로 변용하면서 한 주일 만에 빽빽하던 '우주선'인 냉장고冷藏庫 안이 헐렁해지고 "계약 기간 만료되었다는 듯 / 머물던 우주"가 떠난 뒤 다시 속 텅 빈 냉장고 채워 넣으려 수레를 끌고 마트로 가는 마음을 기껍게 그린다. 시인은 곧바로 "머지않아 녹슨 우주인 내가 / 아주 먼 우주로 먼저 떠난 자리 / 엄마가 빛으로 채워 둔 냉장고 / 야금야금 파먹으러 가볼까"라는 어머니 생각으로 마음을 가져가는 건 '내리사랑'의 의미를 더욱 강조하려 하기 때문일지도 모른다.

손자에게는 "이모를 엄마인 줄 알고 이모와 한방에서 성장"해 "네 개의 베개를 징검돌인 양 / 좁은 문간방에 가지런히 놓아 주"(「현승이」)는 할머니이며, 자신은 지는 해로 뜨는 해인 아이에게 "거꾸로 돌아가는 세월에도 뜨고 지는 해 / 비행기 날리는 아이의 손이 / 풋보리 등처럼 푸르다"(「뜨는 해, 지는 해」)고도 한다.

vi) 현실을 바라보는 시선이 따스하고 너그럽다는 점도 권순우의 시가 거느리는 미덕이 아닐 수 없다. 그 이면裏面에는 끊임없는 세월의 흐름과 맞물리면서도 한결같은 질서 속에 놓여 있는 세상의 이치와 순리에 대한 깨달음의 지혜들이 깃들어 있으며, 성서 구절에도 나오듯이 "오른손 하는 일을 왼손 모르게"(「반환점」)하려는 실천 덕목을 소중하게 받드는 자세를 보여 주기 때문이다.

시인은 "산이 물을 건너지 못하자 / 물이 산 옆구리를 껴안고 맨발로 돌아"(「삼척 기행」)가는 자연의 순리를 체감하면서 각박하고 삭막한 세상 그 현실에 눈을 돌리면서도 그와 같은 유연한 자세로 따뜻하고 너그러운 휴머니티를 발산發散해 보인다.

「둥근 암시」에서는 "마음 오가는 자리는 짐승이나 사람이나 은연중에 알아채는" 점도 상기시킨다. 앵두나무에 쇠줄로 묶여 있는 '진순이'(진돗개)에 마음을 보내는 이 시는 새끼(진돌이)를 떠나보낸 '진순이'가 "진네츄럴, 장의사, 온샘교회 지나는 골목"을 지킨다며, "태엽을 감고 푸는" 진순이가 "길 위의 생, 왔다갔다 흔들리는 걸 알아본다"고 그린다. 자식을 떠나보내고 그 골목길을 오가며 세월을 보내는 자신의 처지處地를 진돗개에 빗대어 은밀하게 '둥근 암시'를 한다고 봐도 좋을 것이다.

따스하고 너그러운 시인의 마음자리는 「화무십일홍」에서 보다 직접적이고 구체적인 모습으로 떠올라 있다. 불경기不景氣에 매물로 나온 온샘교회의 주인장이 화가 나서 자른 매화나무 가지를 주어 유리병에 꽂아 놓고 찬송가를 들려주자 풍금 소리 튀듯 꽃이 핀다는 대목은 그 예다. 더구나 "온샘교회 누군가에게 매수된다 한들 / 백 일 지나 천 일 동안 / 기억 속 남아 있을 매화 향기는 / 누구도 가로챌 수 없"을 것이라는 대목은 의미심장한 여운餘韻을 남긴다.

세상을 바라보는 시선이 자연을 향했을 때도 이 같은 시인의 감정(내면)이 그대로 투사되며, 사람들이 살아가는 세상을 들여보듯 휴머니티로 착색해 보인다. 「탁란조」와 「염낭거미론」은 식물과 동물의 세계를 인간 세상에 빗대어 우화寓話처럼 그려 보인다.

> 청미래덩굴은 연둣빛 낚싯대다
>
> 뻐꾸기 새끼를 낚고
> 동동거리는 개개비를 낚고
> 먹여 살릴 벌레도 낚는다
>
> <중략>
>
> 이 골 저 골 우는 뻐꾸기
> 탄로 날까 숨어서 두근거렸다
>
> 들판 쇄골 시릴까
> 감자꽃 홑이불로 덥히는 날에도
> 멀리서 지켜보는 개개비 둥지
>
> 청미래덩굴로 솟는 저녁연기
> 오늘도
> 무럭무럭이다
>   –「탁란조」 부분

새가 다른 새의 둥지에 알을 낳아 그 새가 자기 알을 품고 까서 기르는 탁란托卵에 착안해 청미래덩굴의 모습부터 그리면서, 이 연둣빛 덩굴을 뻐꾸기 새끼와 개개비(휘파람새)를 낚는 낚싯대에 비유하며, 뻐꾸기 새끼를 먹여 살릴 벌레들을 낚는다고도 한다. 개개비와 뻐꾸기 새끼, 벌레들이 청미래덩굴에서 사는 모습을 거꾸로 낚이고 낚는 것으로 전도顚倒해서 기실은 청미래덩굴의 너그러운 포용력을 역설적으로 떠올린다고 볼 수 있다.

　개개비는 자기보다 덩치가 더 큰 뻐꾸기의 알을 포란抱卵시켜 먹여 살리지만, 숨어서 우는 뻐꾸기는 그 사실이 탄로날까 두려워 가슴 두근거리며 멀리서 개개비 둥지를 지켜볼 수밖에 없다. 그 가슴 죄는 모습을 "들판 쇄골 시릴까 / 감자꽃 홑이불로 덥히는" 개개비의 정성까지 떠올리면서 지켜보는 심경을 그리는 건 마치 어미뻐꾸기가 된 화자의 심경 묘사와 다르지 않아 보인다. 하지만 언제나 세상이 그렇듯이 청미래덩굴 위로는 평온한 듯 저녁연기가 무럭무럭 피어오른다.

　　스파이더맨처럼 하늘 날아다니는
　　거미인 너는 엉덩이로 색실 뽑아낼 수도 있다

　　벗어 둔 먹 고무신 안도
　　왕버들 아래 숨은 송사리떼 후리던
　　반두의 그물도 네 집?!

　　저승 바람 헤집는 염낭거미는
　　이슬 걸려든 외줄에서 출렁거리는 어름사니
　　아버지 무명 두루마기가 입고 싶었나 보다

　　짚동과 짚동 사이 붉은 서답 숨겨 둔

어머니의 꿀단지가 그리운 그때도
번득이는 포수의 눈으로 날개 나른한 나방의 겨드랑이에
재빨리 송곳니 밀어 넣는다

아랫배 시커먼 염낭의 너는
내가 벗어 놓은 먹 고무신 신고
목마른 기다림을 드로잉 하듯
도심의 유리벽도 넘나든다

자신의 건축 솜씨 새끼에게 보여 주기 위해
내 나약과 나태 낚아채더니
출렁이는 공중에 공중을 걸고 있다

　　　　　　　　　　　　　　－「염낭거미론」전문

　거미를 불의를 물리치는 초인超人인 '스파이더맨'이나 남사당패의 줄을 타는 사람 가운데 우두머리인 '어름사니'에 견주어 보기도 하는 이 시에서도 우화적인 묘사를 통해 염낭거미의 생태生態를 화자의 내면으로 끌어당겨 그리고 있다. 아마도 그래서 '염낭거미론'이라는 제목을 단 것으로 보인다.
　아랫배에 검은 주머니(염낭)를 단 염낭거미는 모성애가 유별난 거미로 알려진다. 새끼를 부화孵化한 뒤에는 칩거하며 새끼들을 지키고 새끼들이 자기 몸을 다 뜯어먹고 집을 나갈 때 빈 몸으로 죽게 되기 때문이다. 하지만 시인은 단 한 번 "저승을 바람 헤집는"이라는 표현 외에는 그런 비극적 생태에 대해서는 언급하지 않은 점도 간과할 수 없다.
　그 생태는 엉덩이로 색실을 뽑아내고, 검은 고무신이나 반두 그물 등 하찮은 곳에서 살며, 어름사니를 연상케 하고, 그 외양을 아버지가 무명 두루마기를 입은 모습으로 그리는가 하면, 나방을 포획해 먹는 장면에 어머니의 꿀단지를 연상하게 되기도 한다. 또한 그 행동반경行動半徑을 "내가 벗어 놓은 먹 고무신 신고 / 목마른 기다림을 드로잉 하듯 / 도심의 유리벽도 넘나든다"고 은유하고 있다.

그러나 마지막 연聯에 이르러 "자신의 건축 솜씨 새끼에게 보여 주기 위해 / 내 나약과 나태 낚아채더니 / 출렁이는 공중에 공중을 걸고 있다"고, 그 비극적 삶에 연민을 보내고 있다. 자신의 삶이 오로지 새끼들을 위한 것이며, 그 모습이 스스로를 나약儒弱하고 나태懶怠하다고 자책하게 할 정도였지만, 결국 그 생애가 '공중에 공중을 거는' 행위였을 뿐이라고 보고 있기 때문이다. 이 작품 역시 에둘러 휴머니티를 곡진하게 내비치는 경우에 다름 아닌 것으로 읽힌다. (2021)

개성적인 시를 향한 열망과 지향
—백숙용 시집 『분홍의 방향』

ⅰ) 백숙용 시인은 늦게 입문한 시詩의 길에서 끊임없이 열망에 불을 지피면서 한결 진전되고 개성적인 시의 세계를 향해 나아간다. 현실적으로는 갈증과 갈등, 인내와 기다림, 고뇌와 연민 등 크고 작은 파토스에서 자유롭지 않지만, 꿈꾸는 세계는 우주 질서와 순리에 따르면서도 더 나은 삶과 절대 자유를 찾아 나서는 도정道程을 펼쳐낸다. 사람들과의 관계 속에서도 애증愛憎으로 얽히고설키나 만남과 이별을 연민과 그리움으로 승화시키고 화해와 관용으로 감싸 안으며, 가까이서 먼 데까지 은근하고 그윽한 사랑의 결들을 확산하는 모습을 보여 준다. 대부분의 시는 많은 이야기를 담고 있어 다분히 서사적敍事的이면서도 서정적抒情的 자아가 다채롭게 빚는 정서와 분방한 발상으로 내면화되고 자아화된 세계에 주어져 있다. 빈번하게 곁가지를 치는 이미지와 상상력이 개입해 다소 낯선 심상心象 풍경을 떠올리고, 현실 너머의 세계를 지향하는 은유隱喩와 개인적 상징象徵, 비약과 전이轉移의 기법이 시도되기도 한다.

ii) 시인은 자서自序를 대신한 시 「봄밤」에서 시적 영감靈感을 간절하게 기다리는 심경을 드러내 보인다. 새 생명이 생동하고, 생명력의 절정인 꽃들이 피어나는 봄의 깊은 밤에도 잠을 이루지 못하고 뒤척인다. 하지만 화자는 시구詩句가 깜깜하고 눈앞이 흐려 캄캄한 창문에 귀를 대고 그 숨결을 가만히 엿듣는 달빛이 되기도 한다.

이 같은 봄밤의 삼경에는 홑이불의 흰 꽃무늬(창밖에는 달빛을 받는 배꽃들이 피어 있지만) 밖으로 벗어난 발이 시릴 수밖에 없지 않겠는가. "배꽃 아래 내놓은 발"은 시를 향한 간절함을 시사한다. 잠을 이루지 못하는 건 창에 비치는 달빛이 돼서라도 "언제 다시 찾아올지 모를 / 발소리 / 들릴 때까지"(시상詩想이 떠오를 때까지) 기다리려는 심정 때문임은 말할 나위가 없다.

시인은 그러나 시적 영감을 수동적으로만 기다리지는 않는다. 「말을 몰다」에서 화자는 "잠의 고삐를 잡고 몇 날 며칠을 보"내도 "뛰는 말 잡지 못"하고, 그 "물결치는 신록 속으로 달리는 말"을 "움켜잡을 손도 없어" 주저앉게 되더라도 "들리듯 들리지 않는 말에 / 귀 쫑긋 세"우는 '말몰이'를 한다. 이 같은 의지意志는 다른 시에도 편재돼 있다. 「구름 당부」를 통해서는 그런 영감을 하늘에 떠 있는 '구름'에 빗대어

> 혹여나 지나는 길에
> 가슴 아픈 사람 만나면
> 그 사람 가슴을 관통하고 가시오
>
> 손발에 대못 박힌 사람 만나면
> 그 못 빼주고 가오
>
> <중략>

꼼짝도 못하는 꽃인 나를 일으켜 세워
두둥실 폼나게 춤추어도 좋소

한 몸에 지닌 우주가
서로 한 몸이 되는 것처럼
메마른 대지에 촉촉한 물빛

흔들리는 풀꽃으로 돌아올 아침 대문은
활짝 열어 두고 가시오
ㅡ「구름 당부」 부분

라고 토로한다. 오죽하면 화자 자신을 "가슴 아픈 사람", "손발에 대못 박힌 사람", "꼼짝도 못 하는 꽃"에 비유해 그 간절함을 호소하겠는가. 그래서 바라는 바의 말(시적 영감)이 아픈 가슴을 관통貫通하고 손발에 박힌 대못을 뽑으며, 꼼짝도 못 하는 자신을 일으켜 세워 함께 춤추기를 소망한다. "촉촉한 물빛"과 "흔들리는 풀꽃"은 시인의 소망이 구현되는 모습이며, 그런 모습으로 자신이 돌아올(시가 쓰일) "아침 대문은 / 활짝 열어" 달라고 기구祈求한다. 시를 향한 시인의 마음은 이같이 목마르고 간절하다.

　그렇다면 시인이 평시의 자신은 어떻게 들여다보고 살아가려 하며, 어떤 소망을 품고 있을까. 그 한 단면이겠지만, "설레던 마음자리에 선, 화가 밀레는 / 수런거리던 풀잎인 나를 / 미완성의 그림 '만종' 속으로 / 천천히 밀어 넣는다"(「자화상」)고, 완성을 향한 '수런거리는 풀잎'의 설렘을 떠올려 놓는다.

　밀레의 '만종'은 저물 무렵 밭 주인이 수확한 뒤에 남은 감자를 거둬들이고 신神(하느님)에게 감사의 기도를 하는 가난한 농부 부부를 그린 그림이다. 그러나 밀레가 '수런거리는 풀잎"인 '나'를 아직 미완성인 '만종' 속으로 밀어 넣는다는 건 시인이 그런 그림을 완성하도록 부추긴다는 의미가 아닐까. 이 때문에 화자에게는 "아직 끝내지 못한 내 기도가 / 배경의 노을로 걸"(같은 시)」리게 되며, 그 기도는 한갓 '배경의 노을'에 지나지 않는다는 자괴감에 젖는지도 모른다.

> 치마 두르고 모자까지 썼다고는 하나
> 조금 지쳐 있는
> 보온물병 하나가
> 버려지지 못하고 방을 지킨다
>
> 뚜껑 안쪽이 헐거워진 건
> 얼마 전부터지만
> 보온 능력만은 신상품에 비길 바가 아니다
>
> 오래전 공무원 두 달 봉급을 주고
> 교동시장에서 구입한 물병
> 더운물 자주 마시는 옆지기에게는
> 없어서는 안 될
> 그 물건은
> 해맑은 주인 모습 닮아 갔다
>
> 버릴 때가 되었다 싶은데도
> 버리지 못하는
> 나 닮은 그 물병
>   -「그게 나다」 전문

시인의 방에 놓여 있는 낡은 보온물병과 자신을 하나로 묶어 바라보고 있는 이 시는 버릴 때가 된 듯해도 버리지 못하는(버려지지 못한) 그

물병의 여전한 기능에 착안해 없어서는 안 될 필요성(필연성)을 부각시켜 자신과 같은 반열斑列로 나란히 끌어온다. 더구나 아주 비싸게 산 데다 비록 낡았지만 성능性能이 좋을 뿐 아니라 "해맑은 주인 모습을 닮아 갔다"고 그 오래된 물병에 빗대 자신의 해맑은 모습을 은근하게 드러내 보이기도 한다.

이 시는 앞에서 언급한 일말의 자괴감과는 대조적으로 긍정적인 빛깔을 띠고 있으나 '버리지 못하거나 버려지지 못한'이라는 비애를 완전히 벗어나 있지는 않다. 하지만 '해맑은'이나 '방을 지킨다'고 자신과 함께 그 존재감을 치켜올린다. 이렇게 본다면 일말의 자괴감도 그 반대 방향을 지향하는 데서 연유한다고 볼 수 있다.

또 다른 시 「계단의 바닥」에서는 조금은 낡은 듯해도 쓸 만한 거실居室 바닥을 바꾸면서 그대로 쓰는 장판을 새로 손질해 "연갈색 꽃잎 하나 / 사뿐히 단정하게 앉"는다고 한다. 어쩌면 얼마간의 명암明暗이 교차하기는 해도 궁극적으로는 자신을 긍정적인 시선으로 들여다보고 있는 것으로 읽힌다.

    탁 트인 길 어디든지
    바람같이 물같이
    입을 옷도, 벗은 옷도
    먹을 것도, 가진 것도 없이
    알몸인 혼자가 좋아

    <중략>

    부모님께 받은 이 몸
    바람같이 구름같이
    잠시 머물다 가는 길

받은 생명 살며 버티다가
아무 막힘도 걸림도 없이
걸림돌 없어서 환한
무에서 무로 가는
그 길
　　-「훨훨」 부분

　천상병의 시 「귀천歸天」과 박목월의 시 「나그네」를 연상케 하고, '공수래空手來 공수거空手去'라는 불가佛家의 화두를 떠올려 보게도 하는 이 시는 비우고 내려놓는 '무소유'의 정신과 싯다르타가 설파한 '천상천하 유아독존天上天下唯我獨尊'의 세계관(절대 자유)을 은밀하게 대동하고 있는 것으로도 보인다.
　일상 속의 시인은 온갖 파토스에서 자유롭지 않다고 하더라도 꿈꾸는 정신적 세계에서만은 절대 자유의 길을 지향한다. 「훨훨」에서 그리고 있듯이, 시인은 '바람같이, 물같이, 구름같이' 우주의 질서와 순리에 따르면서도 원래 왔던 것처럼 아무것도 없이 홀로 알몸으로 막힘도 걸림도 없는 '자유로운 영혼'으로 '환한 무無'의 세계에 회귀하고 싶어한다.

　iii) 그러나 시인이 "사는 일은 입술 깨물고 추는 춤"(「봄 성묘」)과 같은 세상에서 화해와 관용, '환한 무'를 깨닫는 데 이르기까지의 도정에는 갈증과 갈등, 기다림과 참음이 담보돼 있다. 이 풍진세상에서는 언제나 온갖 파토스로부터 자유롭지 않고, 번뇌와 고뇌를 비켜서기 어렵기 때문일 것이다.
　시인이 한겨울의 팔공산에 올라 망개나무 빨간 열매를 만지며 "숨어 있는 슬픔의 매듭을 찾아보다가 / 나 그만 흔들리는 솔가지 사이로 /

눈물 글썽이며 내려오는 / 눈발을 보고야 말았다"(「망개나무 손짓」)고 숨어 있던 슬픔과도 마주친다. 숨어 있는 슬픔의 매듭을 망개나무 열매를 통해 찾지 못하고, 평소 따스한 위안을 안겨주던 망개나무 열매를 향해 되레 "언제라도 내가 너를 다시 찾을 수 있게 / 눈 내려 가슴께까지 쌓여도 / 이 한겨울 잘 견뎌내기를"(같은 시) 바라기도 한다. 이 같은 마음자리에는 세상 길이 '고해苦海'와도 같아 망개나무에게도 참고 기다리기를 바라는 연민이 자리를 잡고 있기 때문인 것 같다.

또한 「소나무, 사계를 허물다」에서는 날이 가고 계절이 바뀌어도 한결같이 제자리를 지키는 소나무를 바라보며 "눈부신 햇살을 잎으로 가리다가 / 가랑잎 끌어 시린 발등 덮다가 / 자다가 깨다가 이 자리에서 셀 수 없는 하루들을" 떠올리며 화자 자신의 세상살이를 포개어 들여다본다. 소나무가 사계四季를 허물 듯이 자신도 그러려는 의지를 내비치는 바와 같이, 시인에게 소나무는 삶을 지탱하는 의지의 화신과도 같은 존재인지도 모른다.

어쩔 수 없는 것처럼 아침은 또 오고
해는 저물어가고
그래도 내가 펄럭이는 건
너는 내 안에서 살아 있다는 증거겠지

구름 수레 갈아타고 달려온 비가
한참을 머물다 가는 여기가 종착역인 듯
송홧가루 날리는 날에도
짙푸른 겨울옷 갈아입는 날에도
나 서 있는 주위를 맴돌다 간다
　　　－「소나무, 사계를 허물다」 부분

덧없이 흐르는 세월 속에서 자신이 "펄럭이는 건" 내면에 그런 소나무가 살아 있기 때문이며, 생동하는 봄날에도 조락의 계절에도 소나무가 오히려 자신이 서 있는 주위를 맴돌다 가는 것으로도 그린다. 이 같은 시각은 시인의 서정적 자아가 '나=소나무', '소나무=나'의 내면을 교차시키면서 자신의 동일성 지향을 완곡하게 드러내 보이는 경우라 할 수 있다.

 하지만 생성과 소멸은 모든 생명체의 어쩔 수 없는 숙명宿命이다. 그래서 시인은 "꽃무지개 피워 올린 산벚나무들이 / 구름 한 자락 붙들고 화들짝 웃어 보여도 / 너에게도 나에게도 / 그리 많이 남지 않은 시간"을 따를 수밖에 없다는 사실을 환기喚起하면서도 그 남은 시간마저 초월超越의 자세로 바라보려 한다. 「시계 바늘에 꿰다」는 그런 마음을 개성적인 시각으로 더욱 깊이 있게 구체화한다.

  구름 한 점 없이
  더 새파랗게 시린 겨울
  바다가 내려다보는 비탈의 소나무는
  스스로 밧줄에 묶인 시계 바늘이다
  위태로운 너와 마주앉아
  흐느끼던 치아 같은 가지는
  삭아 흔들리다, 지난 태풍을 따라가고
  머지않아 그 자리에
  간간이 까치 날아와 깍깍 우짖기도 하고
  울타리를 맴돌던 참새 떼도
  쪼르륵 분주하게 짹짹거리겠지
  낭창낭창 발자국 떼어놓는 분침의 그늘
  진득하니 엉덩이 붙이고 앉았다가
  어기적어기적 옮기는

나는 어쩌면 사철 푸른 시침이여
몸 하나 꼼짝 못 하게
아무리 밧줄에 묶어 놓았다 해도
시간은 둥둥 풍선처럼 가볍게
시계 바늘로 꿰어 돌리는 하늘
낮과 밤의 경계에서
쉬지도 못하는 너는
그리움의 나이테를 키운다
　　　　－「시계 바늘에 꿰다」 전문

역시 겨울을 배경으로 한 이 시는 바닷가 비탈의 소나무를 제자리에서 살아가는 모습을 "스스로 밧줄에 묶인 시곗바늘"로 보는가 하면, 자신을 "사철 푸른 시침"으로 들여다보고, 하늘이 "시곗바늘로 꿰어 돌"린다는 우주의 질서를 독특한 상상력으로 형상화하고 있다. 소나무의 사철 푸른(짙은 녹색의) 침엽針葉 형상에 착안해 '시계 바늘'로 바라보는 발상이 범상하지 않고, '소나무-나-하늘'의 함수관계를 거시적으로 통찰하는 시선은 시적 묘미를 한결 돋보이게 한다.

시인이 한겨울에 위태롭게 서 있는 바닷가 비탈의 소나무를 바라보면서 위태로운 자신의 심경을 투사投射하기도 하고, '하늘'은 언제나 시곗바늘에 꿰어 돌리므로 소나무에 태풍이 닥쳐 상처를 입었더라도 그 이전처럼 까치와 참새 떼는 우짖겠지만, 낮과 밤의 경계에서 '그리움의 나이테'를 키우기 위해 쉬지 못하는 정황도 그려 보인다.

"길의 끝은 늘 혼자 가는 길"이며 "꺼내 놓은 마음마저 지우고 / 바람은 다 지나"(「다 지나간다」)가는 게 흐르는 세월이지만 그리움은 시인에게 살아가게 하는 소중한 덕목이 아닐 수 없다. 깡마른 몸짓으로 뜰에 서 있는 목련나무를 바라보면서 "봄을 품은 빛살"을 읽고 있는 「목련나무 촛불」에서도 이 같은 기다림이 보태진 그리움의 전언傳言을 붙들어 놓으려고도 한다.

> 올봄
> 붉게 디는 노을에 깊이 빠져
> 출렁출렁 아름다워지라고
> 거꾸로 가는 생을 살지는 말자고
> 나이는 뺄셈일 뿐이니
> 유쾌하게 상쾌하게 젊음을 덧셈하고 있다
>
> 마음에 둔 어떤 그리움이 있다면
> 그것은 흔들리는 내 품에
> 부시게 안겨 오는 햇살 가득
> 좀 더 붙들어 두어야겠다
> ―「목련나무 촛불」 부분

봄날의 "붉게 타는 노을"도 소멸에 즈음한 때를 말하겠지만 "출렁출렁 아름다워지라"거나 "유쾌하게 상쾌하게 젊음을 덧셈"하게 되는 것은 나이가 들면서 흔들릴 수밖에 없더라도 나이를 뺄셈하며 '그리움'을 부시게 안겨 오는 햇살과 함께 "좀 더 붙들어 두"려 하게 되는 게 아닐까.

아침에 눈을 뜨면 시계 잽싸게 초침을 돌리지만 방향을 달리한 나뭇가지가 그립고, "내가 좋아하는 노래를 부르는 옛 소녀 / 물빛 잔잔한 호숫가를 아직도 돌고 있다"는 「둥글어서 끝나지 않는 것들 1」과 "흰 꽃송이 잔뜩 머리에 이고서도 / 소녀는 소녀로 남기를 바라며 / 다가올 저녁답 운동장을 돌고 있다"는 「둥글어서 끝나지 않는 것들 2」도 지나간 세월에 대한 그리움을 붙들어 놓으려는 경우에 다름 아니다.

  iv) 사람은 사람들과 더불어 살아간다. 그러나 만나고 헤어지는 관계

속에서 애증으로 얽히고설키기도 하고, 사람들 속에서 사람을 그리워하는 외로움에 빠져들게도 한다. 이별이나 작별은 아쉬움과 그리움을 낳는가 하면, 영영 돌이킬 수 없는 사람과 사람의 관계는 한恨을, 그중에서도 사랑으로 맺어졌던 이성異性 간의 이별은 풀리지 않는 정한情恨을 안겨주게 마련이다.

가정은 최소단위의 공동체이면서 넓은 의미에서의 공동체를 이루고 지탱하게 해 주는 마지막 보루이기도 하다. 가정은 사회를 건강하게 하는 근본이 되는 까닭도 그 때문이다. 하지만 가지 많은 나무에 바람 잘 날 없듯이, 대가족이 아닌 핵가족이더라도 가족 사이에는 크고 작은 일들이 꼬리에 꼬리를 물기도 하고, 사랑이 끈끈한 끈이 되고 연결고리가 돼 주기도 한다.

남편과 자신만 사는 지금의 가정에 대해 정겹게 그리고 있는「어느 날 당신」은 자식들과 자신을 향한 남편의 자상한 '어느 날'의 모습을 그리고 있으며, 가족공동체의 애증 관계도 얼마간은 내비쳐 보인다.

    땅에서 캐온 알맹이 좋은 것 골라
    아들네 딸네, 보내려는 당신

    달그락 달그락
    밤늦도록 혼자서 고르는 소리

    살아오면서 안방 말은 늘 귓등으로 흘리더니
    고달픈 세월 감추고 빙긋 웃는 모습

    뒤돌아보면 수많은 모서리들
    미움은 알록달록 여운이 길다

아홉 살 꼬맹이 마냥, 시 교실 찾은
늦깎이 나를 풋고구마 보듯
응원 보태주는 당신
　　　　　-「어느 날 당신」 부분

　이 시는 아들과 딸 가족에게 손수 재배한 고구마들을 양질의 것만 골라 보내려고 애쓰는 남편을 치키면서도 화자의 말은 흘려듣던 지난날도 겹쳐 보인다. 게다가 "고달픈 세월 감춘" 미소에 마음 끼얹지만, 애증의 날들을 "미움은 알록달록 여운이 길다"는 토도 달아 놓는다. 그러나 늦깎이로 시를 배우러 다니는 자신을 응원해 주는 모습도 좋은 풋고구마를 고르듯 한다고 기꺼워하는 '어느 날'의 한때를 따뜻하게 떠올린다. 이 같은 마음은 강변에 놓여 있는 낡은 의자로도 확산된다. 그 의자를 바라보면서 시인은

혼자서 혹은 둘이서 또는 여럿이서
주고받은 이야기는 얼마나 많았을까

애처로운 이별의 뒷이야기에는
또 얼마나 가시방석 같아
무거워지는 영혼을 종이배로 접어
흐르는 강물에 띄웠을까

수많은 계절 스쳐간 의자는
속절없이 칠 벗겨져 삭위어 가도
누구라도 와서 앉으라는 자세다
　　　　　-「강변 의자」 부분

라고 묘사한다. 오랫동안 같은 자리에 붙박인 채 오가는 사람들이 앉았다가 떠났을 의자에서의 숱한 사연에 초점을 맞추고 있는 이 시는 만나고 헤어지는 사람들의 관계를 유추類推하며 시인의 감정을 투영한다.

누구라도 앉을 수 있는 이 의자에 이별에 대한 연민에 무게를 더 얹어 놓고 있으며, 칠이 벗겨지고 닳았지만 "누구라도 내일의 염원 물어도 좋을 / 달도 별도 익은 해도 / 쉬었다 가는" 마지막 구절과 같이 그 의자를 우주 감정으로 확대하면서 끝없이 관용을 베푸는 사람처럼 의인화擬人化하기도 한다.

그리움과 연민이 이 시인의 정서에 유난히 깊게 자리매김하고 있기 때문일까. 헤어진 사람에 대해서는 애틋한 연민과 간절한 그리움이 짙게 저며 있다. 「연서를 잃다」는 서정적이면서 다소 추상화돼 있지만 사랑하는 사람과의 엉겁불 같은 사연을 불잉걸 같은 마음으로 노래하고 있다.

창밖에 이슬이 내릴 때쯤
가둬 놓은 마중물에 종이배로 띄워 놓은
당신의 서신, 그 뜨거운 한 줄 사연이
이제야 당신 있는 쪽으로 익어갑니다

오실 줄도 모르는 당신이 차마 가실 줄이야
마음 하나 보내 드리지 못한 게
나 지금껏 슬퍼지는 까닭입니다

어쩌면 그렇게 침묵으로 가슴앓이하다가
눈멀고 귀까지 멀어, 타는 입술로
비에 젖어서도 그냥 그대로 서 계신 겁니까

<중략>

부질없다, 부질없이 서로를 아파해도
이정표 없는 거리를 우리는 아직도
그날의 잉걸불 그리워 서성이고 있습니다
　　　　　　　－「연서를 잃다」 부분

'당신의 서신'에 무게중심을 둔 이 시는 "마중물에 종이배로 띄워놓은 / 당신의 서신, 그 뜨거운 한 줄의 사연"을 받아들이지 못한 것이 '당신' 아주 떠난 뒤에 지금껏 슬프지만 "이제야 당신 있는 쪽으로 익어" 간다는 후회 어린 정한과 함께 "이정표 없는 거리를 '그날의 잉걸불'처럼 그리워 서성인다고 토로한다. 의미망을 쉽게 읽을 수 없지만 그 정서적 울림은 절절하게 다가온다.

"밤새 밝힌 지등紙燈은, 너에게로 가는 / 마음"(「붕붕 오월」)이나 "너에게 바스러지는, 꽃잎이고 싶었다"(「추일서정秋日抒情」)는 대목, "아궁이 앞에 쪼그려 앉은 / 나는 / 흩어지는 불꽃을 자꾸 / 한곳으로 모"을 뿐 아니라 "양지녘에서 / 비탈까지 / 활활 불을지"(「철쭉처럼 2」)피는 정서도 같은 맥락으로 보인다.

시인은 떠나 버린 사람을 "점 하나에 / 획 하나 긋고 / 훌쩍 떠난 나그네"(「철쭉처럼 2」)나 "남긴 얼굴 쌩긋 웃던 웃음이 / 낮달을 데리고 저편으로 건너가며 / 연신 머리를 헹"(「풍경의 발견」)구는 모습으로, "요단강 건너간 그 사람 돌아올 길 없는데 / 계절의 수레는 아지랑이 속을 / 또 아무 일 없다는 듯 굴러가겠지"(「봄 성묘」)라는 무상감無常感으로도 착색한다.

이 무상감은 "시리게 아픈 이별의 사연 / 해 질 녘 나뭇잎은 알지 못한다"(「기별」)고 한탄하게 하고, "그냥 여기 서서 / 바람인 그대를 만나

/ 물주름 커튼처럼 펄럭이고 싶"(「사월의 묵시록」)어지는가 하면, "흐르는 불빛 고이 연등으로 접어 / 문밖 허공에 걸어 두면 / 그게 내 이별의 기별임을 / 오래 기억해 주길"(같은 시) 바라게도 한다.

v) 시인은 날이 저물면 안식처$_{安息處}$인 집으로 들게 된다. 귀갓길은 하루를 되돌아보게 하고, 일상에서의 자신을 성찰해 보게도 한다. 시 「귀로, 저녁의 집」은 그런 무늬와 결들을 거느리고 있다. 귀가$_{歸家}$하도록 "등을 떠미는 것은 / 먼 마을 반짝 켜지는 불빛"이며, 그 하루는 "모래 흐르는 강물에 꼼짝 못 하고 서 있"게도 했지만 저녁이면 "서둘러 집으로 가고 싶"게 한다.

> 나부끼는 연초록 가지 사연 담아
> 풀칠하기에 한나절 분주하던 콧노래도
> 익숙한 지저귐처럼 내려놓고
> 나무 위 산새의 집에 든다
>
> 비껴가는 구름 머무는 여기
> 바람이 지겨워도 풀꽃은 피어나서
> 오랜 응시에 굳은 푸른 밤
>
> 허허한 침묵의 달빛에 이르러
> 나 달포쯤 쉬어 가리라
>   -「귀로, 저녁의 집」 부분

자연과의 교감을 끌어들여 젖은 서정으로 '나=새'라는 등식으로 자신을 성찰하는 이 시는 하루의 일정을 "나부끼는 연초록 가지 사연"에 비유하고, 일하던 것을 "한나절 분주하던 콧노래"로, 일을 마치게 되는

걸 "익숙한 지저귐처럼 내려놓"는다고 나긋한 서정의 옷을 입혀 표현한다. 또한 귀가를 "비껴가는 구름 머무는" 것으로나 "풀꽃이 피어나서 / 오랜 응시에 굳은 푸른 밤"으로도 그린다.

나아가 집에 미무는 안식을 "허허한 침묵의 달빛에 이르"는 것으로 미화美化(승화)하고 있어 조금은 억지스럽지만 표현의 묘미를 돋워 준다. 더구나 안식처요 삶의 보금자리인 집에서 하룻밤 쉬는 걸 "나 달포쯤 쉬어 가리라"고 하는 과장법 역시 한가지다.

시집의 표제는 그 시집의 인상을 심는 '얼굴'과 같고, 대체로 시집 전체의 흐름을 암시하게 마련이다. 더구나 시 제목을 표제로 하는 경우 가장 애착이 가거나 대표적인 작품 제목을 내세운다. 하지만 백숙용 시인은 경우가 좀 다른 것으로 보인다. 가장 애착이 가거나 내세우고 싶은 작품인지는 모르겠으나 시집 전체의 흐름을 암시하는 표제로는 보이지 않기 때문이다.

이렇게 본다면, 자서를 대신한 시 「봄밤」이 시에 대한 열망을 시사하고, 표제시 「분홍의 방향」은 앞으로 더욱 적극적으로 지향하고 싶은 시적 방향을 암시하려는 의도에서 비롯된 것이 아닐까 하는 생각도 든다. 「분홍의 방향」은 대부분의 작품들보다는 까다로운 기법들이 구사되고 개성적인 언어 행진이 두드러져 있다. 대상을 주관화하고 세계를 자아화하는 서정시의 맛과 멋을 독특한 시각과 사유로 빚어 보이며, 제목부터 그렇지만 고도의 기법들이 구사되는 시들처럼 애매성과 난해성을 동반하고 있다.

  옛날부터 키워 온 돼지가 책장 안에 잠겨 있다

  그런 돼지의 배를 갈라
  탁상시계를 장만했으니, 탁상시계는 돼지다

꼬리 말린 돼지가 가르치는 시간은
늘 6시 30분
갈색의 울타리 안에서는
립스틱을 덧칠하는 시간이다

하루에 두 번씩은 꿀꿀거린다

<중략>

말라버린 돼지의 눈물은 젖꼭지를 물고 웃다가
잠든 벚나무 슬그머니 깨운다

둥글게 꽃피는 분홍에 든다
　　　　　　　　　　－「분홍의 방향」 부분

  마치 초현실주의 시처럼 비약과 전이의 기법도 눈에 띈다. '돼지저금통'을 '돼지'로 환치하듯 어휘와 어휘 사이의 비약뿐 아니라 문장(문맥)과 문장 사이의 비약이 거침없이 이어진다. "돼지(돼지저금통)의 배를 갈라 / 탁상시계를 장만했으니, 탁상시계는 돼지다"라는 비약은 대표적인 경우다. 시인 특유의 비약법이 아닐 수 없다.
  방 안에 있는 화자가 립스틱을 칠하는 행위를 책장 안의 탁상시계로 전이해서 바라본다든가, 하루에 두 번(오전과 오후의 6시 30분) 울리는 알람 소리를 돼지처럼 꿀꿀거리며 립스틱을 덧칠하는 시간을 가르쳐 준다는 표현은 원관념과 보조관념의 거리가 아주 동떨어져 있는 은유나 개인적 상징으로도 읽힌다.
  게다가 "말라버린 돼지의 눈물은 젖꼭지를 물고 웃다가 / 잠든 벚나무 슬그머니 깨운다"에 이르면 황당해지지 않을 수 없지만, 고정관념을 떨치면 또 다른 묘미로 읽히는 김춘수의 '무의미 시'를 연상케 한다. 피어난 벚꽃을 젖꼭지를 물고 웃다가 잠이 깨는 것으로 읽을 수 있다고 하더라도, 말라버린 돼지의 눈물이 벚꽃을 깨워 피게 한다는 표현은 아무래도 비약이 심한 것으로 보인다.

 그러나 분홍빛 벚꽃이 피어난 때를 '둥긂'으로 끌어들여 "둥글게 꽃 피는 분홍에 든다"는 표현은 신선하며, 이 시 속의 모든 사물을 벚꽃 빛깔인 분홍의 방향으로 귀결시키는 상상력도 예사롭지 않다. 시 쓰기는 더 나은 삶을 향한 꿈꾸기이며, 현실 너머의 세계를 끊임없이 지향하는 길 찾기라는 생각도 새삼 해 본다.

(2022)

아름다운 추억과 애틋한 그리움
―정연희 시집 『꽃들의 신호탄』

ⅰ) 정연희는 아름다운 추억이 그리움을 품고 오는 꿈을 동경憧憬하며, 그 꿈이 이 세상 모든 것을 사랑하는 꿈으로 확대되기를 소망하는 시인이다. 그러나 시인의 일상적인 현실이 꿈과 같지 않아 삶의 파토스들에 자유로울 수는 없어 추억과 그 그리움마저 연민憐憫에 감싸이게 마련이다. 하지만 시인은 현실적인 아픔마저 자기 위안慰安으로 승화시키듯 그러안고 순화하면서 소중한 깨달음에 이르고 숙명宿命에 순응하는 길로도 나아간다. '꽃을 사람으로, 사람을 꽃으로' 보려는 시인은 꽃을 바라보면서도 사람을 향하는 시선으로 귀결歸結시키는가 하면, 사람들과 더불어 살아가는 세상을 너그러운 사랑으로 감싸 안으려는 휴머니티를 은은하게 내비치기도 한다. 한편, 일련의 시를 통해서는 경쾌한 감각적 묘사와 발랄한 감성이 어우러져 시적 묘미를 돋우는 매력을 발산하며, 사물에 인격을 부여하고 가까이 끌어당기는 활유법活喩法이 은밀하게 관류하고 있는 점도 눈길을 끈다.

ii) 시인은 어수선하고 불안하게 꾸는 꿈(헛꿈)을 달콤하고 끈적한 꿈속의 솜사탕에 비유하면서 그 솜사탕을 단호하게 거절(거부)한다. 「헛꿈」에서 그리고 있듯이, "가볍게 페이지를 넘길 수 없다"는 단서를 달면서도 녹아내리라는 주문이나 "달콤해 달라"는 요구는 끝내 받아들이지 않고, 그 '착각'을 뜯어먹으려고까지 한다.

그렇다면 시인은 어떤 꿈을 꾸고 싶어하는 것일까. 헛꿈이 아니라 동경하는 바의 꿈을 꾸고 싶어한다. 더구나 진정으로 꾸고 싶은 꿈은 그리움을 품고 오는 '아름다운 꿈'이다.

별빛이 쏟아져 내게로 왔다

<중략>

그리움이 되려고, 가끔은 고개를 드는 별에게
가슴속으로 들어오기 전
다정한 말 한마디 건네고 싶다

그냥은 들지 말고

아름다운 꿈 하나 품고 오라고
—「별」 부분

어둠이 바탕인 별은 어두울수록 빛난다는 사실을 떠올려 보면, 시인은 그런 어둠 속의 빛을 동경하고 있는 듯하다. 게다가 화자(시인)는 "가슴속으로 들어오기 전"에 먼저 별에게 다정하게 "아름다운 꿈 하나 품고 오라"는 말 한마디를 건네고 싶다고도 한다. 그런가 하면, 그 아름다운 꿈은 먼 거리의 별에서 가까이서 선명하게 보이는 "하늘하늘 공중을 나는 노랑나비"로 전이轉移되기도 한다.

눈을 뜨고 잠을 자면 꿈속으로
사람과 꽃들이 따라 들어오거든,
나비는 그게 더욱 좋았을 거야

<중략>

이 세상 모든 것을 사랑할 수 있을 것 같아
자신감으로 충만해 늘 춤추는 거야

좋아하는 사람들 앞에 나서서
우아한 자태를 뽐내며
멋에도, 시름에도 취하는 연습을 했다네
—「노랑나비」 부분

 시인이 '눈을 뜨고 자는 꿈속'은 깊은 잠 속의 꿈속이 아니라 잠 밖의 꿈과 무관하지 않다. 그 동경하는 풍경風景에는 사람과 꽃이 함께 자리 잡고 있어 '노랑나비'는 시인이 현실에서 바라는 바 꿈의 화신化身에 다름 아니다. 사람과 꽃 가까이에서 날고 있는 나비의 꿈은 "사람과 꽃들이 따라 들어오"는 꿈이며, 그 꿈은 나아가 "이 세상 모든 것을 사랑"하는 꿈으로 확대되기도 한다.
 비약인지 모르겠으나, '노랑나비의 꿈'은 '시인의 꿈'이며, 멋과 시름에도 취하고, 자신감으로 늘 충만해 춤추는 '노랑나비=시인'이라는 등식을 떠올려 보게도 한다. 또한 그 춤은 좋아하는 사람들 앞에 나서서 우아한 자태姿態를 뽐낼 수 있는 춤이며, 시인의 삶이 그런 춤 연습이라는 암시도 한다.

이 같은 '춤' 이미지는 「낙화처럼」에서는 또 다른 뉘앙스로 떠오른다. 일시에 활짝 피었다가 지는 벚꽃들의 모습을 "제 몸으로 / 활짝 허공을 벌리"거나 "봄바람에 너풀너풀 / 날개처럼, 음계처럼 / 곡선을 탄다"고 그리기 때문이다. 벚꽃의 만개滿開가 허공을 활짝 벌린다는 표현은 그 폭발적인 생명력과 아름다움의 절정에 대한 예찬이며, 벚꽃이 지는 모습도 '날개처럼, 음계처럼' 곡선을 타는 춤으로 보고 있는 건 시인의 심상心象 풍경의 반영으로도 보인다.

하지만 시인의 일상적인 삶은 그 같은 꿈과 같지 않을 때가 많다. 대대로 이어져 오는 숙명宿命은 피하려야 피할 수 없으며, 순응하지 않을 수도 없다. 이 같은 인식은 "늙어간다는 것을 / 어머니는 까맣게 잊고"(「숙명」) 살 듯이, 자신도 그렇게 살아가고 있다는 생각에 이르게 한다. 그래서

거울 앞에 선 당신은 지금
엄마를 부르며 엄마처럼 웃고 계십니다

내가 지금 꼭 잡은 닮아 뭉툭해진 이 손은
어머니의 어머니 손입니다
—「숙명」 부분

라고, 어머니의 숙명이 어머니의 어머니와 다르지 않고, '나'가 어머니의 어머니와도 다르지 않을 거라는 생각(숙명론)에 닿는다. "길 위에서 살다 보면 뜻밖에 마주치는 게 많"(「내일」)을 수밖에 없고, 나아가 "뒤로 넘어짐에도 코가 깨지"(같은 시)는 경우마저 없지 않다는 자기 성찰로도 이어진다. 하지만 내일에의 기대감 때문에 "견딜 만큼의 희망을 품고 / 더 큰길로 한 발짝 나가"(같은 시)게 된다.

시인은 늘 마음에 장명등長明燈 하나를 지니고 살아가기 때문일까. "비

늘 뜯긴 창마다 허물이 남긴 상처가 / 가만가만 밝히는 불 / <중략> / 폭설에 지워진 길 이리저리 헤맬 때 / 멀리서도 나를 알아본 / 장명등은 깜박깜박 // 구석구석 막힘도 없이 제 발등 어두워도 / 추워 오그리고 잠든 새 / 소망도 비추는 // 등燈"(「장명등」)이라는 대목이 그 같은 사실을 구체적으로 드러내 보인다.

    차창 밖에는 서릿발을 견뎌내는 가로수가
    온기의 햇살을 기다리고 있다

    싹을 틔우려 숨을 내쉴 때마다
    버스는 꿈틀거리고
    내 몸은 풍선처럼 부풀어 오른다

    <중략>

    약속 장소에 왔지만, 나를 기다리는 것은
    빛바랜 벤치의 쓸쓸한 눈빛
    그때나 지금이나 봄의 접두사는
    설렘이 아니던가!

    곧 어둡고 긴 터널을 박차고 나올 그대를 생각하며
    나 한동안 앉아서 기다려 본다

    다가올 봄은 사랑이라 믿으며
                       -「봄 사랑」 부분

봄이 멀지 않은 차창 밖의 풍경과 자기 내면內面을 번갈아 들여다보고 바라보면서 '사랑'을 꿈꾸는 시인은 목적지(약속 장소)에 다다라서도

"빛바랜 벤치의 쓸쓸한 눈빛"과 마주쳐야 하지만, 봄이 환기하는 설렘을 그러안으며 "곧 어둡고 긴 터널을 박차고 나올" 언약한 사람(그대)과 함께할 사랑의 봄을 기다린다.

이 같은 기다림과 설렘 때문에 겨울이 가기도 전에 피고 있는 복수초(눈새기꽃)와 조우하면서는 "눈과 얼음 사이를 뚫고 / 볼을 때리려 드는 / 칼바람에 / 흘린 눈물 자국"(「복수초」)으로 바라보는가 하면, 복수초가 핀 모습을 "앙증맞다 못해 / 눈빛 시린 사랑이 / 노란 칼날 빼들었다"고 '복수福壽'와 같은 발음인 '복수復讐'로 환치해서 강렬한 결기로 그려 놓기도 한다.

이 시집의 표제시 「꽃들의 신호탄」에서는 꽃을 매개로 가장 먼저 꽃망울을 터뜨린 매화의 눈부신 개화開花를 봄의 신호탄으로 바라본다. 봄꽃이 피어나는 자연 현상을 거짓을 향해 자유의 깃발이 무리를 지은 정치 현실로 바꾸어 바라보는 비약적 이미지를 빚어 보이는 건 더 나은 세상을 열망하는 시인의 감정이입 때문일 것이다.

> 매화가 눈부신 까닭은
> 수줍은 꽃망울을
> 가장 먼저 터뜨렸기 때문이다
>
> 봄의 신호탄을 쏜 것 때문이다
>
> 향기의 정취에 흠뻑 젖은 산수유
> 덩달아 채비를 서두르게 한다
>
> 날아오는 은은한 꽃향기에
> 사방천지 거짓을 일삼던 적들은
> 정신마저 혼미해질 지경

무리 지은 자유 깃발이
광화문으로 몰려가고 있다
　　　　　―「꽃들의 신호탄」 전문

애국의 깃발이 빈번하게 휘날리는 광화문 광장을 인유引喩하는 데까지 나아가는 비약적 상상력이 돋보이는 이 시는 매화 향기가 거짓을 일삼는 무리에게 혼미에 빠지게 하면서도 치유에 이르게 한다는 메시지를 극대화한다. 특히 자유를 열망하는 사람들의 깃발과 향기를 은은하게 풍기는 매화의 개화를 하나로 아우르면서 시인이 바라는 바의 세상을 기구祈求하는 내면세계를 은유의 언어로 내비쳐 보인다고 할 수 있다.

iii) 꽃을 바라보는 시선이 궁극적으로는 사람을 향하는 시선으로 귀결되고, 사람들과 더불어 살아가는 세상을 너그러운 사랑(공동체 의식)으로 감싸 안으려는 휴머니티는 이 시인이 지닌 소중한 미덕美德으로 읽힌다. 더욱이 그 바탕에는 "지금 화분에 심고 있는 것은 / 화려하고 탐스러운 / 그런 꽃이 아니다 // 지난밤 서릿발 온몸 자욱하게 뒤집어쓴 / 야생화다"(「참 이상한 나이」)라는 대목이 시사하듯, 꽃과 사람들을 향한 겸허한 마음이 따뜻하고 소박하게 자리매김해 있다.

소소한 기쁨에 귀 기울이며 사는 우리
소중한 것을 함께하는 이웃과 가족이 있다는
그것만으로도 얼마나 행복한 너와 나는
그러니까 우리다

참 이상하다 나이가 드니
사람이 꽃으로, 꽃이 사람으로 보인다
　　　　　―「참 이상한 나이」 부분

이 시에서 가장 가슴에 와닿는 대목은 "사람이 꽃으로, 꽃이 사람으로 보인다"는 구절이다. 시인은 나이가 드니 이상하게 그렇게 보인다고 말하고 있지만, 나이가 들면서 이르게 된 소중한 깨달음의 경지가 아닐 수 없다. 이 경지에는 꽃이 아름답듯이 사람들을 아름답게 보는 마음자리와 소소한 기쁨도 사람들과 더불어 나누려는 사랑이 포근하게 자리매김하고 있다.

그러나 '꽃을 사람으로, 사람을 꽃으로' 보는 시인에게는 꽃을 사람으로 보든 사람을 꽃으로 보든 삶의 파토스와 대상을 향한 연민을 비껴서지는 못한다. "목련 꽃봉오리 부풀어오를 때 / 기다림에 지친 가슴 시퍼렇게 멍들"고, "진달래, 개나리 필 때 그 인내를 한계선에 앉히"며, "벚꽃, 복사꽃, 유채꽃 환한 날엔 눈물 흘리게"(「봄의 향연」) 하는 시련과 인내를 담보해야 하기 때문이다. 하지만 그 "생명의 수런거림은 / 응고된 혈액까지도 스르르 녹게"(같은 시) 해준다.

들꽃을 바라보면서도 시인은 "아무도 없는 가을 들녘에 / 외로이 피어나 세상을 향해 / 꽃등을 밝히며 나를 기다리는"(「들꽃」) 것으로 끌어당겨 들여다본다, 그러나 이내 "나 또한 언제 질지 모르는 들꽃 아닌가!"(같은 시)라는 비감悲感에 젖고, "못내 북받쳐 오는 서러움에 / 훌쩍거리며 허공에 쓰는 // 고즈넉한 시 한 편"(같은 시)이라고 들꽃에 자신의 파토스를 투사해 바라보기도 한다. 사람을 꽃으로 보는 경우는 연민과 그리움이 투영되는가 하면, 정한情恨의 정서도 곡진하게 끼얹어지곤 한다.

「바람 부는 날」에서는 밭에서 일하다가 "잠시 일손을 놓고 / 집합으로 이루어진 곡선을 바라"보며 "평생 흙을 일구며 살았던 / 시아버님의 발자취"를 떠올리고, 부엌 아궁이 앞에서는 "며늘아! 아기 둘러업고 먼 길 온다고 수고했다"(「따뜻한 아랫목」)는 시어머니의 사랑을 애틋하게 기린다.

나를 태워 데운 구들장
네 몸 따뜻하게 해 준다며
아랫목으로 가라고 시어머니 손짓한다

평생을 자식들을 위해
단단해진 나무가 되던 어머니의 온기는
이제 추억 속에 자리잡았다
　　　　—「따뜻한 아랫목」 부분

 지난날 농경農耕사회의 모습을 완만한 곡선처럼 되새기는 시인에게는 흘러가 버린 지난날들의 추억이 그리움과 따스한 연민의 결과 무늬들도 아로새겨진다. 들녘에서 평생 농사를 지으며 고단하게 살았던 시아버지에 대한 잊히지 않는 추억들도 곡진曲盡하지만, 시어머니에 대한 기억은 그야말로 '따뜻한 아랫목'과 같다.
 그 아랫목은 시어머니가 땔감나무처럼 자신을 태워 구들장을 따뜻하게 데웠기 때문이라고 여기게 할 뿐 아니라 시어머니가 평생 자식들을 위해 단단해진 나무가 되어 주었다는 애틋한 추억의 반추는 요즘의 삭막한 세태에 비추어 소중한 귀감龜鑑이 돼야 마땅하리라.

텃밭 밭둑에 살구꽃 피었더니
방안 묵은 된장에도 꽃이
덩달아 활짝 피었다

옮겨다니신 걸음마다 배인 흔적

힘든 일 마다하지 않고
눈으로 가슴으로 사랑 주셨건만

연로하신 시어머님 홀로
요양병원 눕혀 놓고
나, 집으로 발걸음 옮길 적에
저 멀리 떠다니는 흰구름
어머니 얼굴 같다

허공에 일렁이는 아픔이
발목을 잡아끌며
이번엔 시아버지 산소 쪽으로 이끈다

할미꽃도 시어머니 냄새를 아는 듯
내 발자국 쪽으로
귀를 돌린다
　　　　—「시어머니」 전문

　연로年老해 요양병원 생활을 하는 시어머니 생각을 진솔眞率하게 드러내 보이는 이 시가 자아내는 감동은 짙은 여운을 거느린다. 일상에서 시어머니의 헌신적인 사랑의 흔적들을 떠올리는 며느리의 따뜻한 효심孝心이 오롯이 스미고 번지는가 하면, 요양병원에 들렀다가 나설 때의 심경 묘사는 더더욱 아름다워 보인다.
　하늘에 떠다니는 흰구름을 지금의 시어머니 얼굴 같다고 생각한다든가 그 아픔과 연민의 마음이 시아버지 산소 쪽으로 발목을 잡아끌고, "할미꽃도 시어머니 냄새를 아는 듯 / 내 발자국 쪽으로 / 귀를 돌린다"는 대목은 아름답기 그지없다. 친정 선친先親에 대한 그리움을 처연하게 그린 「아버지」는 또 다르게 질박한 감동을 안겨 준다.

　　누런 황소를 닮은 산그림자 깔고

아버지는 길게 드러누우셨습니다

트럭에 물건을 싣고 장사하러 떠나던 아버지
손님이 많아, 돌아오실 때는
으샤으샤 어깨 들썩이며
흥얼거리시던 노랫가락, 산자락 가까이 가면
들릴 듯합니다

휘어진 길 막 돌아설 때
나를 바라보시며 다독여 주시던 손
다시 돌아올 수 없는 강물에
내 그리움의 모서리는 닳습니다

슬픈 추억의 밤이 깊어갈수록
깨어지기 직전의 그릇으로 앉아
아버지! 다시 불러 봅니다

심장이 아파지는 그 기척에 또
눈물 빛으로 벙그는 찔레꽃에서
발걸음 소리 들립니다
―「아버지」 전문

  세상을 떠난 선친을 향한 그리움은 생전 모습의 반추反芻, 다시 만날 수 없는 한과 슬픔, 지금의 심경으로 그려진다. 이 정한의 정서에는 트럭 행상行商을 하던 아버지의 일상적인 삶의 떠올림, 산소(묘소)에 들리러 갈 때와 돌아올 때 느끼던 회한悔恨, 평상시의 아버지에 대한 그리움이 절절하게 녹아들어 있다.
  묘소가 있는 산자락 가까이 가면 생전에 신날 때의 노랫가락이 들리고, 돌아올 때는 다독여 주던 손이 떠오른다. 추억을 되새기는 밤이 깊을수록 애타게 아버지를 불러보게 되고, 찔레꽃 필 때면 돌아올 것만 같은 환상 역시 꾸밈없으면서도 절절한 울림을 빚는다. 특히 아버지가 돌아올 수는 없어 강물에 그리움의 모서리가 닳는다거나 아버지를 향한 마음이 깨지기 직전의 그릇 같고, 눈물 빛으로 벙그는 찔레꽃과 아버지의 발걸음 소리를 접맥시키는 표현도 감동을 배가倍加시켜 준다.

 iv) 정연희 시인의 일련의 적지 않은 시는 경쾌한 감각적 묘사와 발랄한 감성이 어우러져 시적 묘미를 가벼운 듯 그렇지만도 않게 빚는 매력을 발산한다. "기분이 울퉁불퉁한 날이면 / 미용실엘 간다 // 머리카락 말아 파마하면 / 내일도 찰랑이는 햇살에 밝아질까?"(「미용실 가던 날」)라든지, "되돌릴 수 없는 반나절도 짧게 자르면 / 비 온 뒤 잠깐 무지개가 떠오르듯 // 삶의 빛깔도 바뀔 수 있을까"(같은 시)와 같은 표현은 그 좋은 예다.

 '울퉁불퉁한 기분', '찰랑이는 햇살에 밝아질 내일', '반나절도 짧게 자르면', '비 온 뒤 잠깐 떠오르는 무지개' 등의 구절들이 보여주는 발랄한 감성과 경쾌한 감각은 예사롭지 않아 이 시인의 면모面貌를 새로이 들여다보게 한다. 그중에서도 머리칼을 자르고 파마하는 동안을 하루의 반나절을 짧게 자른다고 하는 표현과 미용이 울퉁불퉁한 기분을 전환해 줄 거라는 시적 뉘앙스는 신선하며, 사물을 의인화擬人化하는 기법 역시 마찬가지다.

  앞산 자락에 버티고 서서
  가슴에 손 얹고 있는 은행나무도
  노을에 끌려 지나가는
  먼 길, 되돌아보곤 한다

누군가 남몰래 가슴 아파하고 있다면

가만히 손을 잡아줄 때다
　　　　―「가슴 아파하는 이에게」부분

　산자락의 은행나무를 움직이는 사람처럼 가슴에 손 얹고 버티어 서 있다가 노을에 끌려 먼 길을 가다가 되돌아본다는 발상은 비현실적이면서도 참신한 느낌을 안겨준다. 게다가 "누군가 남몰래 가슴 아파하고 있다면 // 가만히 손을 잡아 줄 때"라는 뜬금없어 보이는 비약도 은유의 묘미를 한껏 증폭시킨다.

차가운
빗방울 머금고
추위에 떨고 있는

여우가
여우를 보았다

젖는 줄
모르는 사이
털
다 젖은
　　　―「여우비」부분

　햇빛이 나 있는데 잠깐 내리다가 그치는 비(여우비)와 여우의 속성에 착안한 듯한 이 시는 '여우가 여우를 본다'는 상상력이 유발誘發하는 느낌들을 잠깐 내린 여우비에 대입시키고 있다. 여우가 잠깐 내린 차가운 여우비에 자기도 모르는 사이에 털이 온통 다 젖어 떠는 한순간을 첨예한 감각과 기발한 발상으로 그려 보이는 재미있는 시다. 이같이 그 속성과 모습에 착안한 「할미꽃」도 무늬와 빛깔은 다소 다르지만 같은 궤에 놓을 수 있다.

> 자줏빛 고깔 눌러쓴
> 할머니를
> 마른자리 골라
> 누가 묻어주었나!
>
> 봄바람에 고개 숙이고
> 양지에 나와
> 곪은 속
> 다 말리고 나면
>
> 어느새 흰 머리칼
> 저승으로 다시
> 시집보내 달라는
>
> 막무가내
> 푸념이다
> ―「할미꽃」 전문

 등 굽은 할머니가 자줏빛 고깔모자를 쓴 것 같은 형상의 할미꽃의 씨가 봄바람에 새 꽃을 피워 양지바른 곳에서 고개를 숙이고 있다가 다시 꽃잎이 지고 꽃술이 남은 모습을 거의 사실적으로 그리고 있는 것 같지만, 이 꽃을 의인화를 하면서 시인의 감정(심상 풍경)을 이입하고 있다. 할미꽃이 시들 때를 곪은 속을 다 말렸다든지, 희게 남은 꽃술을 흰 머리칼로 그리고, 저승으로 다시 시집보내 달라는 막무가내 푸념한다와 같은 표현은 신선한 활유법이다.

이 같은 시인의 첨예한 감각적 발상은 "메주에 꽃이 피는 날이 가까워질수록 // 장독은 뚱뚱한 배를 반짝거렸다"(「항아리 사랑」), "밥상에 올라온 한 토막 은갈치 / 살점 떼어 입에 넣지 않아도 / 짭쪼름하다"(「갈치 젓갈」), "터널 지나가는 산모롱이 / 자작나무 우듬지 시뻘건 내장을 / 소용돌이치는 시간이 갉아먹었다"(「총알 뚫고 간 자리」)와 같은 대목에서도 만나게 된다.

"이별은 국수 한 그릇 비우는 것"(「배웅」)이며, "사랑은 멸치가 다녀간 국물 온도처럼 / 오래 머물지 못하는 바람 같다"(같은 시)든가, 진달래꽃을 고정관념을 깨면서 자기만의 시각으로 묘사하는 「진달래꽃」도 거의 같은 맥락으로 읽힌다.

　　헝클어진 머리카락
　　가지런히 빗어 내리고
　　수줍게 핀 꽃

　　얼마나 애틋했으면
　　달아오른 몸에
　　소녀저 향내가 날까

　　<중략>

　　바람은 다시
　　뿌리내릴 물빛을 붙잡고

　　흰 재가 되더라도

나 너에게 뛰어들어
　　활활 태우고 싶다
　　　　　―「진달래꽃」부분

　불꽃이 타오르듯 붉게 피는 진달래꽃을 머리카락 가지런히 빗어 내리고 수줍게 핀 꽃이나 애틋한 소녀적 향내가 난다고 하는 묘사는 순전히 개인적 은유로 볼 수밖에 없게 한다. 하지만 마지막 연에서는 시인의 감정이입이 완전히 반전反轉된다. 진달래꽃이 마치 타오르는 불꽃 같듯이 흰 재가 되더라도 뛰어들어 활활 태우고 싶다는 강렬한 이미지를 구사하기 때문이다.

　v) 세월은 흐르는 물과 같아 앞으로만 나아가므로 흘러가면 다시 돌아오지 않는다. 우리의 삶도 마찬가지다. 지나간 건 돌아오지 않는다. 시인은 그런 무상감無常感을 "바람 소리 분분한 날 / 내 마음 같지 않게 / 사라져 가는 세월의 덧없음이여"(「시간 여행」)라고 노래하고 있다. "뜨겁게 끓던 지난날이 / 강물처럼 흐르고 / <중략> / 난 지금 갱년기를 앓고 있다"(「홍시」)고, 뜨겁게 끓던 지난날과 달리 갱년기를 앓는 지금을 아파하기도 한다.

　　온 산 뒤덮으며 번지는 벚꽃 향기가
　　하얗게 꽃 핀 내 마음 흔들어 놓았다

　　<중략>

　　되돌아온 꽃샘바람에 철없는 종아리가
　　시리다 못해 아리다
　　　　　―「벚꽃 낙화」부분

이 때문에 봄날 온 산을 뒤덮으며 피는 벚꽃 향기마저 마음을 흔들어 놓을 뿐 아니라 벚꽃을 지게 하는 꽃샘바람은 시리다 못해 아리게도 한다. 「시간 여행」에서 "내 마음 같지 않게 / 사라져 가는 세월"이 덧없다고 했지만, 더욱이 세월은 벚꽃과 같이 "하얗게 핀 내 마음"을 흔들어 놓고, 어김없이 시샘하는 바람까지 설상가상雪上加霜 시리고 아리게 한다.

하지만 "세월은 되새김질되는 외양간 소의 위장 같은 것인가"(「눈 내리는 날」)라거나 "기울어지고, 넘어지고, 깨지는 게 / 인생 아니던가"(「들꽃 2」)라고 자기 위안을 하듯 반추하고 돌아보며 수긍한다. "상처가 뿌리 깊이 박혀 한이 되어도 / 알에서 깬 애벌레가 변태를 거치듯"(「배추」), "꽃이 진다는 것은, 또 다른 세상을 여는 것"(「순응에 물들다」)이라는 깨달음에 이르고, 순응의 길로도 나아간다.

　　한평생 무거운 등짐 지고
　　남보다 커다랗게 말린 귀
　　안테나인 듯 쫑긋! 세웠다

　　남이 하는 말 다 들어주고
　　걸음은 느리지만
　　꼬불꼬불 한 치 앞도
　　분간하기 힘든 사연일랑 가슴에 묻는다

　　쉬고 싶을 땐 그 자리에 그렇게
　　등 대고 누워 머리를 쑥 넣고
　　가만히 눈을 감는다

　　도루 말아 되돌아가기엔
　　너무 멀리 와버려

빼내도 끝이 없는
불필요한 땀줄기도
내 몫

마음의 짐을 지고
꼬물꼬물 목을 빼고
또 하루를 건너간다
　　　　　―「달팽이」 전문

　시인이 달팽이의 삶을 예의주시하는 건 에둘러 현실 속에서의 자기를 성찰하는 것에 다름 아닐 것이다. 현실에 놓여 있는 시인의 삶이 달팽이의 삶과 별반 다르지 않다는 인식이 녹아든 것으로 보이게 하기 때문이다. 아마도 시인은 오늘도 마음의 짐을 진 채 꼬불꼬불한 하루를 목을 빼며 살아갈 수밖에 없을는지 모른다. 그러나 흐르는 세월 너머의 옛 기억(추억)들은 아름답게 자리매김한 채 지워지지 않는 그리움들을 불러일으킨다.

　　　여물 솥 불 지핀 아궁이 군고구마는 이 세상에서
　　　제일 맛난 간식거리였다

　　　무를 통째로 담갔던 동치미 사발로 떠먹는 맛은
　　　겨울밤 천하가 부럽지 않았다

　　　촛불은 얼마나 사치스러운 것인가
　　　석유를 넣어 켰던 등잔불과 성냥 냄새

　　　마실 오신 이웃들과 많은 담소가
　　　함께 흐릿해지면 스르르 밀려들던 잠

유년의 문턱을 지금도 내 그리움은 넘나들고 있다
　　　　　—「눈 내리는 날」부분

　눈 내리는 날, 유년 시절의 기억들을 소환하고 있는 이 시는 도시화 사회 이전의 고즈넉하고 토속적인 농촌 겨울 풍정風情 속의 아련한 추억들이 그리워 되새기는 마음의 그림 같다. 소의 여물 솥 아궁이 불에 구워 먹던 고구마, 사발로 떠먹던 동치미, 석유 등잔불과 다정했던 이웃들은 이제 먼 기억 속에 있을 뿐이므로 더욱 그리워지는지도 모른다.

　요즘 젊은 세대들은 경험할 수 없을 뿐 아니라 군고구마와 동치미가 천하에서 부럽지 않거나 가장 맛나는 간식일 수 없고 호롱불은 민속박물관 같은 데서나 볼 수 있겠지만, 시인에게는 옛날 그 시절과 함께 소중한 체험의 아름다운 추억으로 자리잡고 있어 그립지 않을 수 있겠는가.

　엿장수에 대한 추억의 소환도 마찬가지다. 시인은「엿장수」에서 "찰깍찰깍 가위질 소리가 나면 / 골목 어귀로 쏟아져 나오는 동네 아이들 / 과자가 흔하지 않던 그때 엿은 / 최고의 간식이었다"며, 빈 병, 헌책, 찌그러진 양은 냄비, 깨진 그릇 등으로 바꿔 먹던 기억을 되살리고 있다. 게다가 '엿장수 마음대로'라는 말과 연계해 그 시절의 엿장수 모습을 해학적으로도 그려 보인다.

　　집에서 안 쓰는 물건들 엿장수에게 갖다주면
　　비슷한 양인가 싶어도, 가위로 쳐서 잘라 주는
　　엿가락 양은 달랐다

　　아저씨가 기분이 좋으면 기다랗게 쳐줬고

때로는 야박하게 엿을 주기도 했다

　　무디고, 날이 어긋난 엿장수 가위가
　　구수한 쇳소리 질러대면
　　고달픈 사람들의 마음도, 끈적해졌다
　　　　　　　　　　―「엿장수」부분

　그래서 「구절초 소녀」에서는 "산등성 너머 골짜기엔 까마득한 / 세월이 박혀 있"을지라도, "오토바이 뒷좌석에 앉은 / 열다섯 살 소녀"(자신)가 다리 밑 풀밭에 떨어져 잠시 의식을 잃어도 자란 풀들 덕분에 다치지 않았던 기억이 각별하게 소중하지 않을 수 있겠는가. 이 시에서도 시인은 자기가 오토바이에서 떨어진 줄도 몰랐던 큰아버지와 자신을 은유의 기법으로 회화화戱畫化해 그리는 여유까지 보인다.

　　집에 도착한 큰아버지 얼굴이 상기된 채
　　어이가 없어서
　　마당에 핀 구절초에게 행방을 물어보자

　　곧 어눌하던 말문 터져
　　비틀걸음 대문 열고 들어설 거라는
　　바람의 환한 전갈
　　　　　　　　　―「구절초 소녀」부분

　어린 시절 복날의 음식점 닭장 풍경과 닭집 요리 광경을 서사적으로 그린 「닭집 공화국」과 팔공산 갓바위 두부와 선짓국에 대해 역시 이야기처럼 그리고 있는 「그 시절」도 그리운 추억을 다소 희화화한 작품들이다.

시인은 현실을 살아가면서 고난과 그 파토스로부터 자유로울 수는 없으며, 흐르는 세월이 무상감을 안겨 주고 안타깝게도 하지만 그 순리에 너그럽게 순응하려 하며, 잊히지 않는 아름다운 추억의 반추와 그 애틋한 그리움들을 보듬으면서 희화화하는 여유까지 보여 주고 있다.

(2024)

정한의 정서, 서사적 서정
— 박옥영 시집 『빌렌도르프의 눈』

ⅰ) 처연한 정한情恨의 정서가 서사적인 서정抒情의 옷을 입고 있는 박옥영의 시는 고난과 비애로 점철된 어린 시절의 가족사와 성장 과정의 어둡고 무거운 체험들이 녹아들거나 소환召喚되든 현실 인식을 곡진하게 떠올린다.

생명에 대한 존엄과 애틋한 연민憐憫으로 감싸고 있는 그의 정한의 공간에는 다소 과장된 제스처와 비약적인 이미지들이 구사되기도 하지만 진폭이 큰 발상發想과 복합적인 서사가 그 무게를 받쳐주며 자기 성찰省察로 귀결되는 사유가 깊이를 돋워 준다.

시인은 상실감과 비애로부터 자유롭지 않으면서도 끊임없이 외부로 향해 열리거나 내면內面으로 되돌아오는 길을 나서면서 고단한 삶의 파토스 너머의 세계를 꿈꾸는가 하면, 세월의 흐름에 겸허하게 순응하는 관조의 시선으로 체념을 그윽한 무상無常의 경지로 승화시키려고도 한다.

ⅱ) 집은 사람에게 이 세상의 맨 처음 세계이며 하나의 우주宇宙다. 사

람의 삶은 집에서 시작되며 가족 공동체 속에서 인간관계를 이루는 체험을 하게 되고, 집을 통해서 새로운 세계를 경험하게 된다. 더구나 집은 육체와 영혼이 동화되어 친밀감을 느끼게 하고, 내면성內面性을 감싸주는 공간이 되어 주기도 한다.

하지만 사람에 따라서는 집이 아름다운 추억과 꿈의 공간이며 그리움의 대상으로 떠오르게 되기도 하지만, 그와는 대조적으로 불안하고 고통스러운 밑그림처럼 떠오르는 경우도 없지 않다. 어떤 경우든 어린 시절의 집과 가족 관계는 꿈과 상상력의 근거를 이루고, 세계관과 현실 인식의 방향을 결정짓는 자아自我 형성의 모태가 되기는 마찬가지일 것이다.

박옥영 시인에게는 집이 아름다운 추억이 서려 있거나 따스한 공간으로만 자리매김하고 있지는 않은 것으로 보인다. "접골원 안집 골방 / 눈 뜬 채 창 지우고 누운 / 아버지의 처마는 삐딱했다"(「여름 집」)든가, "생선 가시처럼 / 육탈한 말매미 울음에 / 어두운 골방 속 아버지는 / 대나무 발톱처럼 쑥쑥 자라"(같은 시)던 곳으로 기억 속에 새겨져 있다.

시인에게는 기억 속의 집뿐 아니라 지금 살아가고 있는 집 역시 별반 다르지는 않은 것 같다. 집이 포근한 안식처라기보다 낯선 공간으로 여겨지기 때문이다. 심지어는 "씻고 닦고 두드리고 / 매일 아침 매만져 주었는데 / 너무 낯설다"(「집」)고도 한다. "욕망의 헛바퀴만 돌리다가 / 남루한 미투리로 돌아오는 길"(같은 시)이라서 그런 것일까. "거울 속에 비친 너는, 누구인가"(같은 시)라는 구절이 시사하듯 기억 속의 집은 고난과 비애의 잔영들이 포개져 다가오기 때문일까. 아무튼 시인은 거의 어김없이 어두운 추억을 소환하고 대동하면서 집을 바라보게 마련이다.

멀리 갔다가

바람재 올라서면
컴컴한 어둠 속
기계충 파먹힌 동생 정수리처럼
보릿거 덮어쓴 등피 처마 끝에 내걸고
나를 반겨주던 너

퀴퀴한 담뱃진 속
옹달샘 물이 차오르듯, 환하던 꽃밭
시간의 가차 없는 서릿발 낭떠러지를 이룬다

<중략>

희끗희끗 귀밑머리
노을 등진 네가 너무, 낯설다

−「집」 부분

 그렇다면 이 같은 시인의 집에 대한 느낌과 관념(트라우마)은 어디에 뿌리가 내려져 있기 때문일까. 그의 시에 빈번하게 등장하듯이 어린 시절의 가족사와 무관하지 않으며, 성장과정의 체험들과도 함수관계가 깊기 때문인 것 같다. 시인은 기억 속의 가족사에 토속적이고 향토적인 서정과 애틋한 정한의 정서의 옷을 입혀 처연하게 떠올리는 일련의 시편들은 우울한 추억들로 물들여져 있는 경우가 적지 않다.
 지난날의 우울한 성장기와 맞물려 있는 그 정한의 공간에는 "따박따박 지팡이가 할머니 손을 잡아"끄는 모습과 "'살 만큼 살았으니, 이제는 가야제!'"라는 할머니의 만년晩年을 묘사한 「구덩이」, 궁핍하게 살면서도 자식들에게는 "가랑잎 소리로 남루를 속이던 엄마 / 재봉틀 돌리던 소리 덜덜덜 들"리고 고갯길에서 울던 부엉이의 "그 울음만치나 가슴

조이던 / 백리절반 엄마의 삶"이 곡진하게 그려진 「백리절반」과 같은 시가 도처에 자리매김하고 있다.

시 「수박」에서는 성인이 되어 복날 수박 한 덩이를 들고 친정 어머니가 사는 집을 찾아가면 "쭈그렁 빈 바가지 내주며" 좋아하지만 "아버지 누운 봉분의 크기로 / 오랜 세월 홀로 속 붉은" 채 꽃상여(죽음)를 기다리다가도 합죽한 잇몸으로 오물오물 시든 말년의 복날을 숟가락으로 긁는다고 애틋한 연민으로 묘사하고 있다. 또한 「살다 보니」에서는 평소 자신이 어머니의 기대에 못 미쳐 "'내 손이 내 딸이다' 하신 어머니"를 바라보면서

> 등허리에 붙은 뱃가죽이
> 저물녘 민둥산처럼 이유 없이 서러워
> 내 그림자 앉혀 놓고 김칫국 한 사발 마실 때
> 목젖을 넘어오던 휘파람 그건
> 당신의 서글픈 노랫가락이었다는 걸
>
> 조급할 것 없이 가슴 내밀던 시간들이
> 정수리 훤하도록 걸어와선
> 물끄러미 날 건너다보고 있다
> —「살다 보니」 부분

고 그리고 있다. 그런가 하면, 「땅거미 지는」에서는 찾아가도 창밖을 바라보기만 하는 어머니를 "저무는 강가의 조각배"에 비유하면서 "내가 들어설 수 없는 저 중심", "열려 있으나 단절된 엄마의 시간"을 안타깝게 바라볼 수밖에 없게 되기도 한다. 게다가 "염불이나 하다가 가야제" 하는 어머니는 시인에게 "어제의 나를 들을 수 없는 엄마 / 들려줄 수 없는 어제의 나"의 아픔을 되씹게 한다. 시인은 옛날처럼 시래기국밥을

먹으면서도 "날아내리는 포플러 잎으로 온몸에 우표를 붙이며 / 보리 파종하는 아버지 중의적삼이 / 햇살에 눈이 시리"고

    작고개 올리시면 수굿이 엎드린
    낭자 마실 초가지붕
    달빛 물든 앞산 솔 포기들 비바람에 젖은 속내
    여간 만만치 않았으리라

    푹푹 고아 놓은 사골
    뼛속까지 우려낸 국물 속에서
    북풍이 몰고 오는 싸락눈 소리 들린다
                        -「시래기 국밥」부분

라는 비감悲感에 빠져들지 않을 수 없게 한다. 추억을 거슬러 오르면 오를수록 지난날들이 그리움의 대상과는 거리가 멀어지며, 병환病患의 아버지와 아버지를 여읜 뒤의 아픈 기억들은 마치 양각陽刻처럼 도드라져 다가오기도 한다.

  시인에게는 후두암喉頭癌으로 투병하는 아버지의 모습이 "고무호스로 연명하는 희멀건 쌀뜨물 아버지, 절개된 울대 / 양식 한 줌 얻을 때마다 맞바꿨을 당신의 목젖과 피와 살점들"(「종점」)이 보일 따름이며, 그 무렵의 찌든 삶은 "연탄재 메캐한 동산동 거리 싸락눈 흩뿌리는 이모네 골방 / 엄마는 미덥지 않은 나에게 어둠을 맡기고 / 출산을 앞둔 형님 새벽을 받으러 가야 한다고 했었죠"라고 그 시절을 되돌아보게도 한다.

    후두암이란 진단을 받은 아버지
    추수 앞두고 수술을 미루셨다

뜨물 같은 곡기가 고무호스를 타고
절개된 울대로 들어간다
메모장을 놓고도
헛바람이 새어 나오는 음역을 당신은
굳이 믿으려 하셨다

통원 치료에 초췌해져 가던 아버지
홑겹 헐렁한 두루마기 뒷모습이
나무다리 허수아비 같았다

들판을 더는 살찌게도 할 수 없는
평생 흙에 사신 아버지는 담담한데
집은 연기 쐰 벌집이다

아버지의 수화를 모른척하던 엄마는
멍석에 자꾸 밀만 씻어 널었다
　　　　－「밀 익는 계절엔」 전문

　　투병하는 아버지의 모습을 떠올려 보이는 이 시에서는 정작 당사자인 아버지는 중병을 담담하게 받아들이지만 가족은 "연기 낀 벌집"으로 그려 시인의 아픔이 더욱더 도드라져 보이게 한다. 게다가 말도 할 수 없는 처지에 이른 아버지의 수화手話를 애써 모른척하는 어머니의 아픔 역시 되레 증폭돼 다가오는 느낌이다. 일찍이 아버지를 여읜 뒤에는 빚 때문에 살던 집이 다른 사람에게 넘어가 "나 커서 돈 벌면 저 집 꼭 다시 / 사고 말 테야", "니 아버지 빚 니가 대신 갚아"(「슬픔에게」)라고 다짐하던 모녀母女 간의 대화는 당시의 비애를 가감 없이 떠올리며, 그 옛집은 한과 아픔 그 자체였던 것 같다.

넝마 같은 보따리 몇 개 싸들고
내빼듯 나온 그 집, 아낙은 아직도 날 기다리며
그 집에 살고 있을까

기쁨과 슬픔이 둘이 아니란 걸
분노로 일그러진 얼굴 남이 아니란 걸
수 없는 신뢰로 서늘하게 나를 깨우던 집
　　　　　　　　　－「슬픔에게」 부분

　시인은 고향의 어머니 산소를 찾아가서도, 「꽃자리」에서 그리고 있듯, "무심한 자식들 발길 뜸해지는 게 / 오히려 다행이라 여기시며 / 외로움 깔고 누운 그 자리"리면서도 "불편한 한 평 지기 땅 / 당신의 성정에 / 혹여 쪽잠 드신 건 아닌지"라고 뒤집어 생각하는가 하면, "새끼들 가까이서 / 꽃자리에 눕고 싶다던 / 생전 말씀 까맣게 지우고 // 건재한 시간 앞에 / 묵정길 열고 가신 어머니"를 애틋한 연민으로 애도哀悼한다.
　어린 시절의 집과 가족 관계는 꿈과 상상력의 근거를 이루고, 세계관과 현실 인식의 방향을 결정짓는 자아 형성의 모태가 된다는 점에서 시인이 왜 집에 대해 불안하고 고통스러운 밑그림처럼 여기게 되고, 우울한 기억을 대동하는지도 반추하듯 짚어 보게 한다.

　iii) 시인은 현실이 불편하고 우울하게 하며, 뒤틀린 모습으로 바라보는 경우도 허다하다. 「고양이 수염」에서 읽게 되는 바와 같이 현실을 바라보는 시선이 어둡고 무겁다. 턱 밑의 털 하나를 두고도 '돌연변이', '질긴 가계의 불온함'이라고 느끼게 할 정도이며, '양치류'나 '중천으로 날아간 홑씨', '떠돌던 원혼의 헛디딘 발'이라고까지 그 존재 양식을 비약(과장)해서 바라보고 있다.

  시인은 결국 그 털을 잘라 버리게 되지만 "하필이면 일가를 이룬 이곳이 / 바로 내 턱주가리 아래라니!"라며, 그 털이 일가—家를 이뤘다고 원망 어린 푸념을 하게 되기도 한다. 이 시는 다소 과장된 제스처를 보이기도 하지만 '있어서는 안 될' 털 하나에 대한 발상이 예사롭지 않으며, 극단적인 이미지의 비약을 통해 그 질긴 생명력을 극대화極大化한다는 점에서도 현실 인식의 한 단면을 시사한다고도 할 수 있다.

  이 같은 현실 인식에 있어서의 이미지 비약은 「다슬기 경전」, 「질경이 서약」 등에서 사소한 문제에 착안着眼해 제목에 조차 '경전經典'이나 '서약'이라는 어휘를 쓰는 데서도 두드러지며, 시의 내용은 그 비약의 과장법을 적절하게 받쳐 주고 있는 것으로도 읽게 한다.

  이 시는 다슬기의 "생존의 치열함 속에서는 / 언제나 시퍼런 냄새가 났다"(「다슬기 경전」)거나 "밍기적밍기적 써내려 간다 / 흡착의 빨판으로"(같은 시)와 같이 강인한 생존 모습을 그리는가 하면, '시퍼런 냄새'라는 묘사가 그렇듯이 후각嗅覺을 시각화視覺化하는 비약적 이미지 구사가 돋보이기도 한다.

  "가시 돋친 풀에게 온몸 내어놓고 / 흘러갈 길에서도 침잠에 든 질경이"라고 운韻을 떼고 있는 「질경이 서약」에서도 질경이를 "삼동을 견딘 부처"로 격상시키면서 "서릿발에 잎 폭삭 내려앉은 후에도 / 깃대처럼 세웠던 마른 몸 / 다시 불당길 날 기다리는 심지"리고 화자의 내면 풍경을 그 위에 슬며시 포개어 놓고 있어 주목된다.

    꽁꽁 얼었던 길의 모서리
    바늘 한 땀 들일 데 없는 마음의 틈새에
    횃불을 든 누군가 다녀간 흔적들

> 볼록한 오늘의 폭설이 무거워도
> 발밑에서 근질거리며 밟히는 질경이
>
> 마음 편히 붙인 적 없던 내가 앉았던 자리
> 질기게도 돌아나오는 근심들
>
> 소태처럼 쓴 입에 길이 걸려도
> 번창한 봄날을 꿈으로 기약한다
> 　　　　　　　－「질경이 서약」 부분

　겨울의 폭설暴雪 속에서도 길 모서리에 강인한 생명력을 지탱하며 밟히는 질경이와 마음속에 질기게 되살아나는 근심을 하나로 묶어 성찰하고 있는 이 시는 소태처럼 쓴 근심에도 그 비좁디 비좁은 마음의 틈새에 누군가 들었던 횃불의 흔적들을 불러들이고 번창한 봄날을 꿈으로 기약하는 강인한 희망의 전언傳言이 내비쳐져 있다. 이 때문에 질경이의 서약이 곧 질경이를 빗댄 자신의 서약이 되기도 한다.
　시인의 이 같은 생명력과 그 존엄성에 대한 시선은 사소한 일상사에서 우크라이나 전장戰場의 참극 현장으로 확대되기도 한다. 폭격 참극의 피난 현장인 키예프의 전철역 방공호防空壕에서 어머니가 잠든 아기의 손을 꼭 잡고 있는 뉴스의 한 장면에 착안한 듯한 「손안의 뿌리」는 그 전장과 보릿고개를 이기고 살아온 어머니의 모진 세월에다 시의 농사를 망친 시인으로서의 자기 비애를 포개어 떠올리며 그 '생존의 질기고도 고단한 여정旅程'을 복합적으로 떠올려 보이고 있다.

> 키예프의 어느 전철 역 방공호에서
> 엄마가 잠든 아가 손 꼭 잡고 있다

납작 숙인 이마 위로 포성이 스치는 피난길
갓난아기 꼭 껴안은 엄마를 보며
질기고도 고단한 여정이라, 느끼던 내 생
한 모서리가 환해졌다

억압에 가두어진 자유가
무지한 군홧발에 짓밟히는 그곳
한 해 농사를 고스란히 망치고 만 내가
다랑논 같은 원고지 속 슬픔에 잠긴다

귀 기울이는 쪽에는, 울어야 할 아기조차
손바닥의 운명에 잔뜩 숨죽이고 있다

풋보리 이삭 뜯어 허기진 뱃속 비벼댔을
내 어머니의 모진 세월에도
맷돌 같은 무지의 시간이, 목숨 줄 눌렀을 생각에
환해졌던 가슴 다시 답답해 온다

강보에 싸인 아가의 손
그 손 꼭 잡은 어머니 손 사이에는
절대 놓치는 일 없기를 바라는
민들레의 푸른 염원이
불끈불끈 힘이 되고 있다
  ―「손안의 뿌리」 전문

경험을 되짚어 보면 이 세상에서의 삶이 피난길과 별반 다르지 않다는 인식에 뿌리를 둔 듯한 이 시에서 시인은 포성砲聲과 폭격이 이어지는 전장의 피난길과 어머니와 함께 궁핍하게 실던 시절과 그 시절을 거쳐 마주해야 하는 "다랑논 같은 원고지 속 슬픔"도 복합적으로 그려 보 안다.

시인은 피난길의 방공호에서 살아남기 위해 한 어머니가 잠든 아기 손을 꼭 잡고 있는 모습을 바라보면서 자신의 삶 한 모서리가 환해지다 가도 "자유가 무지한 군홧발에 짓밟히는 그곳"과 "한 해 농사를 고스란히 망치고만" 자신의 비애를 함께 떠올리며 "손바닥의 운명에 잔뜩 숨죽이고" 있어 "목숨 줄 눌렸을 생각"에 가슴 답답해지지 않을 수 없게 된다.

하지만 시인은 그런 정황 속에서도 서로 잡고 있는 손을 "절대 놓치는 일이 없기를 바라는 / 민들레의 푸른 염원이 / 불끈불끈 힘이 되고 있다"고 다시 희망의 끈을 완강하게 붙잡고 있다. 여기에서의 푸른 염원은 질긴 생명력을 지닌 민들레의 염원이면서 아기 손을 꼭 잡고 있는 어머니와 시인 자신의 공통된 염원이기도 할 것이다.

그러나 시인이 바라보는 현실은 언제나 어둡고 무거우며 비극적인 상황을 비켜서기 어렵게 마련인 것 같다. 「유용한 학습」에서는 횟집 수족관의 광어가 뜰채로 건져져 도마 위에 오른 뒤 "날이 선 칼날 아래 / 자신 죽음을 바라보는 동그랗게 뜬 눈"을 보면서 "일찌감치 눈감는 법 익혔더라면 / 이런 극한의 상황에도 내려오는 칼날을 / 마주보지 않을 수 있었을 텐데"라던가

> 작년부턴가 건너편 반듯한 느티나무에도
> 곁가지로 세 든 까치는 짹짹거리고
> 나 추억처럼 껴안고 사는 건
> 이제 빈 둥지뿐이다
>
> 허옇게 땜질한 시멘트 속곳 어쩔 수 없어
> 한 자락 꿈 펄럭이는 정오를

> 허깨비춤으로 날려 보낸다
> —「그리운 악마가 산다」 부분

라고, 삶에 대한 허무와 무상감을 내비치기도 하며, "비 오는 날이나 꽃 피는 날도 / 흰 구름은 산을 넘나들고 / (중략) / 노을 속으로 떠나는 나룻배를 위해 / 너는 지금도 / 허기진 봄을 견디고 있다"(「회상」)는 상실감과 비애에서도 자유롭지는 않은 것으로 읽힌다.

　iv) 시인은 때때로 자기 성찰을 하면서 지금·여기에서의 길 위에 서고 부단히 나서기도 한다. 그 길은 외부로 향해 열리기도 하고, 내부(내면內面)로 되돌아오는 길이기도 하다. 하지만 어떤 경우든 궁극적으로는 자기 성찰로 귀결되고 있으며, 고단하게 살아온 날들의 파토스와 연결고리가 이어져 있는 것으로도 보인다.
　붉게 피었다가 지는 동백꽃을 보면서 "쏟아낼 줄 아는 건 / 겨우 단호한 비명 한 줄"(「동백」)이라고 느끼거나 미꾸라지를 방생한 뒤 "나도 흐르고 싶다"(「강」)는 생각에 젖는가 하면, 자신을 "선홍빛 선지 같은 나"(「노을」)로 보거나 "후미진 골목길 가로등 아래 / 쓸모없는 이름으로 무능하게 버려진다 해도 / 누구의 관심 하나 얻을 수 있을까"(「별의 이름표」)라고 저어하는 마음 역시 그런 경우다.
　"어처구니가 없을 때 툭툭 차던 고무공"이 산꼭대기 절벽으로 튀어 올라 그 공같이 둥근 모양의 소나무가 됐다는 발상이 바탕이 된 「둥근 소나무」에서는 다시 거꾸로 자신이 그 소나무를 닮아 가게 될지도 상상한다.

> 오늘의 나도 알고 보면 달아난 공

휘적휘적 산꼭대기 걸어올라
　　똬리 튼 안개 속 이 골과 저 골 닿을 듯 말 듯
　　닿지 않는 거리에 서 있는
　　외딴 소나무 한 그루를 본다

　　진눈깨비는 또 고약하게 내리고
　　질척거려 출구 찾지 못할 때
　　어디로 튈지 모르는 저 소나무를
　　나 닮아 갈까
　　　　　　　　－「둥근 소나무」부분

　어처구니없을 때 발로 차던 공이 자신으로 변용變容(환치)돼 '달아나는 공'이 되기도 하고, 산꼭대기로 휘적휘적 걸어 올라 닿지 않는 절벽에 서 있는 소나무를 바라보면서 어디로 튈지 모른다는 생각을 한다는, 다분히 모순矛盾되는 문맥을 통해, 어처구니없이 어디로 튈지 모르는 시인의 내면과 마주치게도 한다.

　　허물어진 집 기워가던
　　저 씨줄과 날줄 촘촘한 인드라망에는
　　기회를 엿보는 술사 숨겨 놓고
　　허해진 마음 구멍 수리하러 갔을까

　　감나무 어린 새싹까지 담보로 잡아
　　처마 아래로 당겨서 묶어 둔 그는
　　꺼져가는 모닥불인 나를 남겨 두고
　　훌쩍 어디로 갔을까
　　　　　　　　－「어디로 갔을까」부분

그 이면裏面에는 또한 '당신'을 달팽이에 비유해 "가려는 그곳이 어딘지는 몰라도 / 그 길이 보헤미안의 길일지라도 / 구름 행랑 등에 짊어지고 / 아리랑 아라리요 고갯길 넘어간다"(「달팽이」)는 지난 세월의 잊히지 않는 정한의 정서가 자리매김하고 있기 때문이기도 하지 않을까. 하지만 씨줄과 날줄이 촘촘한 가족 관계가 '영원히 변하지 않는 법칙과 도리'(인드라망)라 할지라도 세월은 그런 관계 속의 정한마저 체념으로 바뀌게 하고, 순응으로 바뀌게 한 것같이 읽힌다.

이제야 알 것 같네요
그대 떠난 길 나 따라갈 수 없다는 걸
그대 향한 내 노래마냥 바람이었다는 걸

세상 들썩이는 울음도
목이 터져라, 부르는 내 노래도
그대는 들리지 않는가 봐요

발 부르트도록 걸어온 지금은
한 덩이 몸이 그믐인 듯 저물고
—「매미」 부분

시인은 "몸이 그믐인 듯 저물"었다는 자괴감에 빠지고, "덧문을 닫아 걸어도 / 이 땅 어디에나 불어닥칠 광풍에 / 눈알이 맵다"(「바람의 위선」)는 정황에 놓이거나 "잊을 만하면 앞을 가로막아서는 벽"(「벽을 보다」)과 마주치며 살지 않을 수 없으며 "천정도 가로막는 벽"(같은 시)이어서

사는 일에 눈앞이 아득해져

한밤중 잠 깨어 거실로 나가면
　　벽은 냉기 가득한 몸집을 흔들며 서 있죠

　　풍물 뒷마당 멍석 미는 늙새가
　　강물에서 젖은 옷자락 건져 올리는 것처럼
　　제비꽃에게도 고요히 눈길 주다 보면
　　물러서는 벼랑을 보게 될지도 모르지요

　　세운 손톱 끝으로 한 알씩 허물어뜨리는 모래
　　한꺼번에는 밀어낼 수 없는 벽
　　　　　　　　　　　　－「벽을 보다」부분

　이라고 토로하기도 한다. 하지만 시인은 "꽃 진 자리 / 검은 피 꾸덕꾸덕 말라가는 / 달맞이꽃을 닮아"(「삶의 연속」)가는 세월을 이길 수 없고, "내가 잠든 사이에도 꺼지지 않는 불씨 / 덧니까지 새파랗게 맹렬했던 순간에도 / 삶은 허접한 연속이었던 것"(「횡단보도 건너기」)을 깨달으며, 소망을 담은 풍등風燈을 띄우기도 하지만 "밤하늘 색색이 날아가는 풍등 / 낯간지러운 기원 하나에 바람도 한몫 거든다"(「풍등」)는 생각에 이르기도 한다.
　그러나 시인은 자신을 겸허하게 세월의 흐름에 순응하는 조연助演의 자리로 옮아 놓으면서 체념을 무상 그 너머로 승화시키는 지혜를 진솔하게 보여주고 있어 눈길을 끈다.

　　밥솥도 이제 보온을 잊을 때가 됐다

　　절뚝거리는 무릎 삐거덕대는 허리
　　함부로 다룰 수가 없는

그랬다간
뒤끝이 골치 아픈 연식

오래된 여자 헐렁한 웃음이
시린 뼈마디를 감추어서
세상과 조율할 줄도 아는 여자

꼭 기억하고 살아도 놓치는 시간이 많아
냉장고 앞에 오래 서 있다가
그냥 돌아오는 여자

마음만 먹으면
레시피 앞에 놓고 손맛 하나는
제대로 낼 줄 안다고
허풍 떠는 여자

단호박 고구마 양배추는
속까지 물컹하게 삶을 줄 알지만
곁에 들여놓은 지 오래되어
뜸 들일 줄 모르는 여자
  　　　　　　－「조연처럼」 전문

"길 건너 사계절 꽃집 / 입술 붉은 시클라멘이 웃는데 / 나는 왜 누추해지는 걸까"라는 비애에 젖다가도 "아무도 알아봐 준 적 없지만 / 내가 선택한 이별의 방식은 / 돌아서는 등, 그 쓸쓸함 보이고 싶지 않아 / 잘 가라 손 흔들어 주기로 한다"는 메시지를 담고 있는 「십자로에서」도 같은 맥락脈絡의 시다.

이제 이 시집의 표제작인 「빌렌도르프의 눈」에 다가가 보면서 이 길지 않은 글을 마무리하고자 한다. 표제시는 시집의 얼굴로 보이게 하거나 전체의 흐름을 상징하는 것으로 볼 수도 있게 한다. 하지만 이 시가 그런 경우는 아닌 것 같지만 시인이 가장 내세우고 싶었던 것 같아 각별히 눈여겨보지 않을 수 없다.

> 잘 익은 사과는 비너스의 둔부다
> 반으로 잘라 낸 너의 골짜기
> 흥건한 단물 속 잠든 사랑 깨어날까 봐
> 깔아 놓은 키친타월
> 쓱쓱 과도로 살갗 저밀 때마다
> 태풍과 벼락에 떨던 두려움
> 고해성사 되어, 줄줄 녹아내린다
> 바람이 별을 소쿠리에 주워 담던 저녁
> 앙! 터트리고 싶었을 울음
> 오래도 참아 왔으니
> 발갛게 부풀어 올라도 괜찮아
> 풀숲에 쭈그려 앉아 보던
> 겁 많던 노루의 안타까운 엉덩이
> 비린 살내음 번지는 그 자리
> 꿈은 다산으로 익어야 했다
> 붉어가는 구간마다
> 치열했던 인내가 키운 단맛
> 목젖 울렁이도록 나 탐하고 싶다
> ─「빌렌도르프의 눈」 전문

탐스럽게 잘 익은 사과를 빌렌도르프 비너스의 둔부(臀部)에 비유해 형상화하고 있는 이 시는 제목이 시사하듯이 빌렌도르프의 눈(시선)에 초점 맞춰져 있는 것 같다. 빌렌도르프의 비너스는 임신한 여인처럼 큰 유방을 늘어뜨리고 허리가 매우 굵으며 배가 불룩하고 지방이 풍부한 엉덩이가 아주 발달해 있는 데다 성기가 강조된 조각상은 풍요豐饒와 다산多産의 상징인 여신상이다.

  시인은 잘 익은 사과를 키친타월 위에 반으로 잘라 깎으면서 자신의 몸을 내려다보는 빌렌도르프 비너스의 시각으로 관능미官能美을 극대화하듯 묘사하고 있다. 사과가 익을 때까지의 오랜 시간 동안의 별밤과 태풍, 벼락까지 소환하는가 하면 사과의 녹아내리는 단물을 두려움의 고해성사로 그리기도 하고, 겁 많던 노루 엉덩이의 비린 살내음까지 불러들여 다산과 풍요로 무르익은 꿈과 그 단맛을 탐하듯 그리고 있다.

  이 시집의 표제시 「빌렌도르프의 눈」은 탐스러운 단맛으로 잘 익은 사과를 빌렌도르프 비너스에 비유한 발상과 그 여신의 시각으로 묘사하려 한 점만으로도 돋보이지 않을 수 없다.   (2023)

이태수 시론집

예지와 관용

© 이태수, 2024

초판 1쇄 발행 2024년 4월 20일

지은이 이태수
펴낸이 이은재
펴낸곳 도서출판 그루

출판등록 1983. 3. 26(제1-61호)
42452 대구광역시 남구 큰골 3길 30
TEL (053)253-7872 FAX (053)257-7884
E-mail / guroo@guroo.co.kr

값 20,000원
ISBN 978-89-8069-500-3

＊이 책의 판권은 지은이와 도서출판 그루에 있습니다.
　양측의 서면 동의 없는 무단 전재와 복제를 금합니다.